地方高校校院两级
本科教学质量保障体系的构建与实施

陈建华　马　虹　赵伟华　林　菲　编著

西安电子科技大学出版社

内 容 简 介

本书采用理论研究与个案分析相结合的方法，既对地方高校发展中质量保障的理论问题予以深入阐述，介绍了国际上发达国家高等教育质量保障的经验，又以杭州电子科技大学为个案，阐明地方高校如何在明确学校定位的基础上，创造性地构建有本校特色的校院两级质量保障体系，实现教学质量的不断提升。全书共分上、下两篇，主要从校院两级来分析本科教学质量保障体系的构建与实施。上篇主要阐述校级层面本科教学质量保障体系的构建与实施，下篇主要以计算机学院为例阐述二级学院本科教学质量保障体系的构建与实施。

本书以杭州电子科技大学为个案阐明如何构建有本校特色的质量保障体系，可为其他高校提供有益的借鉴。

图书在版编目(CIP)数据

地方高校校院两级本科教学质量保障体系的构建与实施 / 陈建华等编著. —西安:西安电子科技大学出版社，2022.12

ISBN 978 - 7 - 5606 - 6614 - 3

Ⅰ. ①地… Ⅱ. ①陈… Ⅲ. ①地方高校—教学质量—保障体系—研究—中国 Ⅳ. ① G642.0

中国版本图书馆 CIP 数据核字(2022)第 146090 号

策　　划　陈　婷
责任编辑　宁晓蓉
出版发行　西安电子科技大学出版社(西安市太白南路2号)
电　　话　(029)88202421　88201467　　　邮　　编　710071
网　　址　www. xduph. com　　　　　　电子邮箱　xdupfxb001@163. com
经　　销　新华书店
印刷单位　陕西天意印务有限责任公司
版　　次　2023 年 1 月第 1 版　　2023 年 1 月第 1 次印刷
开　　本　787 毫米×1092 毫米　1/16　印张　13.5
字　　数　292 千字
印　　数　1~1000 册
定　　价　41.00 元

ISBN 978 - 7 - 5606 - 6614 - 3 / G

XDUP　6916001 - 1

前　言

从 1999 年以来，中国高等教育通过二十多年的快速发展，已经进入大众化阶段，教育规模跃居世界第一。作为高等教育的主力军，地方高校占本科院校总数的 90.94%。高等教育发展已经从数量扩张转向质量提升，全面振兴本科教育是新时代高等教育发展的核心任务，质量保障体系是保证和提高高等教育质量的重要途径。目前地方高校质量保障存在哪些问题，地方高校需要树立什么样的质量理念，如何构建符合学校定位的教学质量保障体系，是当今地方高校在建设和发展过程中必须要解决的现实问题。

杭州电子科技大学是一所电子信息特色突出，经管学科优势明显，工、理、经、管、文、法、艺等多学科相互渗透的教学研究型大学，是国家布局的四所电子科技大学之一。学校始创于 1956 年，初名为杭州航空工业财经学校，1980 年经国务院批准建立杭州电子工业学院，2004 年更名为杭州电子科技大学，2000 年实行浙江省与信息产业部共建、以浙江省管理为主的办学管理体制，2007 年成为浙江省与国防科学技术工业委员会共建高校，2015年被列为浙江省重点建设高校。学校在服务国家电子信息行业需求中发展特色和优势，也意识到教学质量是学校生存和发展的根本。在长期的办学实践中，牢固树立"质量立校、质量强校"的理念。从 2012 年开展工程教育专业认证开始，学校坚持推进质量监控和保障工作向标准化、系统化、科学化发展，基于"全面质量管理"和"以学生发展为中心"的理念，构建了由质量决策与指挥系统、质量目标与标准系统、教学资源保障系统、教学过程管理系统、质量监测与评价系统、质量反馈与改进系统等六个子系统组成的立体化教学质量保障体系。根据"科学评估、精准监控、持续改进"的思路，先后持续有效开展了课程质量评估（点）、专业综合评估（线）、学院本科教学工作状态评估（面）的校院两级自我评估工作，对教学质量进行常态监测和持续改进。学校在质量保障体系架构、评价方法、监控手段、实践运行等方面进行了全面探索与实践，推动了学校教学管理改革创新，保证了学生培养目标的达成，特别是保证了学生创新实践能力的提升，毕业生质量得到社会高度赞誉。

本书沿循大众化高等教育阶段地方高校质量保障遭遇的问题和挑战，对怎样构建地方高校质量保障体系这一线索展开研究。

全书内容共分为上、下两篇。上篇主要阐述高校校级本科教学质量保障体系，包含第一章到第三章。第一章介绍国际高等教育质量保障体系（包括美国、英国、法国等国家的教育质量保障体系及建设启示），第二章分析地方高校质量保障的内涵（包括地方高校内涵、地方高校教学质量保障体系内涵、教学质量保障工作存在的问题），第三章为杭州电子科技大学校院两级教学质量保障体系实证研究（包括体系的基本框架、体系的有效运行）。下篇以计算机学院为例，主要阐述二级学院本科教学质量保障体系，包含第四章到第六章。第四章为学院本科教学质量保障体系概述（包括基本框架、组织结构、实施流程、质量标准体系），第五章介绍专业人才培养质量监控与持续改进机制（包括教学过程质量监控机制、毕业要求达成评价机制、培养目标达成评价机制），第六章介绍学院实践环节专项质量监控体系（包括毕业论文、课程设计、实验上机、实习实践等的质量监控方案）。本书主要内容荣获2021年浙江省教学成果奖二等奖。

全书写作分工如下：林菲负责全书策划、统稿和审核修订工作，陈建华负责前言、第一章至第三章的编写工作，马虹和赵伟华共同负责第四章至第六章的编写工作。

质量保障体系是一个复杂的系统工程，是全校师生员工共同努力的结果，在此向所有为杭州电子科技大学本科教学质量保障工作作出贡献的人员表示感谢！

作　者

2022 年 4 月

目 录

上篇　高校校级本科教学质量保障体系

下篇　二级学院本科教学质量保障体系——以计算机学院为例

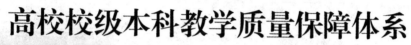

上 篇

高校校级本科教学质量保障体系

第一章

国际高等教育质量保障体系

第二次世界大战以后，一些西方发达国家的高等教育陆续从"精英教育"阶段走向"大众化教育"阶段。20 世纪 70 年代以来，许多国家由保守派主掌政府权力，对高等教育改革推行"物有所值"政策，结束了实施多年的高等教育无条件拨款政策。20 世纪 80 年代中期，质量保障在工商界的应用日趋成熟，并逐渐被引入高等教育界，为高等教育质量保障奠定了理论基础。国际上对高等教育质量的研究，从 20 世纪 60～70 年代受教育机会的研究转向 80～90 年代对自身意义和绩效指标的研究，并且从单纯的教育评价研究转向包括评价在内的高等教育全面质量管理的研究，转向注重质量保障机制的研究。21 世纪初，高等教育质量保障开始探讨"临界质量"和打造基于自主创新的深厚质量文化底蕴，因此 21 世纪被视为高等教育高质量的世纪。

第一节　国际高等教育质量保障体系概述

近年来，世界各国政府都开始对高等教育质量保障与评估予以极大的关注。围绕质量保障这一重点，各国逐步建立并完善了质量保障体系。一是评估主体的多元化，涉及与高等教育关系紧密的社会各方，包括政府、社会团体、专业组织等。同时，各国政府和大学十分重视各种相关机制的建立，用以确保高等教育质量监控与评估的持续和稳定发展。美国和澳大利亚等国尝试将对公立大学的投资与评估结果挂钩，促使大学建立内部评估制度并积极参与外部评估。二是各国高等教育普遍采用以自我评价为前提，构建以"评"促"建"、以"外"促"内"、内部质量控制和外部质量保障相结合的模式。三是评估结果与办学经费直接或间接挂钩，使高校直面市场引力、政府推力与社会压力，自觉保障高校的教育质量。此外，建立起全国统一的质量保障机构，这些机构带有一定官方性质，接受政府的指导，但运行过程相对独立。

基于社会大众对教育质量的要求以及教育市场竞争的需要，世界各国越来越重视教育质量保障，尤其是先进国家对高等教育质量保障机制的推动更是不遗余力。各类外部质量保障机构在政府的支持下，以评估、审核和认证为基本形式，以外促内提高高等教育质量，并且为政府加强宏观管理提供专业服务。在宏观上，各国形成了以政府为主导、政府与社会组织多元参与、以社会组织为主导三种不同的高等教育质量保障模式，在表现方式上形成了以认证为主、以审核为主和以评估为主三种方式。尽管这三种模式在表现方式上不同，但仍存在一些共同特征。

一、质量保障模式与本国高等教育宏观管理体制相匹配

欧洲大陆国家的高等教育管理体制属于中央集权型，中央政府始终保持着对高等学校的控制，高等教育的经费主要来源于政府的财政拨款，高等教育质量保障模式也建立在这一传统上。法国的外部高等教育质量保障模式就是这种模式的典型代表，集中反映了政府及公众对高等学校教育质量的高度关注。美国高等教育质量保障模式以社会团体为主导，与地方分权的教育管理体制相吻合，反映了美国高等教育典型的市场化特点，政府只把评估的结果作为一种决策的参考，间接地对高校施加影响，而非官方机构对高校进行评估，这是美国高等教育质量保障体系的核心。

二、质量保障标准与高校特色相融合

1998 年首届世界高等教育会议通过的《21 世纪高等教育展望和行动宣言》指出，高等教育质量是一个多层面的概念，应多样化考虑，避免用一个尺度来衡量。这种"多元"的质量观就是用不同的标准去评估不同层次、不同类型高校的教育质量，将高校特色纳入考虑范围。在这种多元质量观的发展趋势下，西方各国在重视质量保障基础性标准的同时，又突出大学特色，使质量保障与突出特色相得益彰。例如，英国建立了与高等教育大众化相适应的多元质量价值观，改变了以往观念上对高等教育质量的理解。澳大利亚在建立统一质量保障体系的同时，仍注重大学的特色发展。荷兰政府对高校的质量评估主要围绕质量、效率、效益和革新四个方面进行，在审视学校过去发展的同时，突出办学特色。瑞典政府成立了官方的评估机构，但是政府不是一味地按照统一的标准来衡量所有大学。

三、评估主体多元化

依据美国学者伯顿·克拉克在《高等教育系统》里提出的著名三角协调模型，在政府和高校之外，专业团体、工商界组织、社会组织等社会力量也应参与教育质量保障与评估。社会参与能及时将社会对人才培养的需求以及毕业生的就业情况等信息反馈给高校，让高校能及时了解社会人才市场对人才培养的要求，确保高等教育能够沿社会需要的方向发展。评估主体多元化理念已经融入西方各国高等教育质量保障体系中，并辐射到与高教界联系紧密的各社会团体。

无论是英国的高等教育质量保障委员会（Quality Assurance Agency for Higher Education，QAA），还是澳大利亚的大学质量保障署（Australian Universities Quality Agency，AUQA），无论是美国的高等教育认证委员会（Council on Higher Education Accreditation，CHEA），还是法国的国家高等教育研究委员会、国家科学研究委员会，它们都是非政府性的中介机构，独立性

较强。这些机构制订并实施高等教育质量评估标准，结合学校自评报告，组织有关专家对学校进行考察，得出并公布评估结果。这些机构的评估活动为政府决策提供了信息方面的支持，确保了国家高等教育的质量。总的来看，在政府的决策范围之外建立相对独立的中介机构对高等教育的质量实施监控与评估，被越来越多的国家所采用。

四、教育立法保障

发达国家一般通过立法来制订高等教育质量评估政策，使其质量保障制度有章可循，有法可依。世界高等教育发展史显示，高等教育规模扩张致使各国政府开始对高等教育的质量高度重视。政府的直接介入通常会使质量保障制度具有强制性，容易带来指标过于单一、形式过于统一、影响大学自主发展与特色发展等问题。因此，很多国家的政府通过立法的方式来对高等教育质量进行间接管理。20世纪80年代以后，英国政府出台了一系列的文件与法律用以强化对高等教育质量的保障，例如，1985年发布的关于公立院校学术地位认可的报告，1987年颁布的《高等教育：迎接挑战》白皮书和1991年颁布的《高等教育：新框架》等。1984年，法国依据《高等教育指导法》组建了国家高等教育研究委员会，其职能是审批高校颁发国家学位证书的资格，同时设立法国国家评估委员会，由其综合性地整体评估法国高等教育机构，在此基础上提出建议。

五、以自我评价为基础，外部保障和内部保障相结合的保障方法

西方发达国家的高等教育质量保障制度通常由大学外部质量评估与大学内部质量控制两部分构成，良好的质量保障是由外部保障与内部保障相结合的。

保障方法以自我评价为基础。英国国家学位授予委员会非常强调专家现场评议与考察，避免评估活动走形式；美国大学质量认证活动的重要一环就是由同行进行现场考察；法国高等教育质量保障评估的第一个环节是校内评估。对大学、专业的评估与认证离不开专业团体与实践领域的专家参与，只有通过同行专家的评议才能确保评估活动的专业性、客观性与科学性。世界各国的质量保障模式多立足于高校自我评估活动的基础之上，辅以外部的同行评议和现场考察，自评报告则是内外部质量保障活动的平衡点。外部的考察专家通常对被评学校或专业科系进行走访，对学生、教师、行政管理人员甚至毕业生进行访谈，随机调阅学校的相关资料和文件，以掌握学校管理的真实情况，对学校自评报告的真实性与吻合度进行检验。

实践证明，学校自己来保障质量是不够的，必须有外部力量的监督，将内外质量保障相结合，才能达到理想的成效。一方面要重视高校学术自由与自我评价，另一方面还要强调各社会团体、行业协会、专业组织等外部力量参与高校的质量保障。比如，英国各大学均设有内部质量保障机制，其历史悠久的自治传统保证了本校所授学位与所设专业的质量，严格把握专业规划、审批、监控与审查等重要环节上的质量标准。在外部质量保障上，英国还设立了高等教育质量保障委员会（QAA），负责对大学和学院进行评估，促进教育和质量标准的持续改进。

六、评估结果与拨款形成间接联系

社会需要大学评估活动增加透明度，广泛接受社会各界的监督并将评估结果公之于众，同时政府在为高校拨款时也会参考高校的评估结果。评估结果与办学经费相互挂钩，使高校能在市场引力、政府推力与社会压力的作用之下，主动承担起教育质量保障的责任。

评估结果的公开与合理利用是保证高等教育质量提高和评估活动信度、效度的基础。但是，各国对于评估报告的处理却各有不同。有的是公开全部报告内容，以便为大学排名与家长学生择校提供足够的参考信息；有的则为了保证评估活动的效度和信度，减少高校对评估的抵触心理，而只对外界公开报告的摘要；有的则是公开评估信息，以便利益相关者能了解不同高等教育机构以及不同学科的教学质量和标准。美国、法国等国都在尝试将公立大学的一部分拨款与评估结果挂钩。

为防止高校为了获得经费而一味迎合政府的要求而在评估中弄虚作假，使得评估难以达到预期的目的，发达国家一般都注重在评估结果与政府拨款之间不建立明确或机械的直接因果关系。

七、质量保障模式呈现融合趋势，传统力量和新生力量并存

目前，世界各国的高等教育质量保障模式发展呈现两种方向：一是以国家政府机构为主导的质量保障模式，趋向于把权力下放到地方与社会专业组织；另一种是以地方中介组织为主导的分权化模式，趋向于加强中央的控制。但总的来看，这两种模式有融合的趋势。如美国的社会评估组织十分活跃，但是已经由完全自发行为发展到现在有组织有制度的规范行为，政府通过民间质量评估机构和财政杠杆进行调控，虽然不是直接干涉大学的管理，但它间接调控了大学的教育质量。澳大利亚属于地方分权管理教育的模式，但由于国际竞争日趋激烈和高等教育规模不断扩大，政府正试图通过质量保障署的管理与拨款机制来加强对大学的控制，提高高等教育的质量水平，增强发展活力。

近年来，随着社会的发展，各国高等教育都出现了大众化、结构多样化、国际化与产业化等各种新特征。这些新特征必然使得各国高等教育质量保障体系作出相应的调整。在这一背景下，各国高等教育质量保障体系都或多或少地进行了改革。

第二节　美国高等教育质量保障体系建设经验

从 1636 年哈佛学院成立至今，美国高等教育尽管只有不到四百年的历史，却飞速发展并取得了令人瞩目的成就，形成了不同类型、不同层次的多样化高等教育体系。美国的高等教育能在短时间内快速增长，并在国际高等教育中占有重要地位，其高等教育质量保障体系发挥了重要的作用。美国高等教育质量保障体系具有悠久的历史，其形成和发展与美国社会政治、经济、文化和高等教育体系密切相关。同时，也正是由于高等教育质量保障体

系的不断完善，使美国高等教育质量得到了提高，进而促进了美国社会的整体发展。

一、美国高等教育质量保障的形成与发展

美国高等教育质量保障模式的形成可以追溯到 19 世纪末。在南北战争时期，美国通过了莫里尔法案(Morrill Act)，规定联邦政府拨款辅助各州兴办农业和工业学院，于是美国各地风起云涌地开办农业和工业学院，一时间高等学校的数量大幅度增加。美国高等教育毛入学率从 19 世纪末期的不足 0.5% 上升到 1900 年的 2.3%，1930 年又上升到了 7.2%。高等教育机构从单一的私立学院，发展到私立大学与州立大学并行，赠地大学与教会大学同在。原本单一的大学本科教育也因社区学院和研究生院的出现，发展成为多层次的高等教育系统。同时，由于美国的联邦宪法规定政府对教育的管辖权分散归各州所有，联邦政府仅通过对学校和学生个人提供资助等方式对高等教育施加影响，高等学校主要是面向本地州政府承担社会教育责任，这就造成了美国各州高等教育质量标准不一、办学质量参差不齐的情况。

20 世纪后半叶，欧美国家最突出的发展成就是高等教育完成了大众化发展，进入普及化阶段。这个变化带来两个问题：

第一个问题是高等教育规模巨大，经费需求急剧增加，致使以前的财务资助模式失灵。二战前美国高等教育的资助模式主要依靠社会和私人投入，1940 年美国高校总收入约为 72 亿美元，其中三级政府总投入仅 21 亿美元，约为总收入的 29%，其余 71% 来自学费、私人捐赠和学校其他收入，这种资助模式形成了美国以私立高等教育为主的局面。二战后美国高等教育进入大众化阶段，政府成为主要资助者，美国也因此变成了以公立高等教育为主的国家。进入普及化阶段以后，尤其是 1980 年以后，政府无法再大包大揽，于是出现政府经费比例下降、非政府经费比例上升的局面，形成了政府、社会、学生、学校创收共同资助的所谓高等教育成本分担模式。新模式中增加最快的两个部分是学费和学校创收。学校创收的主要部分是研究收入，增加研究收入意味着教师必须把更多精力投入研究当中。结果就是，一方面学生经济负担增加，另一方面教学质量下降。因此 20 世纪 90 年代前后，教育质量变成了一个公共话题。

第二个问题是多样化和多元化。二战后高等教育开始承担更多的社会责任，接纳了更多的社会群体，因此高等教育也就变得更加多样化和多元化。二战前高等教育的质量标准主要建立在精英学者团体的共同信念上，但是多样化的发展破坏了这个基础。

与绝大多数国家不同，美国历史上一直有对高等学校进行公共监督的传统。至少从现代高等教育质量监督的意义上讲，这个传统已经延续了上百年。1909 年卡内基教育促进基金会首任主席、原麻省理工学院校长普里切特(Henry S. Pricheter)曾说过："所有高校，无论是靠政府资助还是接受私人捐助，都是公共服务机构。公众有权了解它们在管理和发展方面的事实，包括财务和教育方面的事实。"这句话是对美国现代高等教育公共问责原则的一个清晰表述。根据这个原则，普里切特发动了一场以调查高校办学质量和效益为目的的"院校调查"运动。调查对象包括 8 所常青藤大学，美国和加拿大的 155 所医学院，以及工程、师范、法律等专业教育机构。公布的调查结果令人触目惊心，进而引发了一场全国性的

高校调查运动，并一直持续到二战爆发，延续了 30 多年。在卡内基教育促进基金会的带领下，与高等教育有关的其他基金会、专业协会、工商业组织也介入了这场调查运动。到 1937年，调查已经涉及 40 多个州的 1887 所高校，230 个政府机构、专业协会、社会团体参与并组织了调查。这期间联邦教育部奔赴全国各地指导调查，帮助制订了全国统一的高校统计资料收集制度。调查范围非常广泛，涉及学校各个方面。调查的重点是教学质量与管理，目的是提高学校的办学质量与效益，并要求高校针对发现的问题提出建议并自行改进。这场运动不仅是美国历史上第一次大规模的高等学校质量保障运动，还奠定了美国现代高等教育质量保障制度的基础。很多学校认证制度、专业认证制度、联邦政府数据收集制度等都是在这个时期诞生或发展起来的。校内专业定期审查、专业排名、从业资格证书考试等虽然此前已经存在，但这些做法在这个时期被制度化了。

二战后至 20 世纪 70 年代美国高等教育进入黄金时代，高校注册学生数从 1946 年的 208 万人增加到 1980 年的 1210 万人。同期，高等教育投入也从 11.7 亿美元增长到 656 亿美元。高校规模扩张引起的主要问题是多元化。多元化在高校中引发了许多基本价值观念的冲突，甚至造成了全国性校园骚动。但具有民主色彩的多元化最终在美国大学中扎根，并成为主流价值观。1980 年后美国高等教育发展进入高等教育普及化阶段。这个阶段的特点是高等教育规模发展减缓，政府经费支持力度下降，质量与效益问题突出。这一时期高等学校在质量保障方面的进步较大，发展出了具有美国特色的质量保障措施，包括学术项目定期评审、大学排名、学生学习效果调查、毕业生跟踪调查等。

二、美国高等教育质量保障模式

美国的高等教育质量保障体系以评估认证活动为基础，主要由各级专门机构与民间组织发起，政府机构不直接参与教育质量评估活动，从而使得美国的教育质量认证一方面具有非官方性，另一方面又得到政府的支持与认可，具有权威性。其最大特点就是，评估认证结果可以在市场机制中发挥作用，学校可以依据评估结果向政府提出自己的要求，社会可以利用评估结果选择学校、专业和毕业生。美国高等教育质量评估包括外部评估和内部自评，前者指的是高等学校以外的机构对学校或专业的评估，而后者是学校内部的自我评估。

（一）高等教育认证

美国高等教育质量认证体系是一个由众多非政府、非营利性的认证机构组成的网络化体系。美国教育部不直接参与管理和认可任何大学，而是通过授权这些认证机构间接影响高等教育质量。美国的教育认证委员会包括三类：全国认证委员会、专业特别认证委员会和区域认证委员会。全国性的认证机构主要负责对少数几个特定院校进行认证（例如高级希伯来语和塔木德经学馆协会、圣经学院认证协会、独立学院认证委员会、远程教育与培训认证委员会、基督教学院协会、美国和加拿大神学院协会）。除了针对高校的评估之外，某些特殊的专业也要通过专业评估团体的审查与认证，例如法律、牙医、医学等专业，只有专业课程被认可才能获取资格、领取执照。区域认证委员会分为六个区域，各区成立地方性学校联合会评估该区高校。教学质量、设备、课程、管理和师资等方面通常都属于评估的内容，经过全面评估后才能决定该高校是否被认可，认证的结果只有合格与不合格两种。

高等教育鉴定委员会是美国民间最高一级教育认证组织，主要职责有：审查并验证全国专业认证机构和高校认可机构的资格与质量；审查地区性机构的资格与质量。该委员会于 1996 年成立，具有较高的权威性，国内高校认证机构都必须得到该组织的承认，才能得到社会的承认。同时，美国教育部承办官方认可机构，各认证机构可以自愿选择官方认可或非官方认可机构，或同时选择二者。美国高等教育认证模式没有官方的专门评估机构，政府也不直接参与评估活动，但是所有的认证组织都需得到政府的认可；通过非政府组织进行的排名、认证与评估活动来确保高等教育的质量。

美国的高等教育认证有院校认证与专业认证两种类型。

1. 院校认证

院校认证对象涉及全国大多数的高校，由取得认证资格的地区性和全国性的认证机构进行实施，评估侧重于整体质量状态。院校认证的起源可以追溯到 19 世纪末若干个地区性认证机构的建立，最初认证活动的特点是：根据学校的整体工作模式和学校的预定发展目标，采用定性方法评估学校，以尊重高校的多样性和自主权。这种评估方法后来为其他地区性认证机构所效仿。

目前，美国高等院校的认证分成六大区域进行，各区成立了地方性的大中学校联合会，对该区的学校进行评估。评估对象包括公立与私立学校、学院及大学。评估内容通常包括学校的师资、课程、教学质量、设备、管理等各个方面的情况，经过较为全面的审查后决定某一学校是否被认可。美国的高等教育在管理上比较分散，但社会对学校评估的做法却是相对统一的。学校需定期接受审查，只有符合认证要求的学校才能取得被认可的资格。美国出现这种按地区分类的认证机构的情况是由美国历史、地理和高校合作模式等因素造成的。在美国多样化的高等教育体系内，单一的全国性认证机构难以满足高校的多样化需求，而这种按地区分类的认证机构有助于加强认证机构与高校的紧密联系，有助于认证机构有效监控高等教育质量。

2. 专业认证

为确保学生将来的专业工作能力，美国高校认证机构着重针对专业培养计划进行评估。专业认证通常关注的领域有：是否有公认的第一专业学位，专业的福利、卫生、安全及专业能力是否达到专业、学术以及社会关注的标准。培养方案能否达到学生在入学时对该领域的期望要求是专业认证中的一个重要标准。

美国除了地区性认证协会外，还有很多专业性认证机构负责专业与课程的认证。目前在美国有近 60 个学科、70 多个专业认证机构，它们负责对高校有关专业、一些专业性院校或单科院校进行认证。专业认证机构由同一专业的成员组成，对大学的专业院系和独立的专业学院进行认证认可。属于此类的专业认证机构有工程师专业发展理事会、全美大学工商学院联合会和美国牙科协会下属的牙科教育理事会等。专业认证的过程与资格认证过程类似，也需要经过申请、自评、专家小组实地考察、专业认证委员会作认证及定结论等步骤。一般来说，一所工学院的几个系是同时进行认证的。每次认证的全过程大约为18～20个月。美国专业认证起源于19世纪末20世纪初，最早出现在医学专业。1876～1903年，许多医学院共同制定了专业标准，并列出了达到标准的学校名单。1905年，主要由医学工作者组成的医学教育委员会(Council on Medical Education)公布了划分医学院的10个等级。1907年，该委员会在实地考察学校的基础上公布了合格学校的名单。到1930年，牙科、建筑学、图书馆学、音乐、护理、教师教育和商业教育等专业领域都出现了类似的认证，即在实地考察学校的基础上公布合格学校的名单。专业认证的出现是为了解决高校如何向学生传授知识和技能的问题，重点关注毕业生质量。专业认证以专业为中心，认证机构制订优秀专业的标准，评估学校是否满足这些标准，向公众公布评估结果。评估的目的主要是保证和提高专业办学水准和教学质量。专业评估的文件，除了专业自评报告和专家组评估报告之外，还应该有专业对专家报告的应答和专业基于评估的未来行动计划。

虽然各个认证机构都有自己的认证标准，但在保障教育质量方面的指标却大同小异，表现在：

（1）对学生多元化的认识。

（2）提供学生学习质量与有效教学的实据。

（3）提倡、鼓励终身学习理念。

（4）创造有效的学习环境。

（5）提供学生学习与有效教学所需的资源。

（6）强调掌握知识与技巧的宽度，鼓励良好的学术风气。

（7）明确对学生学习结果的要求。

（8）支持有效的教学方法。

这些认证指标反映了美国的认证体系对学生学习效果的高度重视，正是这些明确的认证指标要求才使美国高等教育质量在各州自治体制下仍然得到了有效保障。

（二）大学学术排名

对高校进行排名是高等教育进行权威认证和大学自评之外的一种社会评估方式。排名不仅对学生选择学校起到一定的导向作用，而且能够激励社会人士批评和关注高等教育，帮助高校获得道义和物质上的支持。美国是世界上最早开展高校排名的国家，早在1906年就有大学声誉排名，这也是现今美国大学排行榜的雏形。但其兴盛却是20世纪80年代后的事，例如国家研究审议会的《美国研究型博士学位点评估》(1982)、《美国新闻与世界报道》的高校/专业排名(1984)、《商业周刊》的商学院排名(1988)、顶级研究型大学研究中心的《顶级研究型大学排名》(2000)等。这些排名可以分为学校、专业研究生院、专业排名三类。组织排名的有学术组织也有商业组织。由于排名结果与学校声誉有很高的相关性，因此排名被认为是对声誉的考察。尽管人们对排名有不同看法，但可以肯定的是，排名对引导社会资源投入有很大影响，能直接影响学校和专业的行为，促使它们关心办学质量，因此，可以把排名也看作一种重要的质量保障方式。

（三）博士点评估

博士点评估是由专家组成的评估委员会针对各大学博士点办学水平进行的评估。这项活动始于 1925 年，至今已相当完善。其主要目的是：第一，为大学生就读博士学位提供择校的可靠信息；第二，便于各大学之间进行横向比较，以改进教育质量；第三，为教师择校提供信息。其主要评估指标有研究生声誉、论文发表情况、博士点规模、图书馆情况、博士点声誉、研究工作情况等六个方面。

（四）学术项目定期审查制度

学术项目定期审查制度有很长的历史，早在 1684 年哈佛大学就开始对学术项目进行审查，但这个制度在 1970 年后才得到普及。不仅高校对自己的学术项目进行定期审查，本地政府也会对高校的学术项目进行定期审查，审查的主要内容包括：

（1）教育：检查现有学术项目的质量和数量，以便确定学术项目的保留、调整和终结。

（2）管理：检查学术项目是否执行政府规定，学生利益是否得到保护，是否存在质量问题。

（3）资源：考察项目是否有足够资源，是否需要增加资源，以及这些资源是否得到很好的利用。

（4）道德：检查学术项目是否严格遵守学校和政府规定的各种道德标准。

和专业认证类似，这种审查也包括项目自评和外部专家访问等。不同的是，这种审查是管理性的，审查范围全面综合，包括学校资源配置、教师工资水平及现有学术项目的数量、质量、类型是否满足本地发展需要等。尽管这种审查只是政府对本地高校管理的一部分，但它对高校的学术项目管理有重大影响，以至于很多高校直接把政府规定作为本校学术项目管理工作的基础。

（五）大学生学习效果调查和毕业生跟踪调查

该方式代表一类新的质量检查方式，因为它们的调查重点不是学校的资源投入和教育过程，而是学校教育的效果，目的是研究大学究竟对学生产生了什么影响，包括在学期间和毕业后的发展。这种调查非常具有学术挑战性。美国从 20 世纪 20 年代起就有这类研究，但在 70 年代以后，这类研究才得到真正的发展。90 年代新公共管理运动席卷欧美之后，社会和政府要求大学提供有说服力的证据说明自己对社会的贡献，这时对教育效果研究与调查就变得非常重要了。目前美国很多机构都进行这种调查，如联邦政府、州政府、大学研究机构等。美国国家教育统计中心为了研究大学教育对毕业生的长期影响，对 1984 年毕业的一批学生进行了长达 20 多年的跟踪调查，甚至非营利组织如美国大学考试中心（ACT）和普林斯顿教育服务中心（ETS）等也开始进行这类调查。

（六）高等学校内部的教学质量评估

高校内部质量保障机制的主要内容包括：校领导的任期和提升评估，同行专家组的科研评估、专业评估，学生对教师和教学的评价等。内部评估是美国校园文化的传统组成部分，内部评估比外部评估更直接地与学校规划、资源分配、优先设置新专业等挂钩。

三、美国高等教育质量内部保障体系

美国高等教育的卓越发展，不仅取决于其完善的外部质量保障机制，高校的内部质量管理和保障也发挥着重要的作用。

（一）美国高校自评制度

高校自评在美国高等教育评估认证中占有非常重要的地位。

首先，从自评的内容来看，自评的主要任务是院校有目的地在评估指标的引导下系统地收集自身各个方面的数据信息，以给认证提供用于评估的基本资料数据。因为院校收集的自评材料是以认证指标为依据的，具有可参照性和标准性。因此，通过资料的收集，可以让院校对自身各个系统体制以及各环节之间的联系与作用有一个全新的认识，并在总结经验与不足的基础上找出可以改进、提高的方面，制订整改的具体计划与措施，改进自身的管理制度、调整学校总体发展策略、监控自身的发展方向等，以促进自身教学质量、办学质量的提高。

其次，从自评的过程来看，由于学校内部各个部门的广泛参与，所有学校管理者和教职工等有机会对各自的工作情况参照认证指标进行有导向性的自我认识和反思。特别是，由于高等院校的教学和学术工作是以学科院系为单位的，教学与科研都在一个个相对独立的环境中进行。这种相互独立的工作方式造成人们对本学科外的其他学科缺乏足够的了解，也缺乏与其他学科的交流。而自评正是给人们提供了一个交流的机会，促使人们走出自己的学科领域，去了解本学科的工作与学校其他学科之间相辅相成的关系，了解其他学科对本学科工作的影响；了解相互之间的共性（如基本教学法的使用、促进学生在学习中的参与性和主动性等），同时更清楚地认识各自学科在学校办学定位中的角色，以增强整体性。

最后，从自评结果来看，学校在检查现在的基础上反思过去、规划未来，是为了更加有目的地促进自身的发展。通过自评，学校提高了对自身的认识，发现了自身的不足之处，并可参照认证指标制订出适合自己的改革计划和目标。这种通过自评过程制订的计划才能真正代表学校全体人员的意愿、反映学校发展的需求、保证学校进行改革的正确方向，并有明确的目的。有了这些前提，才能对人才培养、发展和使用做出科学规划，才能进行合理有效的资源分配，才能有效地进行评估，并促进自身教育质量的提高。

美国高校自评制度根据评估主体的不同，可将其大致分为机构制度性自评和师生自发性自评两种。

1. 机构制度性自评

机构制度性自评的主体为校方，通常依据认证机构或学校自身的规章制度，在多个院系部门乃至全校进行。以耶鲁大学为例，制度性自评具有以下几个突出特点。

（1）规划与评估相结合。有学者指出，美国高校自我评估与战略规划的结合日趋紧密，耶鲁大学可谓此方面的践行者。该校事务几乎在各个层面均以"规划—评估"模式进行目标管理。以全校学术事务为例，首先，各院系制订年度计划；之后由教务长牵头，副教务长、各学院院长、系主任和学术资源服务部门（如图书馆）负责人等共同组成联席会议机制，对各个计划进行探讨汇总后上报校长；校长认可后，则在该学年校理事会第一次会议上汇报给理事会讨论通过。对有关规划的评估也同样定期以院系—教务长联席会议—理事会的层次顺序依次逐级进行。理事会每学年召开5～6次，最后一次会议则对首次会议所制订目标的实现情况进行全面评估、分析和总结。

（2）行政部门与学术委员会相结合。一方面，该校由专门负责学术事务的行政部门管理日常事务，教务长办公室下设若干副教务长分管不同院系的学术事务，机构研究办公室负责开展调查、收集学术数据及认证事务等。另一方面，该校又有各类常设或临时委员会就专门事项进行指导和决策，其成员多以有关院系学科主管和学术带头人为主。委员会类似立法机关，对行政部门的决策有审议否决权，体现了耶鲁大学"教授治校"的原则。以本科课程质量监管为例，耶鲁大学所有本科课程的日常督查由学科委员会负责。院系一旦提出开设新课程或对旧课程做重大修改的要求，要先由该委员会从资源支撑角度进行审核，然后由学习课程委员会就课程内容进行审核，再报耶鲁学院审批。新课程实施一段时期（通常3～5年）后，会成立特别委员会进行复审，期间院系还要进行自审。此外，一些特殊的学科还须经过大学学科咨询委员会的评估。

（3）认证自评与日常自评相结合。美国高校通常每十年要接受一次由地区教育认证机构组织的认证，该认证要求各校先行提交自评报告。耶鲁大学除了配合十年一度的认证进行自查外，自1998年起，每五年还进行一次全校自评，由两组委员会对学校管理机构和校长分别进行评估，评估方式是对教职员工、学生、重要校友及社区领导进行访谈。此外，文理学院（包括耶鲁学院和文理研究生院）执行委员会每年会对4～6个系进行评估，其程序与认证十分相似：以自评开始，继之以校外专家实地考察，最后生成报告提交给学院执行委员会和各系各专业的咨询委员会。其他12个专业研究生院（如法学院），除至少每十年一次的专业认证外，学校每年还会选2～3个学院进行评估，并对其中一个做深度评估。图书馆等学术资源服务机构也要接受类似的评估。

2. 师生自发性自评

除校方组织的制度性自评外，美国不少高校师生还会自发对本校的教育质量进行监督、评估并提出整改建议。

以哈佛大学为例，1986年，哈佛大学时任校长波克（Derek Bok）提出，需要搞清楚哈佛大学的本科教育究竟好在哪里，不足又在哪里。为此，该校一批教授和管理人员就此课题自发形成了每月定期研讨机制。通过研讨，产生了许多关于促进课堂教学、提高学生能力、加强辅导服务等方面的思路和建议。研讨机制一旦就某一项措施达成共识，即派人就此找学生进行 2～3 小时的一对一深度访谈，根据学生反馈向校方提出建议。研讨机制历时多年，已对全校 2000 多名学生进行了深度访谈，影响还波及其他数十所高校。研讨机制发现了不少对本科生学习有积极促进作用的方法，并将之应用到了哈佛大学的教学改革中。例如，学术互动效应（如与教授共同科研、与同学一起参与项目等）对学生成长有加速作用。学校据此改革了课程作业的设计方式，从原来的由学生各自完成更多地转变为分组协作完成。再如，写作的提高需要交流点拨。研讨机制发现，写作进步最快的是那些与教授有合作或参加课题小组的学生。以此为据，学校在本科新生的写作课程中推广了学生同行评议制度。学生反馈称，从同学的建议中可获得大量启发，自己除态度更加认真外，水平也大有提高。最后，学生的当场反馈很重要。一位教授通过研讨机制介绍了自己的做法，即在课堂最后一分钟，向学生提出两个诸如"本堂课让你得到什么启发"或"本堂课哪里讲得不够清楚"之类的简单问题，让学生笔答并投入意见箱，在以后的教学中，针对学生的反馈加以改进。经过研究和访谈，研讨机制发现该方法确实效果良好，于是建议校方加以推广。现在当场反馈制度已应用在哈佛大学数百门课程的教学当中，有些院系如肯尼迪政府管理学院，几乎所有课程都采用了这种方法。

（二）教师的质量保障

教师无疑是影响教育质量的关键因素。美国高校教师在聘任、考核、晋升上有一套严格的制度，既保障了教师的整体水平，又保障了教师的个人发展。

1. 招收最优秀的教师

一些著名的研究型大学把从全球招聘最优秀的教师作为保障大学教育质量的根本之道。除向全世界招聘优秀教师外，还通过扩大教师在学校事务中的自主权，在科研启动经费、教师学术休假制度、薪金、工作条件等方面为教师提供优质服务，以吸引更多优秀的教师。教师队伍的高素质和国际化，不仅保证了教师队伍的学术水准，同时也增添了多元文化和不同历史传统的非学术因素，丰富了学校的学术氛围。

2. 对教师实行终身聘任制度与任期聘用制度、试用制度相结合的政策

以耶鲁大学文理学院为例，长期以来一直坚持空额晋升制（Slot-based promotion），即非终身教职的教师如果要谋求终身教职，必须由学院向校方申请资源配额，并且再走一轮全球公开招聘程序，才可能晋升有关教职，竞争极为激烈。此举本意是使教师队伍保持最高质量，但过大的职场压力也损害了教师的上进心。2007 年，耶鲁大学进行重大改革，开始实施自然晋升制，即达到规定年限并通过考核即可晋升终身教职，无须等候配额，也不实施全球招聘，但仍要求与同领域指定人选进行比较。

3. 通过师资培训提高教师队伍的整体质量

典型的例子是纽约州立大学布法罗分校设立的教学资源中心，该中心集中了大量的教学资源如书籍、录像带、VCD、课件等，都是与教学方法有关的。教师一般以自愿方式到中心咨询，也有教学效果差的教师收到系主任的书面通知来咨询。无论哪种情况，中心都会

对咨询的过程和结果严格保密，以保证学术自由。整个咨询过程不是对教师进行评价或批评，而是从正面帮助教师总结经验、学习新方法、改进教学工作。

4. 通过多种方式保障教师的发展（以麻省理工学院为例）

（1）教师充分参与学校管理。

美国高校多采用教授治校，由资深教授组成的各类委员会几乎参与学校的每项重大决策。麻省理工学院的特色在于让青年教师充分参与学校管理。如，每月一次的全校教师会议对所有教师开放，该会议不仅研讨教育政策，而且讨论各院系的具体管理意见和建议。会议设问答环节，教师可与校长、教务长或校监直接对话。这些做法有力激发了教师的参与感和主人翁精神，增强了教师的工作热情和责任意识。

（2）教师获得充分的资源支持。

在教学方面，该校设有教学实验室，为教师组织迎新、咨询、研讨餐会等活动，并支持各类教学实验项目；设有各类奖励教学法创新的基金；专设教育革新与技术办公室以资助教育技术开发项目等。在科研方面，学校设有资助项目办公室，为教师提供科研项目管理方面的指导和帮助；设有负责科研政策和管理的科研委员会；设有资源发展办公室，帮助教师培育理念、开发项目及争取商业基金支持等。

（3）教师充分享受政策鼓励。

作为以工科为主的研究型大学，麻省理工学院深知"学以致用、知行合一"理念对自身发展的重要性，因此在政策上充分鼓励教师的创新创业活动。例如，学校明文规定：允许教师平均每周抽出1天时间在校外从事商业或非商业性质的专业活动，只要不违反利益冲突原则并向系主任和院长提供年度汇报即可。

（三）创造一流的教学环境

通过创造一流的环境提高学生的学习效率和教师的教学质量。这里所说的环境，包括校园人文环境和图书资源、实验室设备、体育设施、网络等硬件环境，以及充裕的研究经费。环境优美、设施齐全、资源丰富的校园环境不仅使学生在便利而丰富的生活、学习、研究中得到最好的培养，也有利于学校培养高质量人才。

通过夯实专业基础实现学生多学科综合发展的知识结构。美国大学实行的是通才教育，随着社会和经济的发展，科学教育的重要性日益突出，科学课程的比例也随之提高，对专家的需求增加，但通才教育的宗旨没有变化。这一宗旨清楚地反映在高校的课程设置上，使美国大学，特别是研究型大学的课程设置具有课程涉及面广、学生选择余地大、学生在学习中的主动性强、注重学生创造能力的培养等特点。

四、美国高等教育质量保障体系的特征

美国以认证制度为核心的高等教育质量保障模式，历史悠久，日趋成熟和完善，国际影响力越来越大。简而言之，其主要特征如下。

（一）质量保障体系多元、有序和稳定

美国的认证、评估组织既有地区性的，又有全国性的，还有专业性的，且都是非政府、

非营利性的中介组织或民间机构。认证或评估以学校或专业自愿参加为原则，并通过行业协会进行自我质量管理。媒体推动的学校排名，国家学术咨询机构对博士学科的评价，它们和认证活动同时并存、相得益彰；政府主导活动和民间自律活动互不隶属、互不排斥并能互相补充；机构众多但整个体系长期保持稳定；表现出多元、有序和稳定兼备的特点。

（二）质量保障活动经常化、制度化

美国高等教育质量保障的基本程序已经比较稳定和相当规范，每一轮认证由认证申请、现场考察、初次认证、后续考察等步骤组成。在每个步骤中，各有一个自评自改时期。因此，每一轮认证，都使所有参与认证的院校处于维护资质、不断提升质量、保障学校发展的过程和压力之中。可见，教育认证不是一项一次性、终结性的活动，而是一个过程性、发展性的评估活动。另外，得到认证资格的学校也不是终身制，而是经过一个周期以后还要重新进行评审。如美国的地区性认证机构每 10 年审查一次学校的情况，学校每年都需要向认证机构提交一次报告，每 5 年提交一次非常详细的自评报告。与此同时，认证机构还会不定期地对学校进行视察，如果发现学校没有达到相关标准，认证机构的审查委员会就会给出限期改进的警告，如果到期还没有改进，学校的认证资格就会被取消。美国专业性认证的周期则为 5～10 年不等。

（三）质量评估标准多样化、特色化

认证的意义不仅在于保证本行业最低或公认的专业水准，还在于促进院校及其专业的可持续发展。美国的认证组织和机构在 20 世纪 90 年代提出了新的理念，即充分考虑到不同层次学校的不同特点，鼓励学校自己制定办学宗旨和目标，自己提出应该如何实现并达到这些目标。院校认证首先从学校自评开始，同行专家的评审和检查工作则重在考察目标是否合理、恰当，措施是否得力、有效，最终是否达到了目标。这种重事实、重表现、给学校留出足够发展空间的认证评审有利于调动学校的积极性，促进学校改进工作，提高教育质量，使学校办出特色，实现多样化发展。

（四）强调高校的自我评估和高等教育行业的自律

美国政府无论是联邦政府还是地方政府，都很少直接干预高等学校的发展，除了利用经费划拨进行宏观调控外，其他一切都由高校自主管理。美国高等教育行业自发成立的民间组织在促进高等教育发展和质量建设方面发挥了重要作用。美国高等教育行业的自律主要表现在以下方面：第一，自发成立组织。1996 年，由全美 1603 所高等院校投票决定是否成立高等教育认证委员会（CHEA），其中 94％表示赞成，充分表达了高等院校的自律意识。第二，自愿接受认证。参加认证是高等学校的自愿行为，每一成员学校必须接受认证的原则、宗旨和各项标准。第三，自我评估。认证过程中，学校自评是认证的核心，自己发现问题，自己改正不足，并且根据认证委员会提出的意见和建议进行自我调整和自我提高。

第三节　英国高等教育质量保障体系建设经验

在 20 世纪 80 年代的高等教育质量保障运动中，英国堪称"急先锋"，是世界上开展高等教育质量保障运动最早、最深入的国家之一，其高等教育质量得到了国际社会的一致赞誉。英国政府对高等教育质量的监控与保障经历了复杂的变化过程，通过这些探索，逐步找到了合理而有效的方法与途径，形成了内部和外部相结合的、相对完整的质量保障体系，并被世界多国效仿。

一、英国高等教育质量保障的形成与发展

英国高等教育有着悠久的历史，大学更是以其"大学自治及学术自由"的传统成为世界高等教育的典范，其教育质量一直以来享誉世界，吸引着来自世界各地的留学生。二战至今，英国更加重视高等教育在国家经济和社会发展中的作用，通过大力发展高等教育，使高等教育在促进经济发展和科学研究、扩大入学机会、提高教学质量、加强与企业合作等方面取得了前所未有的成就。

早期英国的大学，其办学经费主要来自民间。19 世纪末，英国政府开始资助高等教育。1919 年，英国成立了大学拨款委员会。大学拨款委员会并不是政府部门，而是中介组织，其职能主要是向政府提出大学所需经费的建议，把政府划拨的经费根据一定的规则分配给大学，而政府则不具体介入大学事务，大学的事务主要由学校自己负责，政府仍给各校相当的自主权。1980 年保守党政府执政之后，大力推动教育改革，在财政紧缩的压力下，政府对高等教育机构的干涉渐增。英国政府在 1988 年颁布了《1988 年教育改革法》，要求建立质量保障体系，作为负起绩效责任的标志。英国的高等教育质量保障制度也成为英国确保其高等教育质量的重要关键。英国政府认为高等教育机构是公共服务机构，应针对其教育质量，向大众作出符合绩效责任的表现。各高等教育机构应落实并要求绩效责任，随时向学生与消费者提供有关学校经营质量的信息。

英国政府在顺应时代变迁与解决自身财政问题的冲击中，尝试通过高等教育的市场机制，增强或相对降低社会大众对高等教育的质量需求；高等教育机构在整个市场之中，必须具备绩效责任要求的措施与解决问题的能力，提升自身质量以求能满足市场的需求。换句话说，政府通过市场的力量，使办学绩效良好的高等教育机构得以在市场之中继续成长，也使办学不力的高等教育机构因市场机制而倒闭，从而达到高等教育质量保障的要求。

二、英国高等教育质量保障模式

虽然英国绝大多数的高校由国家资助，但大学具有自治和重视质量的传统，自治理念已经与市场经济背景有机结合，使得英国的高等教育质量保障体系具有多元化评估的特

征。英国高等教育质量保障体系由保障高等教育质量的机构组织、程序体系和相应制度构成，具体来说，它包含了内部质量保障体系和外部评估体系。学校和院系的两级质量保障机构、校内教学和课程评估、学校和学科自评、校外考试员制等构成了内部质量保障体系，高等教育质量保障委员会（QAA）、高等教育基金委员会（Higher Education Funding Council，HEFC）、专业团体和社会组织等机构构成了外部质量保障体系。

（一）质量控制

在英国，教育质量由大学自身进行控制，政府不加以干涉，各高校对自身教育质量承担责任。英国对质量控制的理解是"大学内部为维持和提高教育质量而实施的管理过程"，这一定义还涵盖了大学为达到一定质量标准而采取的各种措施与行动。英国高校内部质量控制的主体是大学的学者和专家群体，他们在办学的各环节中发挥着不可替代的自主作用。英国高校教学质量的控制主要由"对新课程的审批""对现行课程的检查与指导"以及"对整个教学计划进行周期性回顾"三个相互关联的环节构成。与这三个环节相对应，评定教学质量的方法也有三种：学生的反馈、批判性的自我检查以及校外同行的评审。此外，英国高校还引入了校外督察员制度，有助于保证和提高教育质量。

（二）质量审核

为了对各高校承诺的质量控制进行外部检查，英国大学校长委员会1990年成立了学术审核单位（Academic Audit Unit，AAU）负责质量审核。至1992年英国高教结构二元并轨时，另一个统一的学术审核机构——高等教育质量委员会（Higher Education Quality Council，HEQC）在大学校长委员会等机构的协商之下建立起来，并将学术审核单位并入其中。学分与入学管理、质量审核和质量提高是高等教育质量委员会的三项主要工作。与之相对应，委员会下设学分和入学管理组、质量审核组和质量提高组。在质量提高方面，高等教育质量委员会主要推广、传播和研究各学校维护教育质量所使用的好方法，通过榜样示范作用来促进教育质量的提高。在质量审核方面，高等教育质量委员会审核各高校是否严格遵守授予学位的标准，手续和方法是否完备。在学分及学生入学管理方面，其负责对合作办学机构的审核，审批入学课程的考试代理机构。作为大学的管理机构，对海外办学实行质量监控是很有必要的，这自然也是其职责之一。

（三）质量评估

英国高等教育基金委员会的主要职能是对各高校教学质量进行外部评估，通过评估促使各高校按照全英标准保持和提高教学质量。具体操作步骤是：首先进行以大学本身为主，以学科为中心的学校自我评估；其次由质量评估分部的人员复查各大学的相关材料；最后由专家组实地进行考察访谈，形成质量评估结论（不满意、满意、优秀三个等级），并将结论直接与财政经费的划拨挂钩。1992年颁布的《继续教育和高等教育法》规定，高等教育基金委员会下设质量评估委员会（Quality Assessment Council，QAC），具体实施质量评估。该委员会负责向基金委员会提供有关大学的质量信息、接受评估报告以及提出改进建议与措施。一般来说，它首先进行以学科为中心的大学自评，然后检查质量评估的自评材料和统计表，或者由评估小组进行实地访问，得出对高校教育质量的最终判断。

（四）质量保障

英国高等教育质量保障委员会（QAA）于 1997 年成立，是 QAC 与 HEQC 合并后的机构，全面负责高等教育质量的保障事宜。QAA 属于中介组织，独立于政府与高等院校，属于外部保障体系。它的核心任务是评估英国高等教育的质量，为高等教育拨款机构服务。该组织在评估中较为专业、权威和公正，其评估结果受到政府、社会和教育界的广泛认可。作为独立的组织，它在接受政府资金的同时，主要由大学和学院的会费支持其运行，并且还与各地高等教育基金委员会等高教投资机构订立了合作合同。高等教育质量保障委员会通过合理的高等教育资格标准，推动高等教育质量管理的改进。其主要职责有：为学生、雇主和其他相关人士提供高等教育质量的准确信息，对大学的管理、教育服务、各学科的教学质量等进行评估，向政府提供学位授予权和大学冠名方面的建议，对授予英国大学学位的海外合作教育机构的教学质量进行监管等。英国高等教育质量保障机构的设立，形成了大学外部质量保障体系统一的运作模式，形成了统一的高等教育质量保障标准运作模式，保证高等教育评估活动在时间安排、审核所需的书面资料和人员安排任用方面的统一，尽可能地减少高等教育审核与评估所需的人力和物力的消耗，从而确保了评估的真实性、专业性、数量性、公开性，提高了评估的质量。在英国，高等学校都很重视内部评估，从而为外部评估奠定了良好的工作基础。英国的高等教育质量保障体系是将 QAA 的工作和大学的自我保障工作结合起来，其实质是对高等教育自治传统的尊重。

（五）社会评估

在英国，社会评估同样具有较高的科学性和社会可信度，是政府和民众及国际社会对高校进行评判的重要依据之一。类似工程、会计、医学和法律方面的学生，毕业后往往需要取得相应的执业资格，因此就需要接受法定团体或专业职业团体的评估。目前，这种法定组织和专业职业团体已经有 240 个左右，本行业学科以及专业教学与学术水平关系到这些行业的未来发展，因此这些团体极为受重视。他们通过评估、建立会员制度、审批课程等方式，来保持本行业的基本认可标准。英国泰晤士报每年都要进行一次高校排名，自 1992 年起，就定期对优秀大学进行介绍。实际上，这是聘请权威性的专家，从民间的角度对各大学进行全面评估的活动，从而指导和影响了社会对大学的认识与选择。采用的主要方法为：评比团收集原始信息和数据并对每一条做出初评；由专家评比团制订大学评比标准 14 条；将初评分交给大学进行自我核实。评估内容主要包括图书经费、入学成绩、师生比例、优秀学生比例、毕业率、毕业生的就业率、科研开发收入、教职工中博士占比与专业人员占比等众多项目指标。这类评估因为其影响力巨大，使大学感受到来自社会监督的压力，这也是高校接受社会监督最主要的方式。

三、英国高等教育质量内部保障体系

英国高等教育内部质量保障针对高校内部教育教学质量，通过灵活适宜的教学方法、多元参与的考核机制和严格完善的管理制度等具体实践活动来进行。英国高等教育内部质量保障体系主要由学校、院系和教学等三个层面的质量保障工作组成，体现出英国高校较成熟的自律机制和自适机制。

（一）学校层面的质量保障

学校层面的质量保障主要依靠高校组织内部的教育管理制度。一般而言，英国大学设立有校务委员会和学术委员会，分别负责教学、学生学习的行政管理和学术管理，具有较完善的内部质量管理模式。高校对授予各级学位的质量和教学质量负有全面、明确的法律责任，具有大学自治、学术自由的鲜明特征。这样的管理模式可以使高校最大限度地依据社会发展及其环境的变化及时进行组织革新，并保证基层学术组织和教授享有充分的学术自由与民主权利，从而为教育教学质量保障创造了宽松、自由的发展空间。

（二）院系层面的质量保障

院系内部的审查和考核制度包括定期审查、年度审查和校外评审员制度。定期审查主要是针对院系进行的详细的教学质量检查，包括学生反馈的问题、校外评审员的报告和年度审查报告等，大约每5～6年进行一次，并与QAA审查紧密相连，相当于学校的自我评估；年度审查主要是指大学的各院系每年须审查所有的教学模块和学习课程情况，并写出相关的审查报告，涉及到教师、学生和校外评审员对教学和课程学习的看法与评价等；校外评审员制度聘请外校相同或相近专业的资深教师和校外相关职业领域的专家担任学校考试委员会的成员，参与学位考试的出题、阅卷、口试、评分及讨论等活动，并针对学校的课程设置、学位授予标准和程序等问题写出书面报告。

（三）教学层面的质量保障

教学模块的内部审查和考核制度，由院系负责并与院系层面的年度审查具有密切联系，属于年度审查的一部分，由教学模块负责人对改善教学质量及学生学习情况进行跟踪记录，主要包括学生的成绩、教育教学最新进展、师生关系、教学方法和手段、课程结构和内容、教学计划等，尤其重视向学生发放调查问卷，这是反馈信息的一个重要途径。

英国高校教育质量保障工作体现了灵活的自适机制和高度的自律机制。灵活的自适机制要求高校作为一个系统，为了提高运作效率并保持质量，自身内部结构需不断协调一致并对外部环境变化进行调适与互动，最终达到内外平衡发展。如院系层面的定期审查，既与教学层面的质量监督紧密相连，又与外部质量保障中的QAA相联系，是QAA审查的第一步，即高校的自我评估。另外，校外评审员制度更是高校为适应内外环境而采取的一项积极有效的自我质量保障措施。高度的自律机制则主要体现在其相对完善的内部管理和各项内部审查、考核制度上。

四、英国高等教育质量保障体系的特征

英国高校具有高度自主和学术自治的优良传统。进入大众化时代，高校自律、自我约束和自我监督的理念不断深化，其自我管理和保障能力也随之不断提高。

（一）独立自主：英国高等教育质量保障体系的根本特征

20 世纪 60 年代，英国高等教育开始由精英化向大众化迈进，曾一度出现高等教育质量危机，引起国家和社会的高度重视。为了帮助高校保障和提升质量，国家逐步建立起外部质量保障体系，从 1964 年第一个外部质量保障机构全国学位委员会建立到 1997 年 QAA 成立，英国高校的独立自主地位并没有受到外部质量保障体系的影响，反而在其帮助下，恢复并提高了高等教育质量。英国高等教育质量保障体系的独立自主性不但体现在高校本身，也烙印在外部质量保障机构上，如 QAA 作为独立、非营利的评估中介机构，政府并不直接干预其工作和运营，其运行经费主要来自各个参评大学或学院缴纳的会费和签约组织提供的项目资助。这足以保证 QAA 在对院校进行审核评估时保持独立和自主的地位，为其公平、公正地开展工作提供物质保障。

（二）以制度促规范：英国高等教育质量保障体系的核心特征

英国高校内部的院系层面和教学层面拥有相对规范的审查制度，每年会定期审查和评估内部质量保障的运作状态。同时，QAA 对高等教育的监督和服务建立在一整套规范性文件的基础上，其各项工作都依据规范性文件展开，如《学术规范体系》《高等教育资格框架》《专业基准》《工作准则》《课程规范》等，这些规范性文件并不是一成不变的，将在质量保障实践过程中发现问题而加以修改并逐步完善。因此，完善的制度和规范化的宏观管理是英国高等教育质量保障体系有效运转的前提。

（三）互动而平衡：英国高等教育质量保障体系的显著特征

英国高等教育质量保障体系互动而平衡的特征主要体现在：内部质量保障体系和外部质量保障体系之间的相互配合和有效沟通；内部质量保障体系各环节之间的协调一致；外部质量保障体系中各部分的相互联系和密切相关。这种特性突显了一个系统的整合和集成效应，充分彰显了以内部质量保障为主体、外部质量保障为主导的协同运作模式。内部质量保障体系中的教学质量保障与院系层面的定期审查具有密切联系，而院系层面的定期审查又作为 QAA 院校评估的第一步。这种关联和互动不但大大减轻了高校重复接受质量审查、评估的负担，还有效地促进了内外部质量保障体系的平衡发展。

第四节　法国高等教育质量保障体系建设经验

法国属于典型的中央集权领导系统模式。高等教育服务于政治利益和社会经济发展，高等

教育质量保障工作是从高等教育界的外部开始，评估过程中外部评审扮演着非常重要的角色。

一、法国高等教育质量保障的形成与发展

作为欧洲大陆典型的中央集权制国家，法国有着悠久的高等教育发展历史。从中世纪就已闻名于世的巴黎大学、大革命时期出现的培养专业精英的大学校，到拿破仑帝国大学改革建立的中央集权型教育管理体制，再到近年来的大学合同制改革、博洛尼亚进程（Bologna Process）背景下的"358"学位制度改革（亦称 LMD）等，法国高等教育经历了从传统到现代的变迁，在世界高等教育史上具有一定的引领作用。

法国自中世纪巴黎大学以来一直坚守以培养国家精英和专业人才为核心的教育观，培养了大批世界知名的文学家、科学家、思想家和艺术家，并且在基础研究方面一直位居世界前列。然而 20 世纪 60 年代后，法国高等教育大众化的出现给传统的高等教育带来多方面的压力与挑战。法国传统的高等教育在教育内容、教育管理、教学方法、教育组织方式以及教育设施等诸多方面都不能满足社会发展和技术变革对人才的需求，高等教育质量问题引起了政府、社会和高校的广泛关注。20 世纪 70～80 年代，英国、法国、美国等西方主要资本主义国家由于爆发经济危机和失业率居高不下等社会问题，开始推行财政预算紧缩政策，强调教育效益和教育开支的合理化，多方面的压力使得高等教育质量及其公开性、透明性越来越受到重视，高等教育质量及其保障问题日益成为世界各国关注的重点。

进入 20 世纪 90 年代后，全球化和经济一体化使得高等教育国际化趋势不断增强，知识经济社会的兴起使高等教育成为社会发展的引擎，高等教育质量成为各国参与国际竞争的一个重要砝码。在上述背景下，法国政府针对不同阶段影响高等教育质量的原因，在宏观层面上实施了高等教育管理体制、人才培养体制、高等教育结构、质量评估机制等方面的改革，以调整政府与高等教育之间关系为核心，系统地平衡了数量与质量、公平与质量、规模与效益、地方化与国际化等之间的关系。到目前为止，法国政府经过将近 30 年的改革，在促进法国高等教育自治、加强高等教育社会适应性和国际吸引力、竞争力方面已经初见成效。这个历史进程反映了政府推动下法国高等教育从传统精英教育模式向大众化教育模式的转变。

二、法国高等教育质量保障模式

法国高等教育管理模式是典型的中央集权制，政府进行高等教育管理的主要手段包括计划、拨款、评估、立法等。相应地，法国建立了中央集权型的评估体系，政府在评估中占主导地位，通过专门的国家评估机构，对全国高校、学科以及全国高等教育的发展状况进行整体性综合评估。同时，政府根据评估结果进行拨款，从两个渠道直接和间接地实现其对高等教育的影响。

（一）法国高等教育质量保障的重要组织

1. 法国国家高等教育研究委员会

根据 1984 年《高等教育法》（又称《萨瓦里法》）的规定，委员会负责为计划发展教学的

大学批准教学项目，从而使此类大学能够获得国家学位证书。该委员会的主席由相关的部长担任，委员会既承担批准的职能，又规定了获得国家学位证书的最低条件。

2. 法国国家评估委员会

1984 年法国总统宣布成立法国国家评估委员会(CNE)，并于 1985 年正式开始运行。该委员会由 15 名成员组成，由总统提名。该委员会规定 5 年为一个评估周期，负责对法国高等教育机构进行全面的评估，并在评估的基础上，提出相应意见和建议。委员会属于相对独立的国家行政机构，一方面该委员会独立于所需要评估的高校，评估的主要目的在于加强学校的自治权、教学基础以及社会责任；另一方面又独立于政府，可直接向总统呈递报告书。

评估的形式主要有法国高等教育整体状况的评估、院校制度的评估及学科的评估三种。评估后出台的评估报告，对大学的教育、继续教育、管理政策、科研以及对大学如何划分等方面进行定性和定量的分析，从而为政府、社会、学校、学生及其他利益相关者提供可靠的信息。该委员会认为，大学在其内部应有健全的评估系统，否则说明该大学没有足够认真地履行职责。虽然委员会实施的评估并不对国家资助高等教育产生直接的影响，但其所出示的报告还是得到了全社会和高校的高度重视。

3. 大学内部评估委员会

法国大学内部设置有评估委员会，其职责在对外方面是配合国家评估委员会的工作；对内方面是开展校内自评，包括对院系、对教育教学质量的评估和对学校发展策略的评估。此外，对教师的水平、学科的发展状况、学生的成绩以及毕业生就业状况都将给出一定的分析。

4. 其他机构

参与法国高等教育质量评估活动的其他机构还有：大学理事会(负责制定学术规划、确定国家水平，为所有大学补充学术人员及促进学术人员发展)，国家科学研究委员会(负责确定四年研究合同，对教育部研究基金进行分配)，学位授予委员会(负责在教育部高等教育理事会范围内审定研究生课程，并授予相应的学位)，国家工程师职称委员会(主要负责工程研究类的评估)。

(二)法国高等教育质量保障的主要方式

1. 合同制

1984 年开始实行的合同制是法国政府实施计划管理的一种形式。政府每 4 年与大学签订一次合同。签订合同前，大学要向教育部提交 4 年内的教育计划；教育部对学校提交的计划进行研究后，派专家前往学校进行实地考察，并与学校相关人士讨论商定合同事宜。合同即将到期时，国家评估委员会会对合同的实施情况以及目标完成情况进行评估，同时商讨新合同的签订事宜。国家评估委员会的评估报告会影响新合同的签订以及政府对大学的拨款。

合同制在很大程度上减少了政府对大学的直接干预，既给予高校较大的发展自主权，又在一定程度上保证了高校按社会和国家需求的方向发展。

2. 评估

政府和高校之间签订的合同，是政府对高校进行评估的前提和依据。国家评估委员会依据政府与高校的合同对高校进行评估，而政府则通过国家评估委员会这个第三方评估机构，来评价拨款所产生的效益，进而调整对大学的拨款额度。国家评估委员会对高校的评估分为两个步骤：一是学校组织实施的内部评估，二是由国家评估委员会组织进行的外部评估。

总的看来，法国高等教育质量保障中的评估具有如下特点：一是将高教评估融入全国教育系统评估之中；二是评估的结果面向社会公开；三是评估方式多样、范围全面且具有周期性；四是评估委员会在高教评估中具有相当的权威性，评估者与管理者分开；五是教育评估法制化，政府在高教评估中扮演着宏观管理者的角色，起着宏观调控的作用；六是评估具有相对独立性，其基础是评估委员会与大学的充分合作。

3. 财政拨款

法国高等教育拨款以政府为主导，采取评估与拨款相结合的方式。1984 年合同制实施以来，各高校根据合同获得的拨款就占到政府拨款总额的 1/3 左右。与高校的合同一经签订，政府就必须依照合同向高校拨款。通过合同支付给高校的经费主要用于教学、基础设施维护和科学研究，经费的数量和使用目的在高等教育机构与国家签订的合同中有明确规定。

三、法国高等教育质量内部保障体系

合同制的建立是法国政府确立符合高等教育机构自身特点的管理体制和相应配套措施的过程。大学与国家签署"四年发展合同"的内容、程序以及所产生的影响都集中反映了政府和高等教育机构负责人在一个象征性的合同框架内落实应负的责任，共同致力于提高高等教育质量保障水平。因此，法国高等教育机构自治发展的过程，也是高等教育质量内部保障形成的过程。

（一）质量保障目标的确立

"大学—国家四年发展合同"明确了大学和国家共同确定的高等教育质量保障的内容与主题，这是高等教育质量保障的首要环节。

合同要反映高等教育机构的发展重点和质量保障的主要内容。所有的"大学—国家四年发展合同"都鼓励大学加强对学生的接收与指导，创建大学生生活观测站，以确保对该阶段学生的指导与管理。对于学业不佳的学生，该合同重点资助一些有助于学生成功的措施，例如辅导制、重新定向、个性化大学课程、强化教育学课程、方法论的支撑、信息通信技术的使用与接触、自我培训等。所有这些措施都与改进大学教育质量直接相关。为提高人才培养的质量，"大学—国家四年发展合同"涉及有关人才养成的多重要素，如物质设备、师资保障、文献资料等。合同还积极鼓励开发通讯信息交流技术，在教学和科研中加入新的教育支持（远程教育）和机构设备，用来促进教学与管理的现代化。与此同时，合同中还提议改进接收和培养外国学生的条件，促进学生、教师与研究者的国际流动，在教学培养规划和科学研究方面执行国际化标准，鼓励发展与国外大学之间的合作关系，通过国际合作促进科学发展，以提高法国大学教育的国际声誉。为改善大学生的生活条件，创建大学社区，合同中还包括文化、社交和体育政策，比如创建乐队、大剧院以及体育活动设施，为大学生提供更多的社交和文化体验的场所；加强大学社区卫生设备的维护与更新，改善接受残疾学生的条件。通过这些举措，使学生在日常交往过程中能更好地融入当地社区，缩短了大学和城市之间的距离，并且通过大学的发展带动地方文化的复兴。

从"大学—国家四年发展合同"的内容可以看出，该合同是政府在国家整体背景下对大学发展的一种规划，通过合同拨款的方式有利于集中优势力量解决最突出的教育质量问题，引导大学作为一个实体参与高等教育质量保障。可见，国家政策引导和经费支持、大学自身的积极实践营造了法国高等教育质量保障的外部和内部环境，是法国政府推动下高等教育质量保障形成的重要环节。

（二）内部质量文化与自我评估的形成

从文化学的角度看，大学拟定合同的过程也是进行自我评估、创建内部质量文化的过程。首先，大学要提供有关学校状况的一些最基本数据，如建筑面积、师资设备、非教学人员分布、学生注册情况等。在签署第一批合同时，有许多学校居然对自身的基本情况不甚了解，有的所提供数据甚至只是各个院系材料的简单组合。而合同制的实施迫使大学进行反思，开始全面自查，制定本校系统、连贯、透明的管理制度。这成为学校内部质量评估的前奏。这一时期，由于国家评估委员会还没有与合同制改革同步，大学在签署第二次合同时，通常需要对前期合同的结果进行简要的分析与总结，以便更加全面地描述本校状况。这个描述与总结的过程是大学从整体规划的视角对自身优势与不足进行自我评估的重要组成部分。并且，大学在向教育部提交总结材料时，一方面要说明大学长期的（比四年合同期更长）总体发展规划、目标、发展战略与方向，另一方面还要制订一个综合考虑国家发展重点的四年发展规划。制订规划的过程是学术生活与教学委员会、科学委员会和管理委员会内部就机构未来的发展方向进行决议和辩论的过程。尽管参与者在广泛性上还存在一定局限，但合同制改革促使大学内各层次人员积极致力于大学发展规划，创建大学内部质量文化，从而奠定了大学质量保障体系的内部制度基础。

（三）教育机构内部的质量保障机制

教育机构内部应根据自身实际情况和特点制定相应的人才培养计划，达到各自教育目标来满足社会和经济的发展需求。培养计划应符合学生的学习特点和就业需要，加强学生的企业实践学习，采取措施对学生的能力、技能等方面进行评估，促进学生全方位的发展。教育机构内部应规范其组织管理体系，对教育的管理拥有足够的自主权，树立良好的社会形象，负责教育的广泛性管理，履行其教育职责，协调教育内外部的交流沟通，准备充足的办学资金和各种硬件资源，确保高等教育的质量。教育机构内部应建立高素质水平的师资队伍，这是保障法国高等教育质量的基本要求。教育机构不仅有高标准的教师录用标准，而且对教师的从业资格、行为规范、教学行为、思想素质有明确的规范制度。教师的工作必须接受学生和其他同事的监督，并且教师应对自己的教学计划和目标有充分的了解，深究其教学内容，设计合理、科学的教学计划，运用有效的教学方法，保证学生培养的质量，进而确保教学质量的提高。强化学生能力教育，根据学生的自身情况，确定人才培养目标，建立严格的选拔和淘汰制度，以便学生毕业后能很快地适应工作，适应社会的快速发展，保证高等教育的人才质量。

四、法国高等教育质量保障体系的特征

由于受高等教育管理集权传统的深刻影响，法国高等教育质量保障呈现出明显的控制型模式特征。

（一）主体和权力结构的单一性

在法国模式中，国家权力在高等教育质量保障活动中占据主导地位，质量保障的主体是政府，教育部集审批、决策和监督权于一身，通过国家高等教育研究委员会以及其他机构对高等教育进行直接的控制，高等学校自主权有限。国家评估委员会虽然具有中介评估机构的性质，但其成员由总统任命，经费由国家划拨，体现的是国家意志。

（二）质量保障目的的外在性

法国高等教育质量保障模式建立的出发点就是监控高等学校的办学质量以及政府的资助水平和经费的使用情况等，促使高等教育更好地适应法国经济、社会发展的需要，接受政府、社会的问责，强调绩效责任与决策的工具性目的。

（三）质量保障组织的官方性

在法国模式中，质量保障机构是法国教育部及其所管理的评估机构，如国家高等教育研究委员会、国家科学研究委员会等，国家评估委员会虽不属教育部管辖，但它直接对总统负责，具有强烈的官方色彩。

（四）评估方法的外控性

在法国模式中，虽然大学内部设有评估委员会，但其作用主要是配合国家评估委员会工作，外部评估扮演主要角色。在质量保障内容上，法国政府强调对高等教育的严密控制，具体包括国家对高等教育进行统一规划和管理，对院校的设置、学位的颁发、专业的开办、课程的开设、教师的聘用、学校招生以及考试办法等做出详细规定，高等学校必须严格执行国家的政策规定。

第五节　国际高等教育内部质量保障体系建设经验

本章介绍了世界高等教育质量保障建设三种主要模式的代表国家：以高校内部保障为主的英国、以外部认证模式闻名世界的美国和政府主导型的法国。世界各国高等教育普遍以自我评价为前提，构建以评促建、以外促内、内部质量控制和外部质量保障相结合的质

量保障体系，可见，内部质量保障体系对于高等教育质量提升的重要性。了解世界各国高等教育质量保障体系尤其是内部质量保障体系建设经验，有助于我国地方高校结合国际和国内的背景与学校自身的发展特色，构建完善的高等教育内部质量保障体系，提高地方高校的整体教育质量。综合本章内容，国际高等教育内部质量保障体系具有如下建设经验。

一、强调"以生为本"的教育质量建设

在高校教学质量保障活动中引入学生的正式参与，可以说是发达国家高校质量保障体系的重要特点之一。在实践中，无论是高校的自评，还是评估机构的检查，学生都被置于重要位置。具体而言，关注学生在质量保障活动中的地位与作用，主要表现在以下两个方面：一是质量标准方面注重体现学生的利益；二是制定教学质量标准与专业课程设置标准的过程中，重视学生代表团体的参与以及他们所提的意见或建议。学校及质量保障机构在教学质量评价过程中选择的调查对象，也不局限于在校生或应届毕业生，还包括往届毕业生及其用人单位，并为他们提供多渠道的反馈途径。

过去更多是从"教"的角度理解和衡量高等教育质量，高等教育质量保障更多地强调高校教学资源与条件建设、教师素质与能力提高以及教学方法改进等内容。现在，学生的成就与发展成为了质量建设的主旨目标。地方高校应用型人才培养要以学生能力培养为核心，实现人才培养方式的转变，如在教育理念上从知识输入导向到知识输出导向转变，从过去"我要求学生学什么"向"学生通过学习将来会干什么"转变；人才培养方案的制定要以大量的企业、行业调研为基础，提炼出专业的核心能力，开展以学生能力提升为目标的模块化教学；在课程改革中，从关注教师"教"向关注学生"学"转变；在实践教学体系建设与改革中，以如何培养学生解决生产过程中实际问题的能力为核心。在教学过程中，充分关注学生的学习效果；在校园服务上，注重学生学习支持服务系统、学生信息反馈系统的建设，为学生学习提供优质服务；在质量保障上，通过对学生、毕业生和用人单位进行满意度调查，让学生参与到各级质量保障机构及其评估实践中去，发挥学生的质量保障主体作用。

二、注重质量文化的培育与积淀

学校高度关注自身在公众心目中的声誉，常常通过各种途径宣传学校的质量理念，推广教学质量保障方面的优良经验。从国外众多高校的实践看，积极推动学校内部形成自觉维护质量的舆论氛围已经成为保障教育质量的重要动力之一。比如，校方会通过印制和发放各类教育质量保障手册、课程手册等，使全体师生了解学校的学术标准，形成自觉维护学术质量和学校声誉的良好氛围。毋庸置疑，一所大学的声誉在极大程度上与其教学和科研的质量密切相关，由教师专业发展和学生学习经历长期积淀而成的质量文化，已成为学校声誉的重要支撑。

在办学过程中，学校需要通过培养高质量的学生得到社会的认可，与此同时也使其声誉得到提升，而良好的声誉使学校更有可能获得更多更优质的资源，如在全国乃至世界范围内选聘一流的教师，进而为社会培养出更多优质人才。这是一个良性循环，这一循环的

起点在于人才培养，孕育土壤是质量文化，接力棒则是学校声誉，全体师生在不断地进行此项接力，高校内部质量保障体系则发挥了为提高学校社会声誉服务的功能。

三、关注教学质量保障体系的制度化建设

高校教学质量保障体系建设的经验表明，学校合理运用外部参照标准，根据自身实际需要制订一系列规范的政策文件，是高校质量保障工作顺利开展的重要前提。教育质量与学术标准保障手册作为指导整个学校工作的总领，是学校学术政策和质量框架的重要组成部分，各院系都必须遵循。当然，各院系在此基础上，可以根据本院系的实际情况进一步制订相应的规章。总体而言，这种自上而下、由粗至细的制度制订进程，在保持学校的统一性与院系的多样性之间起到了有效的协调作用。实践表明，无论是学校与外部的质量保障机构（如 QAA）在政策、制度上的一致性，还是学校与院系在政策、制度上的一致性，均可减少在实施过程中可能产生的大量矛盾，有利于工作效率的提高。

制度与规则确立在先，评价标准明确并公之于众，使大家明确了解相关内容，这对于高校质量保障的管理与实施，对于学校及师生自主发展空间的保障都十分重要。具体而言，例如，对于某项工作，适合何种资质的人员承担以及具体的工作标准、评价的标准和方法、评价结果的使用；对于外部质量保障活动，准备如何接受外部的评价或如何去评价某项工作等。这种总体上的统一，更确切地讲应该是规范，并不妨碍教学与科研工作中的多样化发展，学校会在统一的学术框架下，通过单独的教学大纲等让各学科领域的师生去追求合理的多样化发展之路。

总之，学校在关注教育质量保障体系制度化建设的同时，也充分认识到人才培养过程中尊重多样性发展的重要性，并认为这是大学的应有特征之一，也是提高教育质量的重要途径。

四、提升质量保障工作的组织效率

首先，在顶层设计中，学校应建立专门的校级质量保障机构，监督学校的行政管理工作，负责学校层面的政策制订、对外交流和决策的选择，对学校的整体教育质量和学位标准负责；其次，在基层，各系/专业是落实具体质量保障工作的执行主体，而各学院则处于中间层面，发挥协调作用；最后，质量保障工作的组织体系呈现"工"字型布局，重点在两头，中间层面在保证有效沟通的前提下力求精简。实践表明，这一组织体系既可保证政策的统一，又可使质量保障工作及相关资源落到实处，提高组织的工作效率。此外，各院校通常还设有专门的高等教育研究院或学习研究所，为学校的教学提供研究支持，为教职员工的职业发展提供培训，从而确保不断提升学生学习的质量、促进教师的专业发展。

从国外高校所关注的质量保障工作组织效率和功能性机构的建设来看，这些做法有利于在质量保障中提高高等教育资源的利用率。值得借鉴的是，在提高组织效率的过程中，制度与标准建设的科学合理性、明确性与执行力是重要的前提；而在质量保障功能性机构的建设中，重点关注教职员工的专业发展，这一落脚点切中了推进教学质量保障工作的关键。

五、鼓励教师进行教学改革

在国外高校内部教学质量保障体系的运行中，各学校均十分重视学生、雇主对教师的反馈信息，并结合每年的教师考核工作，安排与教师进行交流，共同制订有针对性的学习培训计划，以帮助教师提高专业素养。对此，一些学校有着较为全面的认识和具体的做法，例如，牛津大学认为，对教师进行奖励还应考虑其他影响教师个人事业成就的因素，如工作与生活的平衡等。此外，各院校还特别关注教师在职业进步和专业发展方面的改革与创新，重视对优秀教学成果的奖励；在监督和评价过程中，高度重视贯穿其中的平等性与多样性原则，保证监督与评价工作重心在于以积极的行动服务于提高教学质量的真实效用；在促进教职员工专业发展、提高学校教育质量的过程中，学校亦十分重视开发多样化的教师培训方式。

第二章

地方高校质量保障内涵研究

中国高等教育毛入学率已经由 1998 年的 9.76％ 上升到 2020 年的 54.4％，高等教育从精英化发展到大众化，地方高校发挥了主力军的作用。据教育部统计资料显示，截至 2020 年，全国共有普通高校 2738 所，其中本科院校 1270 所，本科高校中中央部委直属高等院校有 115 所，地方高校占本科院校总数的 90.94％。可见，在高等教育的大众化过程中，地方高校发挥着重要的作用，是高等教育机构中的主要力量。

地方高校和部属高校在管辖归属权上有所不同，在办学定位上也明显不同，地方高校具有地方性、服务性、应用性和特色性的特征。

第一节　地方高校内涵与特征

一、地方高校的内涵

我国普通高等学校按隶属主体关系划分为中央部委直属高等学校（即部属高校）和地方所属高等学校（即地方高校）。地方高校是与部属高校相对应的，它是由省、自治区、直辖市人民政府及其教育行政部门管理的高校或由省辖市（地、州）管理的高校。地方高校的行政管辖归属权在省、自治区和直辖市级政府，与之相对应，这些高校所招收录取的学生群体也主要集中于所属行政辖区，日常办学经费、科研经费等主要来自地方财政支出。地方高校具有典型的地方特色和区域特点，立足区域经济发展、人才就业市场需求和行业需求等，辐射范围带有明显的区域性，且逐步以扩大和增强区域性影响力来建立教育新体制，以区域性定位为明确导向，以突出区域性特色为目标。一般认为，地方高校包括三个层次：第一层次的省属"211 工程"重点大学、第二层次的省属"省部共建大学"、第三层次的地方性直属高校。

二、地方高校的特征

地方高校具有现代大学所具有的基本职能，同时还具有"投资主要来自于地方财政、管理主要受地方政府指导、办学主要集中于地方、对社会的服务主要体现于地方"等特点。从其特殊性出发,地方性、服务性、应用性和特色性应成为地方高校办学理念的内涵特征。地方高校的发展必须立足于地方,必须与区域经济结构紧密结合,突出自身特点,发挥自身优势,并且对区域经济社会变化迅速作出反应,实现与区域经济建设的共生发展。

（一）地方性

在我国,地方高校主要通过地方财政资金获得办学所需经费,此外也可以通过地域纽带获得部分来自私人部门的补充性投入,因此,地方高校往往需要在办学理念上强调促进地方发展,在人才培养的结构、层次上强调符合地方区域经济社会的发展需要。地方经济发展过程中体现出的区域特点、比较优势等特征,会对地方高校的办学方向产生明显而重要的影响;地方高校在办学过程中的学科结构、专业设置等诸多方面,也常常与地方产业结构、经济发展状况等有着密不可分的联系。首先,随着城市化建设进程和区域经济的快速发展,与区域经济结构相适应的各级各类专业人才的需求日益增大,为促进区域经济快速发展,地方高校必须与区域的经济结构和产业结构相结合,需要因地制宜,突出地方性的特点。其次,市场主导配置资源的经济形势,要求地方高校必须能够为区域经济社会提供多样化的人才资源,满足当地就业市场的人才需求。第三,高等教育与经济发展之间呈高度的正相关性,区域不同的经济发展水平决定了地方高校发展的模式选择。在知识经济时代,产业结构正经历创新型战略性调整,这就要求地方高校的学科、专业与课程结构也要随之进行调整。地方高校必须担负起为区域经济、教育和社会各项事业发展提供人才支持和智力保障的重任,从学科结构、人才培养的层次和类型、人才培养的质量和规格等方面入手,解决区域经济社会发展中重大的科技、管理、政策等方面的问题。

（二）服务性

服务是教育的本质属性。"服务地方"是指地方高校以服务区域经济建设为目标,实现高校与区域的共生发展,为政府和企业提供服务。由于地方高校自身的特点,社会服务的职能得以突显。尽管因区位或基础问题而有所不同,但地方高校面临的教育格局与就业走向的现实却是相同的,较之国家部委所属高校,地方高校一般都存在人才短缺、资金困难、生师比失调、基础条件差等矛盾,而要破解这些矛盾,重要方法和途径之一,就是立足地方,服务区域经济。

（三）应用性

地方高校发展必须培养适应区域经济建设所需要的各种类型人才。地方高校的地方性与应用性,二者是密切联系的统一体,统一性体现在服务区域经济建设上。一方面是区域经济建设对人才类型的需求,不仅需要高层次人才,而且还需要中高级技术人才与应用型人才。因此,地方高校要紧贴区域社会发展的生产实践,培养适应区域经济发展需要的应用型人才。地方高校的人才培养目标应根据区域经济建设对人才在知识、能力、技能等方面的要求来确立,并在业务方向、服务方向和人才类型上适应本区域的需要,充分体现人才培养的地方性和应用性。也就是说，地方高校的基础学科专业应以培养应用型人才为主，以培养生产和社会活动一线的人才为重点任务。另一方面，既然地方高校的主要任务之一是为区域经济建设培养大量应用型人才，那么其工作重心就必然回到教学上来，以教学带动科研，以科研促进教学，实现二者的相互促进，相互提高。

（四）特色性

相较于部属高校，地方高校在办学经费、师资水平、科研能力等方面都无法与之相比，但地方高校仍然可以凭借其鲜明的办学特色获得强大的生命力。因此，地方高校的办学在面向社会时，应注意挖掘其独有的特色化资源，依托其具有特色性的禀赋，尽力形成特色化优势。首先，应突出自己已有的具有优势与特色的学科。地方高校数量众多，在办学定位、教研实力等方面存在较大差异，但一般而言都已经在发展过程中形成了自己的一些具有优势与特色的学科，这些已有的优势特色学科是地方高校核心竞争力的重要组成部分，因此需要着力保持和加强。其次，应依托自己的区域地方特点，突出自己的地域特色。国家对地方高校的重要定位之一就是要服务地方经济发展，因此，依托地方、寻求基于地方社会经济文化特点的办学特色，应该是地方高校的独特标签，也是地方高校准确定位、发挥作用、持续发展的重要动力来源。最后，地方高校还可以基于地方及自身发展的历史，寻求自己的产业特色、文化特色。中国很多地方都有自己独有的发展历史，很多地方高校由于自己的发展历史沿革，也有一些独特的产业特色及文化特色，这都是地方高校差异化发展的宝贵财富。地方高校应努力挖掘这些具有差异化、特色化的要素，并将这些要素融入高校自身的进一步发展，为地方高校的持续发展提供重要支撑。

三、地方高校的办学定位

办学定位是关于学校近期和中长期办学类型、办学层次、办学特色、人才培养目标、科研水平的战略选择，科学合理定位是地方高校谋求生存和可持续发展的重要策略。当前，我国高等教育处于快速发展时期，也是各高校竞争非常激烈的时期。为了在这一轮竞争中脱颖而出，很多高校提出建设国家一流、甚至是世界一流大学的目标，地方高校也纷纷提出建设国内一流大学的目标。地方高校的办学定位不能盲目攀比，应根据自身的实际条件和在高等教育体系中的位置准确定位。我国高等院校的办学类型依据其在科研开发、学术研究以及人才培养方面所具有的能力级别，分为四个层次：教学技能型院校，主要为高职高专院校；教学型院校，主要为地方高校；教学研究型院校，包括部分地方高校及"211"院校；研究型院校，主要指以建设成为世界一流大学为目标的"985"院校。处在不同层次的学校，其在高等教育体系中所发挥的作用和承担的职能也各不相同。

不同类型和不同层次的高校都是高等教育体系的组成部分，都可以在一定的类型和层次上办出特色、办出水平。地方高校要自觉地树立起以服从区域经济建设为中心的指导思想，增强为区域经济和社会发展服务的功能，为区域经济发展作出自身特有的贡献。地方高校要根据自己的办学传统和资源条件，突出特色，有所为而有所不为，集中精力形成自己的优势。

面对大学之间激烈的竞争环境，地方高校必须遵循比较优势原则，实施特色发展战略。一是人才培养特色。地方高校要发展就必须树立特色化质量观。在人才培养的规格上扬长避短，注重人才的应用性，注重学生实践能力、动手能力的培养，以社会需求为导向，特别要以地方经济社会的需求为导向，在专业建设、教学计划安排方面不断进行改进和调整，形成自己的人才培养特色。二是学科特色。地方高校虽然在整体学科水平上无法同部属高校抗衡，但是并不意味着这些学校只能落后于重点大学。有些地方高校是为了适应地方经济建设需要而建立的，学科专业具有一定的地方特色；有些高校是近年来在国家高等教育管理体制改革中，由国务院各部委划归到地方管理的，学科专业具有很强的行业特色。因此，地方高校学科门类要坚持特色，选择自己有良好基础的和所擅长的领域去发展，建设自己的品牌学科，同时辐射和带动其他学科，形成以品牌学科为引领的特色学科体系。杭州电子科技大学正是这样定位的一所高校。

杭州电子科技大学是一所电子信息特色突出，经管学科优势明显，工、理、经、管、文、法、艺等多学科相互渗透的教学研究型大学。学校始创于 1956 年，初名杭州航空工业财经学校，而后历经杭州航空工业学校、浙江电机专科学校、浙江机械工业学校、杭州无线电工业管理学校、杭州无线电工业学校等时期，1980 年经国务院批准建立杭州电子工业学院，2003 年原杭州出版学校整体并入，2004 年更名为杭州电子科技大学。学校先后隶属于第二机械工业部、第四机械工业部、电子工业部、信息产业部等中央部委，2000 年实行浙江省与信息产业部共建、以浙江省管理为主的办学管理体制，2007 年成为浙江省与国防科学技术工业委员会共建高校，2015 年被列为浙江省重点建设高校。杭州电子科技大学坚持"立足浙江、依托行业、面向世界、服务社会、支持国防"的二十字立校方针，秉承"团结勤奋、求实创新"的优良传统，弘扬"笃学力行、守正求新"的校训精神，紧紧把握学科特色、行业特色、区域特色，紧紧围绕浙江数字经济和国防建设重大战略，在学科专业布局上实现电子信息特色全覆盖，在电子信息领域实现基础理论、核心关键技术、成果应用的新突破，服务于国家战略、浙江数字经济"一号工程"。学校坚持"以人为本、追求卓越"的育人理念，致力于培养具有家国情怀、国际视野、创新精神和实践能力的高素质人才。

办学 65 年来，学校在复合型 IT 人才培养方面的教学实践成果突出，连续五届获得国家教学成果奖。学校先后为国家和社会培养输送了 16 万余名优秀人才，据统计，全国 IT 百强企业中有近三分之一的掌门人为学校校友，众多校友成为阿里巴巴、中芯国际、京东方、中电熊猫、海信、创维、厦门宏发、北信源等国内电子信息企业的领军人物，学校被誉为"IT 企业家摇篮"和"卓越会计师沃土"。

第二节 地方高校教学质量保障体系内涵研究

高等教育发展已经从数量扩张转向质量提升，全面振兴本科教育将是新时代高等教育发展的核心任务。质量保障体系是保证和提高高等教育质量的重要途径。

一、高校教学质量的概念与特征

高校教学质量是高等教育质量的下位概念，要了解什么是高校教学质量，首先需要了解什么是教育质量、高等教育质量。事实上，人们在实践甚至学术研究中常常没有刻意、严格地区分高等教育质量与高校教学质量。

（一）高等教育质量

《教育大辞典》中对教育质量描述为"教育水平高低和效果优劣的程度"，"最终体现在培养对象的质量上"，"衡量的标准是教育目的和各级各类学校的培养目标。前者规定受教育者的一般质量要求，亦是教育的根本质量要求；后者规定受教育者的具体质量要求，是衡量人才是否合格的质量规格。"

联合国教科文组织在《21世纪的高等教育：展望和行动世界宣言》中指出，"高等教育的质量是一个多层面的概念，应包括高等教育的所有功能和活动：各种教学与学术计划、研究与学术成就、教学人员、学生、校舍、设施、设备、社区服务和学术环境等""高等教育的质量还应包括国际交往方面的工作：知识的交流、相互联网、教师和学生的流动以及国际研究项目等，当然也要注意本民族的文化价值和本国的情况"，应"考虑多样性和避免用统一的尺度来衡量高等教育质量"。

英国学者 Diana Green 在对已有研究进行系统总结后，认为"高等教育质量是一个多维的、不断变化的概念，通过一套多维的指标体系来衡量一所高校的表现，其本质上是具有满足个人、群体和社会显性或潜在需求能力的特性总和，往往通过受教育者、教育者和社会发展所要求的目标、标准、成就和水平等一套绩效指标体系表现出来。"

（二）高校教学质量

对于高校教学质量的概念，学术界站在不同的观察视角与关注重点，对此作出了不同的解释，概括起来有两类。一类是强调人才培养目标实现的程度，如：华东师范大学教授沈玉顺认为，教学质量是高校为满足社会和个人发展需要而确立的教育教学目标，是设计、组织、实施旨在实现这一目标的教学活动达到预期效果的度量；南京大学博士生导师冒荣认为，教学质量是指教学过程及其效果所具有的，能用以鉴别其是否符合规定要求的一切特性的总和。另一类将高校作为开发系统，如：广西师范大学黄刚认为，教学质量是人才培养规格的整体结构，是一个不断发展形成的系统，是学校办学和教学管理的总体成果，是一个不断发展提高的动态过程；华中科技大学博士蔡红梅提出，教学质量是高等学校在既定的社会环境和特定的学校条件下，遵循教育规律与科学发展逻辑，通过学校整个教学系统各环节综合作用，使学生在知识、能力、素质等方面的增量符合学校的教学目标、满足学生个性发展和社会发展需要的程度；北京师范大学教授程凤春把教学质量分为"教学输入质量、教学过程质量和教学结果质量"。显然，当今时代，高校办学应该面向社会办学，高校教学质量也应从高校作为一个开放系统的角度加以定位。

　　高校的教学质量与学校人才培养目标的设置、设置的依据、设置的需求契合度以及既定人才培养目标的实现程度相对应。教学质量的衡量可进一步将人才培养目标具体到人才培养规格或专业培养目标与培养方案，甚至具体到课程乃至课堂教学、实践教学等。值得注意的是，设置需求既是外部主体(政府、社会和学生)对高校教学质量的要求与期望，也是对高校所提供教学内容结构合理性的要求与期望，如专业结构、课程结构等。所谓契合度，即高校对外部主体显性需求与潜在需求的判断及相关行动的准确性，还包含了对这些需求，尤其是潜在需求的引领能力。所谓实现程度，即学校兑现承诺的程度，这一承诺的核心内容是高校自主确定或修订并向社会公布的人才培养目标，从学校内部更具体的层面来讲就是各个专业的培养目标与培养方案，这一承诺的实现考察点基本是：从学校内部教学质量管理看，即毕业与学位标准的满足；从外部看，即政府、社会和学生需求的满足。

(三) 高校教学质量的特征

1. 高校教学质量是一个发展性的概念

　　从满足高校外部主体的需求看，高校教学质量要体现发展性，即既要让政府满意，也要让社会满意，还要让学生满意；在满足主体需求着眼时间阶段上要体现发展性，即既要满足外部主体的眼前需求，更要主动为外部主体考虑他们的长远发展需求；在满足外部主体(主要是通过学生)的程度判断标准上要体现发展性，即"把学生的发展与提高看作是学校对学生的贡献，看作是学校对社会的贡献。因而，也把它看作是衡量学校办学质量最重要的依据。"

2. 高校教学质量是一个动态的、相对的概念

　　高校教学质量常常会随时间、空间、主体、主体需求等相关条件的变化，发生认识、认知、感知或评判上的差异，这一点与所有领域的质量都是相类似的，不同的是，高校教学质量的各类主体需求存在较大程度的关联，因教学、因学生而联系在一起。高校教学质量的动态性和相对性，表现在不同国家或地区、不同发展阶段、不同需求主体对其的要求与期望也不同。此外，高校教学质量的相对性还表现在：教学质量高低优劣的评价还要相对于不同学校不同的定位与具体的人才培养目标。

3. 高校教学质量在既定的时空与主体需求条件下，具有合规性

　　既定时空与主体需求即某个高校在某一届或几届学生培养的过程中，在高校人才培养目标既定的情况下，高校需要根据外部的合法要求(如该类学校学生毕业或学位授予的最低标准)及其自身根据外部主体需求期望所设定的这一人才培养目标(即其公开承诺)，向学生提供为达到这些资质和要求所需的教学及其质量保证，向社会输送合格的毕业生，对国家的投入有一个绩效上的回报。

二、地方高校教学质量保障体系的概念

　　质量保障(Quality Assurance, QA)是质量管理的重要组成部分，诞生于20世纪50～

60 年代西方国家的企业管理中，并逐渐被社会公共服务领域和部门所使用。ISO8402 质量术语标准中对质量保障的定义是"为了提供足够的信任表明实体能够满足质量要求而在质量体系中实施、并根据需要进行证实的全部有计划和有系统的活动。"美国质量管理专家朱兰（J. M. Juran）认为"质量保障是对所有有关方面提供证据的活动，这些证据是为确立信任所需的，表明质量保障职能正在被充分贯彻。"国际高等教育质量保障机构认为："质量保障不仅与一个项目、机构有关，而且与整个高等教育体系相关。质量保障是指通过其存在和使用以及质量控制活动，确保适当的学术标准都能在每个项目上得以维持和强化的态度、目标和程序，并能扩展开来使得其保障过程和标准能为教育界和社会公众所了解。"

（一）高等教育质量保障

有关国际组织及学者中较具代表性的界定：

联合国教科文组织从各级教育的角度出发，认为质量保障是教育系统的审查程序，以确保教育、学术研究达到可以接受的标准并使基础设施得到维护。联合国教科文组织欧洲高等教育中心（CEPES）发布的基本术语和定义表，对质量保障给出了如下定义：质量保障是对高等教育体系、院校或专业/项目进行的持续评估（评价、控制、保障、保持和改进）进程。作为一项监管机制，质量保障既重视问责也重视改进提高，按照确立的标准，通过一种公认的、具有持续一致性的过程，来提供信息和做出判断。很多体系会对内部质量保障（即出于监控和改进高等教育质量目的而开展的校内实践）和外部质量保障（即学校之间或学校上级部门为保障院校和专业/项目质量而采取的办法）加以区分。

高等教育品质保证国际网络（INQAAHE）将高等教育质量保障定义为：是增进利益相关者信任的过程，提供质量符合预期或举措达到利益相关者的最低需求。它包括输入、过程和结果。

英国高等教育质量委员会（HEQC）将质量保障定义为：所有有计划、系统性的活动，使大家确信产品或服务的质量能满足既定需求。

新西兰大学学术审核组（AUU）将质量保障定义为：通过政策、态度、行动和必要程序确保教育质量和学术标准正在维持和加强。它包括检查质量控制的程序是否到位，是否正在使用以及是否有效。对此，既需要教育机构的内部行动，也涉及外部机构或团体的行动。其包括课程设计，职员发展，以及收集学生及雇主的意见。

澳大利亚的教育、培训和青年事务部（DETYA）将高等教育质量保障定义为：高等教育机构或系统通过系统管理和评估程序去监测其表现以确保产出的质量。质量保障的目的是让利益相关者确信质量管理与产品质量。

英国学者 Diana 认为将质量保障运用于高等教育质量管理是强调学生、教师、行政人员以及学校和院系领导都要对学校的教育教学质量负责。

（二）高等教育质量保障体系

体系是指若干有关事物或某些意识互相联系而构成的一个整体。质量体系是指"与实施质量管理有关的组织架构、过程、程序和资源"，质量保障体系是由各质量利益关系人按照一定的秩序和内部联系组合而成的有机的系统。教育质量保障体系是以对完美的教育质量不断追求为核心的质量文化为基础，受政府支持与资助，校内外合作，全面保障教育质量的组织与程序系统，是现代教育评价的深化、结构化与体系化。高等教育质量保障体系根据预先制订的一系列质量标准与工作流程，要求高校全体员工发挥每个人的最大潜力与自觉性，认真地实施并不断改进教育教学计划，从而达到或超过预定的教育目标，一步步地达到学校的总体目标。

高等教育质量保障体系的总体构成包括内部质量保障体系和外部质量保障体系两大部分。从西方高等教育质量保障运动的角度看，高等教育质量保障体系建设最初的动力来自外部（主要是政府），常常是通过外部质量保障体系的建设与推动，达到鼓励和推进内部质量保障体系建设的目的。事实上，推动高校质量保障体系建设的主体基本上可分为三类，即政府（第三方高等教育质量保障组织）、高校的合作者（政府以外的投资或捐助者，以工商界的合作伙伴为主）以及高校自身或高校联合组织。

（1）政府通常借助第三方高等教育质量保障组织（如英国的 QAA）对高校采用质量审计、专业评估/认证等监督与促进措施，以保障其资源配置的有效性。

（2）高校的合作者是除政府以外的另一类外部推动者。这一点，在英国表现得较为明显，因为这些合作者向学校投入资源或资金的同时，常常需要学校证明其保障这些资源或资金有效利用的规范体系，或者说需要一个合作双方公认的有效质量保障或管理体系，此时，一些工商界的质量保障模式更容易成为引入的对象，被嫁接到高校内部质量保障体系之中。

（3）高校自身或高校联合组织，这是推动内部质量保障体系建设的一支高等教育内部力量，其作用常常是为避免外部对学校有过多的学术自治干预，而进行动出击性或防卫性建设，以便向外界（尤其是政府）证明高校自身有能力和具体的系统措施保障其质量。

从以上内容看，高校质量保障体系的建设推动力主要是来自外部，至少在建设之初是如此，当然也不能完全排除非外部压力下学校自觉进行质量保障的成分。高校内部教学质量保障体系是内部质量保障体系的核心内容，之所以不是内部质量保障体系的全部，是因为就高校内部质量保障而言，其完整内容不仅仅局限于教学质量保障，还有诸如科研质量保障等，但教学工作始终是高校的第一要务。

（三）高校教学质量保障体系

教学质量保障可划分为认证性教学质量保障和发展性教学质量保障。认证性教学质量保障是由高等学校做出质量承诺，通过持续努力，达到或超过预期标准，以获得社会的信任与支持，同时保证学校免受社会的指责与政府的干预。基本上，西方高校的教学质量保障均属于此类。发展性教学质量保障是学校、教师和学生持续发展战略的主要措施，它以学校、教师和学生的发展为保障对象，根据变动的社会需求来调整学校、教师及学生的发展目标，经常性地诊断学校、教师和学生在发展过程中的关键因素，持续地关心学校教学发展的过程，不断完善学校及师生的发展机制，以保障教师与学生、学校与社会的稳步发展。

教育部高等教育教学评估中心将高等学校教学质量保障体系定义为"学校以提高和保证教学质量为目标，运用系统方法，依靠必要的组织结构，把学校各部门、各环节与教学质量有关的质量管理活动严密组织起来，将教学和信息反馈的整个过程中影响教学质量的一切因素控制起来，从而形成的一个有明确任务、职责、权限，相互协调、相互促进的教学质量管理的有机整体。"高校教学质量保障体系的基本思路是在既定的社会条件下，高校依据现代质量管理的理念和方法，根据自身的办学定位和顾客需求，确定教学质量目标，并为实现这一目标建立实施质量管理的组织机构、职责、标准、制度和程序规范，以对影响教学质量的各种因素进行管理，使教育活动达到或接近目标要求的一个集成系统。

三、地方高校教学质量保障体系的理论基础

教育管理学认为，所有问题只凭单一理论难以展开富有成效的研究，某些问题涉及面广且性质复杂，没有一个单一理论能完全应对它们，而其他理论也同样力不从心，尽管单一理论表面上更加简单易懂，但通过使用多元理论，才能更加深入地理解这些问题。

（一）新公共管理理论

新公共管理（New Public Management）的概念产生于 20 世纪 80 年代，作为一种新的公共部门管理方法与实践取向，成为公共管理领域一种显著的国际性趋势，并在英美等西方国家迅速发展。在法恩翰（Farnham，D.）、霍顿（Horton，S.）、费利耶（Felie，E.）、克里斯托夫·胡德（Christopher Hood）、戴维·奥斯本（David Osborne）、麦克尔·巴泽雷（Michael Barzelay）等一批学者的探索和努力下，逐渐构建了新公共管理的理论体系。尽管大家所持观点各不相同，新公共管理理论界与实践界也进行了旷日持久的争论，但依然形成了一些颇具共识的核心主张。

概括来看，新公共管理是区别于传统公共行政的一种新的公共管理和行政模式，它以现代经济学为理论基础，将私营部门的管理系统和管理技术运用于公共服务部门，是一种以经济、效率和效益为目标的管理模式。新公共管理的理论观点可以概括为以下几点：一是推动政府由管理行政走向服务行政，政府的管理职能应是掌舵而不是划桨，在强调社会公众至上的基础上，主张政府公共部门重新界定职能和实现部分职能的市场化。二是政府要注重提高公共行政服务的效果、效率和质量，采用明确的绩效控制，公共行政绩效的评价指标需重点关注效率、服务质量、公共责任和社会公众的满意度。三是政府应引入企业管理手段和理念，如目标管理、成本核算、绩效评估等，广泛吸收私营企业的科学管理方法和经验，以提高行政工作效率。四是政府应放宽行政规则，由一元控制走向多元治理，将授权与分权广泛结合，倡导政府将部分管理职能下放给基层政府与组织，鼓励企业、公民和

非政府组织在公共事务中坚持自治原则。五是政府要在公共管理中引入竞争机制，打破行政垄断，改革政府公共供给方式，促进国家之间、地方政府之间和公共部门之间的竞争。六是政府公务人员不必保持中立。

在我国深入推进教育领域综合改革的关键时期，新公共管理理论可以为我国高等教育质量保障提供有益借鉴。由于我国绝大多数高校都是公立性质，由政府主办高等教育，相应地，学校管理也表现出较强的政府行政特点。毋庸置疑，管理模式与方法的过度统一化、程式化和单一化，不利于高校结合自身特点进行灵活的自主管理和创新发展。在当前社会政治、经济飞速发展的大背景下，我国政府亟须转变在高等教育领域的职能，提升高校管理效率，建设高校内部质量保障体系，提升高校管理的自主保障能力，构建第三方独立机构主导的外部质量保障体系，促进高等学校教学质量、科研质量和社会服务质量的全面提升。

（二）全面质量管理

全面质量管理（Total Quality Management，TQM）起源于美国，是质量管理理论发展的最新阶段，也是高等教育质量保障运动的催生因素之一。1961 年美国通用电气公司总裁费根堡姆（Feigenbaum, A. V.）首先提出了全面质量管理的概念，旨在提高公司管理效率，使公司在最低投入的情况下最大程度地满足用户的需求，将质量控制的理念和方法贯穿至产品研发、设计生产和市场推广等各个环节，全面提升企业各部门的质量水平。此后，全面质量管理经由约瑟夫・朱兰（Joseph M. Juran）、爱德华・戴明（W. Edwards Deming）、菲利普・克罗斯比（Philip Crosby）、石川馨（Ishikawa Kaoru）等一大批质量管理学家的发展，逐渐形成了一个丰富的理论体系。今天，全面质量管理已经成为一个大范畴的理念，既是一种管理哲学，也是一种管理手段，是组织为确保产品质量的持续提高，以实现生产出消费者满意的产品为最终目的而由全体人员共同参与，运用现代科学管理技术对在整个生产过程中影响产品质量的各种因素进行全面系统管理的手段与方法。

全面质量管理基本思想可以概括为三个方面：第一，质量管理的对象不仅仅是产品质量，还应包括工作质量；第二，质量管理不应局限于产品的制造过程管理，还应该扩展到与质量有关的所有环节；第三，质量管理不仅仅是专门的管理人员的事，还应该要求全员参与，让所有相关人员都为质量的提升做贡献。全面质量管理包含质量形成全过程的控制（质量管理）和质量保障两个方面，质量管理是控制和指导某一组织与质量有关的相互协调的活动，主要是为了达到质量要求所采取的全部技术和活动的总和；质量保障主要是为了取得管理者的信任。质量管理和质量保障之间没有截然的界限，二者是相互联系、相互补充和相互制约的关系。

全面质量管理理论对高等教育质量保障影响历久弥深，正是受全面质量管理理论的影响，高等教育质量保障体系才开始出现。受其影响，高等教育质量保障体系突破了单纯由管理者负责的传统局限，倡导全员参与，使管理者、教师、学生、社会都成为高等教育管理的直接利益相关者，共同参与高等教育质量保障；实现了高等教育质量保障中学术标准与消费者标准的统合，将大学的教学质量、科研质量和社会服务质量置于同等重要的位置，关注社会的需求和消费者的满意度；将高等教育质量管理的范围拓展至学校管理的各个方面和环节，注重教育质量信息数据的系统收集和科学分析，实现了高等教育质量保障的全过程性。

（三）教育质量评价理论

教育评价理论经历了一个多世纪的发展，按照美国评价专家库巴（Guba，E.）和林肯（Lincoln，Y. S.）的划分，教育评价理论经过了四个不同的发展时代：第一代教育评价为测验和测量时期（19 世纪末至 20 世纪 30 年代）；第二代教育评价为描述时期（20 世纪 30 年代至 20 世纪 50 年代）；第三代教育评价为判断时期（20 世纪 50 年代至 20 世纪 70 年代）；第四代教育评价为建构时期（20 世纪 80 年代至今），是伴随着课程改革运动的深刻反思而产生的。第四代教育评价理论具有以下四个特点：一是对利益相关者多元的价值诉求予以关注并做出回应；二是采用应答式互动的方法收集评价资料；三是基于建构主义的方法论；四是协商达成共识。

从教育评价理论的发展进程来看，美国教育学家拉尔夫·泰勒的教育评价思想奠定了现代教育评价理论的基础。关注课堂教学和学生学习结果是泰勒教育评价的典型特征。随着教育评价理论的发展和实践的进步，教育评价的功能不断延伸，运用的空间和范围也不断扩大，从单纯检查教育结果拓展到检查整个教育过程。因此，教育评价的内涵和外延都伴随着理论与实践的发展而不断得到丰富与延伸。教育评价是在一定的评价理念和教育目标引导下，运用评价标准和指标体系对教育是否达到标准所做出的价值判断。评价理念、教育目标、评价标准是教育评价的核心要素。教育评价的完成要具备相应的条件并遵循一定的程序，其中，依据评价标准细化而成的评价指标体系是教育评价进行的关键前提。指标体系制订完成后，评价者根据指标体系科学、系统地收集有关教育的信息并对其进行定量定性分析，为判断评价对象是否达到标准提供证据支持，为改进学校教育工作提供决策依据。

（四）成果导向教育

成果导向教育即 OBE（Outcomes-based education）。1981 年，美国学者斯派帝（Spady）等人提出了一种"以学生为本"的教育哲学，在实践中，一切教育活动、教育过程和课程设计都围绕实现预期的学习结果并聚焦于学生受教育后获得什么能力、能够做什么的培养模式，实现了传统教育由"重视资源投入"向"重视成果设计"的转化，被称为一种新的教育范式。OBE 理念提出后得到广泛重视和应用，《华盛顿协议》《悉尼协议》以及我国的《普通高等学校本科专业类教学质量国家标准》，基本理念都是或含有 OBE 理念。

OBE 以泰勒原理、布鲁姆的掌握学习理论、能力本位和标准参照学习为基础，强调以学生为中心、以学习成果为导向、以能力为本位、以持续改进为重点。OBE 模式以学生为中心是以全部学生为中心，遵循学生的个性化要求，强调学生能力达成途径和方法的多样性；以学习成果为导向，在教学组织和投入过程中充分考虑学生的需求、围绕学习成果展开；以能力为本位，教育应该提供学生适应未来生活的能力，教育目标应列出具体的核心能力，每一个核心能力应有明确的要求，每个要求应有详细的课程对应；以持续改进为重点，构建"从定义学习成果，到实现学习成果，到评价学习成果"的成果导向教育模式。OBE教育模式在我国高等教育改革过程中被成功实践，分别在高等教育本科院校建设、专业教育、课程设置三个层次中得到运用。2016年我国成为《华盛顿协议》的正式会员，但OBE理念的实践活动早已展开。

四、地方高校内部教学质量保障体系的基本功能

地方高校内部教学质量保障体系的基本功能大致可以从对外功能和对内功能两方面来加以归纳，对外主要是公开承诺功能与自我证明功能；对内则主要体现在质量文化引领功能、诊断与调控功能、信息集成与发布功能、约束与激励功能等方面。

（一）公开承诺功能

地方高校内部教学质量保障体系的运行首先需要学校基于对社会需求的判断、自身条件以及自我发展愿望等内容，确定一个教学质量保障的目标集合，包括办学理念、学校定位、人才培养目标等。这一目标集合需要公之于众，成为对社会的一种承诺。这里面既包含了学校教学质量保障的基本要求，即达到社会所公认的毕业或学位标准，也可以依据适应或引领社会需求的能力、学校的自我发展愿望来展现更高的教学质量保障追求，即持续发展，不断提高教学质量。

（二）自我证明功能

此功能是前一功能必要的后续工作，既然有了公开的教学质量目标和标准的承诺，地方高校作为自主办学、自我负责的主体，外部监督毕竟存在某种程度的被动性。高校更为需要的是主动地自我证明来赢得外部认同，这种自我证明不仅体现在结果上，更关键的是要体现在教学质量保障的规范性建设和有效的运行过程之中，主动与外部进行有效的信息互动，向外展示一种自我教学质量保障的设计与执行能力，使外部主体见其所备、见其所行，就能够对其最终产出的教学质量具备较强的信心，给予较高的信任。

（三）质量文化引领功能

地方高校内部教学质量保障体系的建设，对学校内部的全体教职员工和学生而言，具有一种质量文化引领的功能。实践中，大多数此类体系均是由外部推动或由学校领导层发起的，这种情况之下，质量文化在全员中的普及与深入更需要借助这一体系的建设与有效运行来展开，一方面通过建设加强对全体人员质量文化的引领，另一方面通过有效的运行，来巩固和加深全体人员对质量文化的认可，直至共同创建。

（四）诊断与调控功能

此项功能是地方高校内部教学质量保障体系的主要功能，也最能为全体人员所感受

到。质量保障区别于监督的主要内容就是通过评价来形成科学合理的诊断,进行有效的反馈,保证切实改进。在教学质量保障过程中,绝大多数评价的主要目的在于为诊断和反馈服务,中间媒介通常以评价报告和改进方案为参考,最终通过改进问题以保证教学质量的持续提高。事实上,以上所述的借助反馈信息进行改进的过程已经涉及了调控功能,除此之外,调控功能还体现在:承担信息管理与研究职能的部门,通过分类或综合的教学质量信息处理与分析,可以为相关的责任主体、决策机构提供有效的分析报告,这些主体或机构则可借此对教学过程、教学过程中的关键控制点及相关支持资源进行调控。

(五)信息集成与发布功能

地方高校内部教学质量保障活动的开展,评价与诊断、反馈与改进是常规的关键工作内容,而这些活动无一不以信息为载体,工作的开展基本建立在信息的收集、处理(包括筛选、分类、建立索引等)、分析与交流之上。地方高校内部教学质量保障体系从组织架构、制度架构到日常工作的常规化与系统化,为这些信息的系统收集、处理、归档与研究提供了系统、可靠的条件保障,使信息集成与发布体现科学、规范、有效的要求,更好地保证了信息的全面性、可靠性和适用性。

(六)约束与激励功能

地方高校内部教学质量保障能够通过各类制度建设、质量文化建设,通过各类具体的评价、诊断、反馈、改进及监督等工作,形成较为系统的约束与激励机制,使各个部门和全体人员形成一种对外、对内、对自我的责任感。这一责任感既包括质量保障体系组织和制度框架内所赋予的既定职能与规范的行使,也包括自觉的质量意识、奉献精神以及付诸实施的自我增进。

第三节　地方高校教学质量保障工作存在的问题

教学质量是地方高校生存和发展的生命线,构建科学合理的教学质量保障体系,营造良好的人才成长环境,是提升人才培养质量的根基所在。教学质量保障体系构建作为一项全方位、全程性的系统工程,需要地方高校全方位关注人才培养的各个阶段、各个环节,对人才培养过程与实施活动开展持续性、结构化、系统化的监督与控制,全面诊断、评价、完善教学过程,构建一个相互协调、稳定高效的质量管理系统。地方高校需结合学校办学定位和人才培养目标,针对人才培养全过程,分析教学质量生成过程,寻找保障、提升教学质量的关键控制点,并为之不断改进,从而不断提高教学效果,提升教学质量,培养优秀人才。

近年来,在国家的大力引导和推动下,国内高校围绕教学质量保障体系建设进行了大量的研究、探索和实践,质量保障工作的重要性开始得到认同和强化,一些先进的质量管理理念开始在校园兴起，多数高校设置了专门的机构，划拨了专门的经费，建立了较为完善的质量管理制度，开展了形式多样的质量监控工作，部分高校还培育出了一些典型成果。在取得这些成绩的同时，受宏观教育环境的影响和各种主客观条件的制约，国内高校尤其是地方高校质量保障体系建设也暴露出平一些矛盾和问题。

一、地方高校教学质量保障的观念问题

（一）质量保障理念不先进

根据质量保障工作实践，地方高校内部质量管理可以分为经验管理、制度管理和文化管理三个阶段，当前国内地方高校质量管理更多地处于第一阶段或第二阶段，地方高校质量管理工作更多地基于教学管理人员对质量保障工作的感性认识和自身工作经验。"以学生发展为中心"和"全面质量管理"等先进的教育理念没有全面树立起来和落实下去。传统的高校教学质量保障多以对"教"的评价为主，关注教师的教学态度、教学内容、教学方法、教学效果和教学资源等，在一定程度上确保了"教"的质量，但是"教"的质量并不完全等同于"学"的质量，学生的学习、成长与发展才是高等教育质量的核心要素。部分高校虽迈入了"制度管理"阶段，但质量管理工作更多地是按照上级要求开展，质量文化建设滞后甚至缺失，质量保障工作缺乏科学性和持续性。

（二）使命与价值引领缺乏

当下的地方高校内部教学质量保障缺乏明确的使命与价值引领。使命与价值缺乏在地方高校内部教学质量保障方面的表现至少有三方面：其一，地方高校内部教学质量保障缺乏源自内在需求与发展目标的动力，更多地受到外在动力的牵引和推动。如地方高校盲目遵照外在质量标准，而外在质量标准更多体现的是政府与高校行政主管部门的利益需求。其二，当前的教学评估在校、院（系）、学生三个层面更多地集中或者漂浮于学校这一层面，作为大学最为基础组成部分的学院、学系、学生等因素尚未在质量保障中受到足够的重视和发挥应有的作用。其三，缺乏针对学校自身定位和办学特点而开展的质量保障活动，难以发展起具有长效性、常规性的内部质量保障机制。高校内部教学质量保障只是停留在评估、监控的阶段，缺乏对评估中质量问题的分析与跟进，改进措施滞后。

（三）重外部轻内部的质量保障观

地方高校教学质量保障包括外部保障和内部保障。外部质量保障组织主要是以教育部（厅）等高等学校主管部门、社会评级或专业认证机构为主，形式主要由高等学校之外的有关管理部门、社会组织对高校的教学条件、教育水平进行监督、检查、评估以及等级评定。内部保障是地方高校自行组织实施的自我质量监控，是对人才培养整个过程进行的全员、全程监控。外部质量保障是地方高校内部质量保障体系有效运行的必要条件，而地方高校则可以根据外部对学校教育质量的要求不断完善人才培养工作，保障和提高教学质量。地

方高校内部质量保障体系通过学校内部完善质量标准与监控，形成全方位的质量管理。外部与内部监控体系相辅相成，缺一不可。地方高校最主要的质量保障活动是以内部保障为主，即由高校教学管理部门或教学单位、相关职能部门等组织开展。由于国内高等教育行政权力膨胀，高校办学自主权有限，政府等部门在高等教育质量保障中往往起到决定性的作用，导致高校对由政府组织的外部评估高度重视，往往是举全校之力来迎接外部评估，而对本校自行开展的内部评估相对轻视，经常只限于教学管理部门自行组织评估活动。

二、地方高校教学质量保障的协同问题

（一）建构主体单一

地方高校内部教学质量保障体系的建构需要多元利益主体的参与，因为高等教育是一个汇聚多元利益的场域，特别是在高等教育大众化发展阶段以及知识社会背景下。质量保障的所有理念与措施要落到实处，必须得到多元利益主体的认同与支持，而其中教师、学生的发展利益可能是最为基础的。

地方高校内部教学质量保障体系的建构主体比较单一。在质量保障体系建构过程中，缺乏多元利益相关者的参与。一方面，教师与学生的参与过少，特别是后者。在各种教学评估的指标体系设计中，缺乏对教师意见的征求，致使指标体系不能很好地反映教师工作的特点和关键要素。学生是高等教育的直接受益者，其对高等教育质量的感知与需求却常常被忽视，学生满意度调查不普遍，学生支持服务不足，毕业生追踪调查缺乏长期性。另一方面，社会用人单位在相关学科专业人才培养质量标准制订与教学评估中缺乏应有的代表。而在高等教育大众化与知识社会背景下，大学与社会的关系已经日益紧密，大学已经走进经济社会发展的中心，社会对高等教育的期待也今非昔比，经济社会发展中遇到的宏观如发展模式问题，微观如技术问题、法律问题、道德问题等等，都有待于高等教育提供基于（跨）学科与专业知识的支持。

（二）教学质量保障体系在建构上不完整、不系统，未形成协同

在质量保障组织建设方面，地方高校不同程度地存在质量保障机构不健全、质量保障组织职责不清晰和质量保障相关部门协同不够等问题。地方高校教学质量保障的组织包括：高校管理者、教师与学生、教学督导小组、教学委员会等学术组织。地方高校质量保障的主体涉及全校师生，也涉及整个人才培养的工作。教学质量保障是全校不同职能部门共同的工作，不同部门之间的管理制度应该具有统一性，相互支撑，相互配合。在高校教学质量管理实践中，质量保障工作"单兵作战"和"推诿扯皮"的现象时有发生，质量管理、教务、学工、团委和就业等负有教学质量监控职责的部门协同参与质量保障工作的意识不强，校、院、系三级教学组织联动不够。各基层教学单位自行拟定的质量标准在与校级制度保持一致的同时，也应该呈现出自身的特点。但在地方高校工作中部分职能部门对教学质量监控的认识不到位，一些教职员工对教学质量监控缺乏深度的学习与理解，认为质量监控是教

学管理部门的事情，其他部门只是协作单位，忽视了教学条件、后勤保障、学术环境等对教学质量的影响。此外，没有明确的监控权责划分，质量监控具体职责尚需完善。例如人事处负责师资队伍的保障，国有资产管理处、后勤、图书馆等负责教学资源的保障，每个都是质量监控的主体。目前部分单位对承担的教学质量监控职责不明确，投入精力不够，未能结合本部门职能，在教学质量监控中主动发挥作用。地方高校分块化管理，教务以外的其他部门习惯从传统的教学管理和人才培养角度去看待质量监控，比如学工处只负责管理学生，教务处只管理教学，导致全校教职工对全面全员的教学质量监控思考不够。地方高校教学质量保障体系及其运作方式制度化不够。目前的质量标准、质量监控手段和措施分散在各个教学管理文件中，各个部门对自己在教学质量监控上的职责和任务没有达到耳熟能详的程度，缺少在全校教学质量保障中的主动作为。

（三）管理结构集中于学校层面，院系特色难以发挥

地方高校内部教学质量保障的管理结构应当逐渐从集中走向分散，应当从高层集中决策向基层分散决策过渡。这一趋势符合大学作为一个底层厚重的组织的特性。在大学里，各个不同学科专业就像一个个各具特征与利益的小国，大学只有使院系以及师生等基层元素融入质量保障体系中，才有利于构建符合学科与专业特色的教学质量保障体系，才能充分释放基层院系组织的创新能量。基层院系组织在质量保障过程中也完全可以积累足够的经验，有效承担质量保障方面的责任。而大学在学校层面的质量保障管理中应更多负责战略优先目标的确定、战略性资源的配置等。

当前的地方高校内部教学质量管理结构过度集中而分散不足。造成这种现象有相互关联的两方面原因。一是地方高校内部管理体制依然复制国家高等教育管理体制的高度集中特征，难以切实下移内部管理重心。在质量管理方面的具体表现是，学校层面往往管得过多过细，没有给院系充分地放权，院系没有足够的空间进行针对本院系的创造性的质量保障工作。二是在集中管理体制的长期影响下，地方高校院系管理团队力量薄弱，缺乏独立意识和创新精神。很多地方高校的院系一级在教学质量管理上缺乏自主办学意识与思路，缺乏明确的目标和责任，日常的教学管理更多的是执行学校教务处的各种要求与规定，从而使学校教学质量管理的政策由于缺乏院系层面的支持而流于形式。

三、地方高校教学质量保障的标准问题

（一）质量保障依据不充分

在质量保障依据方面，很多地方高校的监控方案仍然是水平评估背景下的产物，评估指标没有与最新的教育思想相结合；部分高校提出的人才培养目标过于笼统和含糊，难以进一步细化成质量标准和教学要求；很多高校没有建立质量标准，部分高校以模糊的教学管理文件代替质量标准，还有一些地方高校虽然建立了质量标准，却没有覆盖理论教学、实验教学、实习实训、毕业设计和考试考核等重要的教学环节。

（二）教学质量保障体系内容存在舍本逐末

地方高校内部教学质量保障体系在内容方面存在比较明显的避重就轻、舍本逐末的倾向。办学理念、办学定位、学术与校园文化等这些要素是决定本科教育质量的深层次因素，反映着教师的教学智慧与研究智慧，是创造性教育教学活动的内在和持久动力所在，引领着人才培养与教学改革的方向，显著地影响着教学水平的高低。而办学理念、办学定位、学术与校园文化的形成需要长期的探索、凝练与积淀，需要得到学校全体成员的高度认同。但是，这些重要而艰巨的任务要素没有受到应有的重视，因为它们属于不易测量的软指标，常内隐于教学活动的各个环节中。相反，当前的地方高校内部教学质量保障体系更多重视办学条件、师资结构等外在指标的达成。这与地方高校内部教学质量评估中重定量指标，轻定性分析相一致。促进学生的全面发展是教育的最根本目的。高校要提供令学生满意的教育，要使学生的知识、能力、素养得到全面的开发，要使学生具备进入社会成为一个社会人（职业人）的基本潜质并得到就业市场的认可。但在质量保障中，促进学生发展这一根本任务并没有受到应有的重视。例如，对反映学生学习效果的"学生学习效果评估""毕业生满意度调查""毕业生追踪调查"等的重视不够乃至被忽视。与此一致，仅就学生学习成绩提高而言，真正提高学生学习质量的"教学研究"和"教学基本状态数据库"等过程性因素没有得到应有的重视，而是更多地重视"教学质量监控环节"。仅体现和关注"结果"的评估已不能很好地反映学校的教学质量，教学过程中各个环节和状态的分析才能从更深层次发现质量问题，从而进行改进。这必然要求建立完善的教学档案管理机制。

（三）教学质量标准执行不到位

2013年国家开始了新一轮的高等教育审核评估，主要对高校的五个度（即用人单位和高校学生的满意度、质量和教学保障的有效度、教学条件和教师资源的保障度、地方和国家经济发展的适应度以及人才培养目标与培养效果的达成度）进行评估。审核评估没有统一的标准，质量标准来源于各个高校自己的定位，各高校提出学校的办学定位与办学特色，据此建立自己的质量保障体系和教学质量标准。审核评估专家用高校自己的尺子量高校，规避了以往国家级质量评估标准单一的弊端，鼓励高校自主发展、特色发展。

很多学校对此直接生搬硬套，而不是结合实际情况和自身的办学条件来完成办学目标的制订，结果导致人才培养质量标准和教学各环节的质量标准不明确。通常情况下，很多高校在进行教学质量评估的时候，客观因素严重缺失，大量考虑了主观意见，这就导致整个质量评估的客观化、科学化很难实现，对整个教学质量的提升和激发教师的积极性都造成了巨大阻碍。在地方高校还有部分管理人员专业技能和理论缺乏，导致工作不规范，没有足够的监控措施，在质量监控和环节衔接关键点也没有明确的划分，在人才培养记录、文件管理、档案管理等方面也缺乏合理性，再加上岗位调整、人员流动以及干部更替等情况，这些都严重影响了教学工作的稳定和人才培养的质量。面对这样一个错综复杂的综合体，应尽量避免个体主观感情色彩，通过建立强而有效的规章制度约束整个监控过程，规范工作标准，使得所有教学单位都能按标准、按程序、按制度工作，由"人治"走向"法治"。唯有这样，才能切实推动质量监控工作不断开展下去并提高人才培养的质量。

很多学校对质量标准执行不力。有质量标准，但却没有严格执行和落实。质量标准需要每一个质量环节有相应的质量负责人、有明确的工作流程、有及时有效的反馈及质量改进机制。由于地方高校教学条件得不到有力保障，缺乏足够的教育资源；管理制度不健全，管理者在进行工作时主观操作过多，甚至没有章程可循；再加上过去几年大规模扩招，使得现在的教学需求在基础设施不到位的情况下很难得到满足，现实中地方高校普遍存在教学科研用房不够、科研设施老旧、资源配置方面不够合理以及专任教师不充足等多方面的问题。

（四）未形成以数据和事实为基础的质量管理体系

随着高等教育系统日益复杂化，尤其在信息化、大数据时代背景之下，传统的经验管理模式已很难胜任质量管理的责任，高等教育质量管理越来越需要从经验走向科学，建立相对科学、规范的质量保障与监测机制。教育部高等教育教学评估中心运用互联网＋和大数据技术，建设了覆盖高等职业教育、本科教育、研究生教育的立体化质量监测网络，并在此基础上开展"用数据和事实说话"的高等教育质量常态监测，展现了国家质量监测数据平台在我国高等教育质量保障与评估工作中发挥的重要作用。但在地方高校层面，以数据和事实为基础开展内部质量管理的成果和经验尚且不足。

四、地方高校教学质量保障的文化问题

现实中，很多教师和管理人员没有形成持续改进的质量观念，多数地方高校也没有形成闭环的监控与保障机制，往往是发现问题改进一下，主动意识强一点进步就快一点，方案修订的原则也往往凭借主观评价。在质量监控方面，地方高校当前所开展的学生评教、教学督导和专项评估等监控工作主要停留在学校层面，学院和基层教学系一级的质量监控较为薄弱；部分高校开展的质量监控工作主要针对理论教学，缺少对实习实践、毕业设计等教学环节的监控；部分高校监控手段落后，没有实施教学基本状态常态监测；部分高校质量改进意识薄弱，质量问题反馈与改进机制不健全，对于评估监控中发现和反馈的质量问题没有建立行之有效的督改跟进机制，导致教学质量保障"后一公里乏力"。

高校内部教学质量保障体系的建构需要多元利益主体的参与，因为学校质量文化的形成需要诸多利益相关者的共同参与。缺乏质量文化支撑的内部质量保障体系必然是徒具其表，难以发挥应有的质量保障效果。质量文化的生成是在各种利益冲突、对话的基础上形成的，是一套共享的价值、信念与追求。认识到冲突的存在，认识到建设性冲突的重要性，积极地面对和处理冲突从而形成一致的共识与妥协，对于构建一种积极的质量文化，对于在此基础上形成的质量保障制度的实施，具有重要的基础作用，有助于减小质量保障制度实施的阻力，提高质量保障制度实施的绩效。

地方高校的质量保障体系弱化了质量保障的反馈性和改进性。"评估是为了改进"这是

国外教学质量评估的最重要意图。用科学的、发展的眼光看待评估结果，就一定要对评估的反馈和过程进行重视，而把评比和鉴定功能放在次要位置，以此来对教师在研究和教学方面出现的问题进行改进，最终实现教学水平的提升。由此可以看出，必须要明确质量保障系统的真实目的，证明和鉴定不是目的，对工作进行改进才是根本。

地方高校主要构建了以监控为主、以激励为辅的教学质量保障体系，采取了正负激励的方式对教师进行考评。在进行评估时往往采用了横向比较，但对单个教师过去和现在所进行的比较不足，使得评估不够人性化。特别是负激励（如评教后 5％、教学事故教学差错率等）对教师的积极性造成了阻碍，并对发挥激励效应造成了限制。

第三章

杭州电子科技大学校院两级教学质量保障体系实证研究

　　杭州电子科技大学作为一所电子信息特色明显的地方高校，在长期的办学实践中，牢固树立质量立校、质量强校理念，从 2012 年开展工程教育专业认证以来，坚持推进质量监控和保障工作向标准化、系统化、科学化发展，基于"全面质量管理"和"以学生发展为中心"的理念，按照决策、执行、监督"三权分立"的思路，构建了由质量决策与指挥系统、质量目标与标准系统、教学资源保障系统、教学过程管理系统、质量监测与评价系统、质量反馈与改进系统等六个子系统组成的立体化教学质量保障体系。根据"科学评估、精准监控、持续改进"的思路，先后持续有效开展了课程质量评估（点）、专业综合评估（线）、学院本科教学工作状态评估（面）的校院两级自我评估工作，对教学质量进行常态化监测和持续改进。

第一节　杭州电子科技大学教学质量保障体系的基本框架

　　2019 年学校下发《杭州电子科技大学一流本科教育行动计划》，提出要继续大力推进校院两级本科教学质量保障体系建设，全面落实以学生发展为中心、以产出为导向、持续改进的先进理念；建立以本科教学质量报告、学院本科教学评价、专业评估、课程评价、教师评价、学生评价为主体的全链条多维度教学质量评价与保障体系。

一、教学质量保障的基本原则

　　基于"全面质量管理"和"以学生发展为中心"的理念，学校质量保障体系建设遵循以下原则：

　　（1）全面性原则：立足现代全面质量管理理念，体现本科教学质量管理的全面性、全过程性和全员参与性。

　　（2）多样性原则：坚持立德树人，遵循高等教育多样性特征，形成多样化的质量观，建立多样化的质量标准。

　　（3）有效性原则：使用各种监测手段和方法，对教育教学质量进行有效的监测与控制，最终实现教与学质量的全面提升。

（4）发展性原则：坚持发展导向与问责导向相结合，确保本科教学质量保障各项工作的规范性和科学性，并实现质量的持续改进与提升。

（5）闭环性原则：从目标设计、方法选择、过程监控和信息反馈等方面进行整体设计，形成质量策划、质量监控、质量保证和质量改进的闭环。

二、教学质量保障体系的六个子系统功能

基于"全面质量管理"的思想及"三权分立"的思路，根据科学规范、严谨精细的教学质量管理体系应该"有专门的机构与人员、有质量目标与标准、有教学资源支撑与保障、有教学过程运行与管理、有质量监测与评估、有质量信息反馈与改进"六方面核心要素，构建了由六个子系统构成的学校内部教学质量保障体系，它们形成了彼此相互关联、相互作用、螺旋式上升的闭环质量保障体系，其结构流程如图3-1所示。即在高校决策层的顶层设计和指挥下，在质量目标和质量标准参照下，对教学过程和资源保障进行监测—评价—反馈—改进。

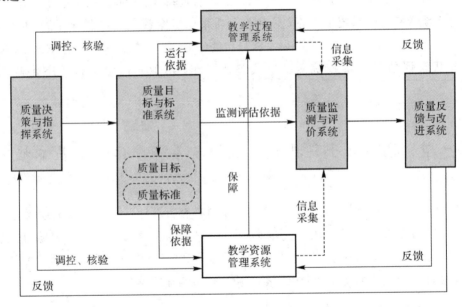

图3-1　学校内部教学质量保障体系的结构流程示意图

内部教学质量保障体系中六个子系统分别具有不同的功能。

（1）质量决策与指挥系统由学校党委会、校长办公会、校人才培养委员会组成。根据学校办学定位和发展目标，研究制订专业结构调整、专业建设及人才培养工作的政策；决策重大事项；协调各子系统、学校各部门间的工作；优化配置校内办学资源等。该系统处于整个教学质量保障体系的最顶层，具有统领性和驾驭性的特点，其决策的正确性和指挥的效能直接决定了学校教育教学活动的开展方向，是学校内部质量保障体系持续、稳定、有效运行的关键系统。

（2）质量目标与标准系统由办学定位、人才培养目标和质量标准（含专业质量标准、课程质量标准、课堂教学质量标准及实践教学质量标准等）构成，是学校内部质量保障体系的出发点，也是落脚点。该系统是质量保障体系形成的基础，它反映了学校对教育教学质量的理解，也反映着学校对国家、行业和自身以及利益相关者的质量承诺，还决定着人才培养模式、课程设置、教学内容、教学组织形式等。

（3）教学资源管理系统由人事处、财务处、国有资产与实验室管理处、网络信息中心、图书馆、后勤服务与管理中心等部门组成。其主要任务是为教学活动各环节的良好运行，以及教学质量的改进提高提供条件和资源的保障，保障师资队伍、教学经费、教学用房、实验仪器设备、图书资源等教学条件满足人才培养的需要。

（4）教学过程管理系统由教务处、学工部、团委和各教学单位组成。该系统由培养方案管理、日常教学管理、学风建设与学生指导、第二课堂管理、教学档案管理等环节组成，实质上是对教学活动的各过程和各环节进行运行管理的统称，是保障人才培养质量的基础系统。其主要功能是遵循"以学生发展为中心、以产出为导向"的理念，指导制订主要教育教学过程管理的条例、规定、规程等工作规范，形成涵盖教育教学监控活动全过程的相配套的制度文件，保障教育教学活动规范、有序、持续进行。

（5）质量监测与评价系统由教学质量监测与评价中心、教务处等相关职能部门和各教学单位组成。该系统由教学质量监测、教学质量分析、教学质量评价等部分组成，是对教学资源保障情况和教学各环节的质量实施监测的重要系统。监测获得的信息和数据是教育教学质量评价的重要依据，评价结果用来判断内部质量保障体系运行的有效性。

（6）质量反馈与改进系统以教学质量监测与评价中心、教务处和各教学单位为主体。该系统由教学质量反馈形式、教学质量改进措施、教学质量改进结果核验等部分组成，是高校内部质量保障体系的调节、修正系统。学校质量管理人员在质量评价的基础上，将评价结果及时反馈给相应的部门、单位和人员，使其对照检查，改进工作，补齐短板，从而达到质量标准、实现质量目标。

由图3-1可见，学校内部质量保障体系各系统的逻辑关系与基本流程是：

（1）质量决策与指挥系统处于质量保障体系的首要位置，确立高校的质量目标和标准。

（2）质量目标与标准系统是教育教学资源管理系统的保障依据，是教育教学过程管理系统的运行依据，也是质量监测与评价系统的监评依据。

（3）教学资源保障系统支撑和保障教学过程管理系统的正常、有序运行。

（4）质量监测与评价系统分别从教学资源管理系统和教学过程管理系统采集信息，依据质量目标和标准的评价指标体系进行评价，评价结果传递给质量反馈与改进系统。

（5）质量反馈与改进系统分类梳理评价结果，按类别分别将质量评价结果反馈给教学过程管理系统、教学资源管理系统以及质量决策与指挥系统。

（6）质量决策与指挥系统调控教学过程管理系统和教学资源管理系统，督促其改进，并核验改进的成效，以支撑质量目标与标准的达成，形成闭环管理。

三、目标管理理念下的教学质量标准建设

教育部原部长陈宝生曾强调:"要以质量为纲,把标准建起来,把责任落下去,强化评估工作。"教学质量标准是教学质量保障体系形成的基础,是学校所有教学工作的根本要求,要自上而下落实到每个学院、每个专业、每门课程和每位教师身上,固化在各学院和各部门的工作职责、人才培养方案、课程教学大纲和教师的职责中。

学校围绕办学定位和发展目标,确定了本科人才培养总目标为:着力培养具有家国情怀、国际视野、创新精神和实践能力的高素质人才。学校以人才培养目标为教学质量管理的总目标,抓住影响教育教学质量的关键因素,形成了涵盖专业质量标准、教学环节质量标准、教学专项质量标准三个部分的本科教学质量标准体系。各二级学院在严格执行学校质量标准的基础上,根据学科专业特点和学院工作实际,做出适当调整、补充和完善,形成本学院教学质量标准体系。

(一)专业质量标准

专业质量标准是人才培养的基础性条件,既为人才培养过程提供依据,又为人才培养质量提供保障,包括专业建设规划、专业设置和人才培养方案。学校原则上每 4 年根据《普通高等学校本科专业类教学质量国家标准》及有关行业标准,对专业人才培养方案进行一次全面修订,修订的原则是结合学校自身办学实际和发展目标,确立人才培养要求,其中培养目标和毕业标准的修订应建立在人才培养目标合理性及达成情况评价的基础上,吸纳新的教学理念和教学改革成果等。

(二)教学环节质量标准

教学质量是高等学校的生命线。建立相对完善、科学合理的各教学环节质量标准是保障和提高教学质量的重要手段。学校根据人才培养目标制订了各教学环节质量标准,出台了教师教学工作规范,规范教师教学工作,制订了本科各教学环节的质量评价标准。教学环节质量标准包括理论教学质量标准与实践教学质量标准。在理论教学方面,针对培养方案的修订、教学大纲的编制、教材选用、主讲教师资格认定等环节制订相应的质量标准。在实践教学方面,针对实验教学、实习、课程设计、毕业设计(论文)等环节制订相应的质量标准。

(三)教学专项质量标准

教学专项是凸显学校特色的教学项目。学校在对各教学环节质量制订评价标准的基础上,结合学校常规工作和发展特色,制订了专项质量评价标准,例如学院本科教学状态评估办法、本科专业评估办法、教师教学工作业绩考核办法、基层教学组织建设考核办法、教学事故认定办法等。

本科教学质量标准体系详见表 3-1。

表 3 - 1　人才培养主要环节和教学管理质量标准一览表

标准类别		分项标准	支撑文件
专业质量 标准		专业建设标准	《杭州电子科技大学专业设置与建设管理办法》 《杭州电子科技大学专业建设规划》
		专业培养标准	《杭州电子科技大学关于修订本科人才培养方案的指导性意见》 《杭州电子科技大学人才培养方案管理办法》 各专业培养方案
教学环节质量标准	课程教学质量标准	课程教学大纲	《关于全面修订本科课程教学大纲的通知》
		精品在线开放课程建设标准	《杭州电子科技大学精品在线开放课程（MOOCs/SPOC）建设管理办法（试行）》
		通识教育课程建设标准	《杭州电子科技大学通识教育课程建设管理办法（试行）》
		课程思政建设标准	《"课程思政"教育教学改革实施方案（试行）》
		教材选用质量标准	《杭州电子科技大学本科教材选用管理办法（修订）》
		课程考核质量标准	《杭州电子科技大学本科课程考核管理办法》
	实践教学质量标准	实践教学质量标准	《杭州电子科技大学本科学生实践教学管理办法》
		毕业设计（论文）质量标准	《杭州电子科技大学本科毕业设计（论文）管理办法》
	课堂教学质量标准	教师教学规范	《杭州电子科技大学教师教学工作规范》
		主讲教师资格认定标准	《杭州电子科技大学关于主讲教师资格认定的有关规定》
		课堂建设管理标准	《杭州电子科技大学关于进一步加强本科课堂教学建设和管理的若干规定》
		课堂评价标准	杭州电子科技大学学评教指标体系、督导听课评价表
教学专项质量标准		学院本科教学状态评估办法	《杭州电子科技大学学院本科教学状态评估办法（试行）》
		本科专业评估办法	《杭州电子科技大学本科专业评估实施方案（试行）》
		教师教学工作业绩考核办法	《杭州电子科技大学教师教学工作业绩考核办法》
		基层教学组织建设考核办法	《加强基层教学组织建设与管理的指导意见》 《基层教学组织考核办法（试行）》
		教学事故认定办法	《杭州电子科技大学本科教学事故认定与处理办法》

学校以"立德树人"为根本任务，近年来，为全面贯彻落实全国高校思想政治工作会议精神，把"立德树人"落到实处，学校强化责任担当，把思想政治工作贯穿于教育教学的全过程，努力做到"四到"：一是"内化到"学校人才培养目标规格之中；二是"明确到"教育教学各类质量标准之中；三是"落实到"相关部门以及责任主体之中；四是"融入到"全方面、全过程、全员之中。

四、基于"三权分立"的教学管理体制设计

党的十七大报告中明确提出："建立健全决策权、执行权、监督权既相互制约又相互协

调的权力结构和运行机制。"党的十八届三中全会做出的《中共中央关于全面深化改革若干重大问题的决定》指出，要深入推进管办评分离。要改变目前大学教务处集决策、执行和监督权力于一身的权力结构模式，构建科学的权力运行机制，达到决策权、执行权与监督权分权制衡的基本目标。为达到"责任落下去"的要求，在质量保障体系中就要把提高质量的责任落实到相关职能部门和各教学单位。

　　学校专门成立了正处级单位教学质量监测与评估中心，完善了由决策机构、执行机构、保障机构和监控评价机构组成的教学管理组织体系，重构了学校、学院、基层教学组织三级质量保障主体的架构，建设了一支由专职质量管理员和专兼职督导组成的 200 多人的校院两级质量监控队伍，并出台了《关于进一步加强本科教学质量保障工作的若干意见》等系列文件，明确了各自履行教学质量的决策、执行、保障和监控等职责，形成了任务明确、职责清晰、权限分明、相互协调、相互促进的保障教学质量的长效机制。

（一）构建决策权、执行权、监督权分立的教学管理组织体系

　　决策指挥系统包括党委会、校长办公会和校人才培养委员会。教学管理运行系统由教务处和各二级学院（教学单位）组成，教学资源管理系统包括财务处、人事处、国有资产与实验室管理处、信息技术中心、图书馆、后勤服务与管理中心等。教学质量监控系统包括教务处、教学质量监测与评估中心和校院两级教学督导，如图 3-2 所示。

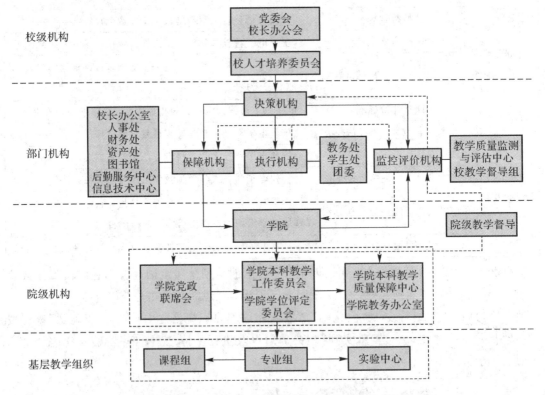

图 3-2　校院两级教学质量管理组织机构体系

（二）建立学校、学院、基层教学组织三级教学质量保障制度

本科教学质量保障是学校、学院、教师与学生共同承担的责任。为保证人才培养过程的高质量，建立健全学校本科教学质量保障体系，促进学校内部质量保障工作的良性运行，强化质量意识，不断提升本科教学水平和教学质量，学校、学院、教师与学生应全员参与本科教学质量保障：学校人才培养委员会负责学校教学质量保障学术标准的审定；学校与学院管理者、其他校内服务人员致力于建设和提供良好的教育教学环境；教师有责任确保课程的设计、建设、实施以及评估能够促进学生有效学习；学生有责任全身心参与学习过程。

1. 学校为教学质量保障的评价主体

校长是学校教学质量保障第一责任人，主管教学副校长直接负责，学校人才培养委员会和教务处、教学质量监测与评估中心全面主导学校层面的本科教学质量保障工作，围绕学校办学目标及人才培养目标，制订本科教学质量保障总体方案及规划，主要对教学单位教学质量保障及专业、课程、毕业设计（论文）、实习实践等环节进行评估、反馈与指导。学校对学院教学工作的考评重点应放在学院质量保障体系的建设与运行上。

学校层面各组织及其承担的具体责任如下：

1）校长

校长是学校的法定代表人，在学校党委的领导下，贯彻党的教育方针，组织实施学校党委有关决议，行使高等教育法规定的各项职权。校长是学校教学质量保障第一责任人，在本科教学质量保障中的主要责任有：组织拟订和实施学校发展规划、基本管理制度、重要行政规章制度、重大教学科研改革措施、重要办学资源配置方案；组织制订和实施具体规章制度、年度工作计划；组织拟订和实施学校人才发展规划、重要人才政策和重大人才工程计划，并负责教师队伍的建设；组织开展教学活动和科学研究，创新人才培养机制，提高人才培养质量，推进文化传承创新，服务国家和地方经济社会发展等。

2）主管教学副校长

主管教学副校长在校长的授权下，同时在党委会和校长办公会的领导下，负责学校教学政策的制订和管理，以及人才培养规划的调整和实施。主管教学副校长对本科教育教学应承担的主要责任有：协助校长全面贯彻党和国家的教育方针政策，认真执行上级教育行政部门关于学校教育工作的指示，按照教育教学规律，负责组织管理教学教研工作，处理教学日常行政工作；负责全校各学科专业执行培养计划和教学大纲的工作，部署并指导学校全局性的教学、教研、教改工作；协助校长制订教学、教研、教务相关部处各岗位职责条例和考核办法；协助校长做好教师队伍的配备工作及教学考核工作；深入学院及各基层教学组织，指导教育教学工作并及时解决教学、教研、教务中的突出问题等。

3）人才培养委员会

人才培养委员会是学校本科教学工作的学术决策和咨询机构，是接受学校的委托，开展本科教学的研究、咨询、决策、指导、监督、审议和评估的专门机构。具体责任主要有：研究人才培养方面的重大问题、重大趋势，并提出决策咨询建议；依据法律和有关规定，负

责组织审定人才培养规划、人才培养方案、管理制度设计和重要表彰、处分方案；指导招生、专业建设、课程建设、教材建设、教学组织建设、教学设施建设、教师教学培训、学生思想政治教育与学生管理等工作；听取和审议人才培养年度工作计划与年度质量报告，审阅人才培养状况基本数据，研究讨论人才培养质量改进及保障措施等。

4）教务处

教务处作为学校本科教学和教务管理的职能部门，总体负责本科教学质量标准的制订、管理和监控。教务处是完成上级管理部门及学校决策机构对各项教学工作要求的落实者，要根据校长办公会、学校人才培养委员会制订的相关政策以及实际工作需求，协调各部处、各学院，共同做好本科教学质量提升工作。主要工作有：组织修订本科专业人才培养方案和课程教学大纲，负责本科教学质量标准的制订、监控、评价以及教学改革项目的立项及管理工作；组织推进本科教育各环节，包括专业、课程、实践等环节的建设及管理工作；组织和实施本科教学的质量检查，负责本科教学信息化建设与管理工作；落实教学管理的规范化与教学相关制度的建设及实施。

5）教学质量监测与评估中心（教师教学发展中心）

教学质量监测与评估中心作为学校教学质量的监测和评估部门，组织和实施本科教学的质量检查、监测和评估工作；建立健全人才培养质量督导、评价与监测机制；负责校院两级督导队伍建设。教师教学发展中心是旨在提升教师教学能力为目标的管理和服务部门，是学校提供教学培训、研究、咨询、评估等综合性服务的专门化机构，负责教师教学能力培养与提升；负责优秀教师的培养；负责组织教学技能比赛等各类教学竞赛工作。

6）其他相关部门

计划财务处、人事处、国有资产与实验室管理处、网络信息中心、图书馆、后勤服务与管理中心等部门，为教学活动各环节的良好运行以及教学质量的提升提供条件和资源的保障。

落实学院的办学自主权成为大学内部管理体制改革的首选。在理顺校院两级管理责任主体责权利关系的基础上进行纵向分权，明确权限划分继而实现行政管理与学术管理中心向学院转移，即学校向基层院系分权，实现管理重心下移。

2. 学院等教学单位为教学质量保障的责任主体

负责落实学校各项教学管理制度，抓好本教学单位专业、课程建设和师资培养等。根据具体情况，各教学单位一方面应建立完善的内部质量保障体系，构建符合实际的基层教学组织，通过对基层教学组织的支持、管理、考核、反馈、指导，不断提升专业办学水平与课程教学质量；另一方面，应组织指导完成自我评估，开展院级评估，接受校级及以上的各类评估，反馈评估结果，促进持续改进，鼓励教师追求卓越。

学院（教学单位）层面各组织及其承担的具体责任如下：

1）院长

院长是学院的主要行政负责人，受校长委托全面负责学院的各项行政事宜。院长是学院教学质量保障的第一责任人，在本科教学质量保障中责任如下：对学院实行全面管理，确保教学工作在学院各项工作中的中心地位；根据社会对人才的需求，适时提出和更新学院人才培养目标、人才培养模式及人才培养远景规划；审定学院教学质量保障方案，确保教学质量保障体系的建立和正常运行；定期并系统性地组织实施对各个教学环节的评估，确保教学质量的自评、评估与审查程序的持续开展；针对学院教学质量，向学校人才培养委员会和其他相关委员会提供咨询和建议；充分调动学院的人力与物力资源，保障学院教学质量等。

2）主管教学副院长

主管教学副院长是在院长的指导和授权下，负责本学院教学管理、教学改革和教学研究等工作，贯彻执行学校和学院关于教学方面的决定，保障学院教学的高质量运行。具体责任包括：在院长领导下，负责全院教学管理工作，并就学院教学的各个方面向院长提出建议；负责组织制订学院教学工作计划，修订各专业人才培养方案、课程教学大纲，并组织实施；组织全院性教学经验交流会，抓好教学评优工作，总结推广先进经验，树立优良教风、学风；负责专业负责人和青年骨干教师的选拔与培养工作，负责全院教师的培训、进修计划的制订和落实，抓好教学师资队伍建设；定期召开教务会议，及时解决本科教学中出现的重大问题；做好教学监控和评估工作，检查上级布置任务在本单位的实施情况；针对教学和学生问题，负责组织开展本学院内、院际间以及和其他机构之间的沟通与交流等。

3）学院教学工作委员会（人才培养委员会）

学院教学工作委员会（人才培养委员会）是对学院教学和人才培养工作重大事项进行研究、咨询、决策、指导、监督、审议和评估的专门机构。各学院教学工作委员会（人才培养委员会）根据其章程，行使专业设置及发展规划、教师评聘、专业建设、课程建设、实验室建设、教学评估、教学指导等重大教学环节的评议职能，以促进和确保学院教育教学的高质量。学院教学工作委员会（人才培养委员会）在本科教学质量保障方面的职责如下：审议学院教育教学发展战略及规划；审定学院专业的设置方案、培养方案，审定课程教学大纲及教学过程各环节的质量标准；研究学院在教学建设、教学管理及教学改革工作中的重大问题，提出指导性意见；审定学院教学质量保障体系，并对实施情况进行监督与评价等。

4）院（部）级教学督导组

院（部）级教学督导工作以微观的、个性化的教学督导工作为主，重点对本单位任务落实、专业和课程教材建设、教学工作安排、教学过程质量等实施全过程动态跟踪监督与指导。各学院（部）应自主制订本单位教学督导工作条例，开展教学督导工作，并为本单位教学督导工作提供必要的条件支持。

3. 基层教学组织为教学质量保障的工作主体

专业与课程教学团队是质量保障的工作主体，负责组织具体教学活动。基层教学组织应建立并实施完善的专业及课程内部保障机制，保证专业以及课程教学质量的不断提升。

基层教学层面各责任人及其承担的具体责任如下：

1）专业负责人

专业负责人是专业教学质量保障的第一责任人，在院（系）的领导下，履行以下本科教学质量责任：根据学校定位、教育教学规律和市场导向，积极开展本专业建设的学术研究，深化本专业教育教学改革，拟订和落实本专业的发展规划；在国家相关专业质量标准及学校人才培养方案修订原则性意见等文件指导下，制订与修订本专业的培养方案，优化课程体系；落实本专业的教学执行计划；根据学校相关制度，实施本专业的质量保障工作，包括专业评价与课程质量保障等；根据专业性质，组织开展专业认证（评估）；负责本专业教学资源建设工作，组织开展专业建设研究和教学模式改革；协助学院做好本专业师资队伍的建设工作，提出本专业教师队伍建设的初步意见；提出本专业实验室建设方案，负责本专业实验室建设和实验教学等。

2）课程（群）负责人

课程（群）负责人是课程教学质量保障的第一责任人，除了承担其作为大学教学人员相应的责任以外，还负责确保：制订并实施课程（群）发展与建设规划，不断提升课程在学生通识教育、创新创业能力培养、专业支撑等方面的作用；组织课程教学，保证教学的正常有序进行；组织开展有效的教学研究与教学改革，开发相关教学资源（纸质、数字化教材、网上资源等），并利用教学资源进行课堂教学模式改革，开展探究式学习，培养学生的创新能力；建立并实施课程质量保障体系，根据课程标准，通过评价、反馈与改进，不断提升课程质量；制订并有效实施课程团队教学能力提升计划，通过教学研讨等手段，不断提升课程团队教师教学水平等。

3）教师

任课教师在本科教学质量保障中的责任有：教风严谨，为人师表；严格执行课程教学大纲，确保所授课程能使学生取得预期学习效果；不断改进教学方法，实现有效教学，从而激发学生的学习兴趣；开发高质量的课程和教学资源，在其学科领域最大程度地为学生提供指导；使用各种方法及时评估和反馈学生的学习情况，从而培养学生的独立学习能力和反思性学习能力；将学科最新前沿动态体现在教学内容中，最大程度地促进教学与科研的融合；支持学生的自我发展；通过反思、审查和评估自己的教学，综合采用各种方法，来提升教学能力等。

第二节　杭州电子科技大学教学质量保障体系的有效运行

构建高校内部质量保障体系是质量保障的必要条件，但不是充分条件，只有遵循质量保障体系并严格执行，加强内部教学质量监控，强化自我评估，才能使高校教育教学质量得到充分保障。加强全面监控、自我评估、持续改进、信息技术支持及质量文化建设是高校内部质量保障体系有效运行的基本方略。

一、构建覆盖教学全过程的全面质量监控机制

（一）加强教学全过程监控

（1）教学过程事前控制——诊断性评价。诊断性评价是在教学活动开始之前的预先控

制活动。根据专业建设规划每年开展对新设置本科专业的校内外专家评审，按科学规范流程修订本科各专业人才培养方案，各学院向教务处报备每学期教学计划的异动情况等。

（2）教学过程事中控制——形成性评价。形成性评价是对某项教学活动过程中相关工作的控制。主要监控点为课程建设、教学大纲制定与实施、教材建设、师资配备、授课计划、教案、理论教学与实践教学质量、考核方式与试卷质量、教学规章制度的建设与执行等。

（3）教学过程事后反馈——总结性评价。总结性评价是在教学活动结束后，通过调研分析或者信息反馈，发现存在的问题和原因，采取相应的措施予以改进，为日后同类活动的质量控制提供参考。例如考完试后组织试卷总结与检查、教师教学效果的评定及反馈、实践教学效果的评定及反馈、毕业设计（论文）评估、毕业生就业质量调查分析等。

（二）实施教学"三查"制度

（1）定期教学检查：包括开学初、学期中、学期末的检查。开学初进行的检查包括开学第一天教学检查和各学院进行的开学教学自查工作。每学期第8～11周为全校期中教学检查时间。期中教学检查分两个阶段进行，第一阶段为学院自查，第二阶段为校级检查小组抽查。期中教学检查以教学进度、教学规范、教学内容为重点。期末进行以考试为重点的期末检查。

（2）随机教学检查：贯穿于整个教学过程之中，实施"三公开"制度，检查内容包括任课教师上课情况、教学执行计划落实情况、学生到课率，以及实验教学检查（实验室、实训场所承担本科生教学工作情况，实习基地建设进展和实验教学质量等）。

（3）其他专项教学检查：专项教学检查内容根据本学期教务工作重点而定，理论教学和实践教学（含见习、实习、实训、实验项目）专项检查通常包括毕业设计（论文）中期检查、试卷评阅、教学档案等项。

（三）坚持实施听课评教制度

（1）干部、教师听课制度。包括校领导听课、中层干部听课、校院两级教学督导听课、学院领导听课以及教师同行相互听课。

（2）评教评学制。由学生、辅导员、班主任、教师及专家分别进行相关评教评学活动，从不同角度了解和掌握教师教学情况、学生学习情况、管理部门管理情况等。

（3）调查制。由教学质量监测与评估中心组织全校学生开展本科教学满意度调查，并对调查数据进行统计、分析。由招就处及各学院对毕业生进行跟踪调查，根据毕业生就业及市场调查的结果，向学校领导及教学管理部门提供社会人才需求、培养规格、能力体系要求等教学需求信息，以进一步完善人才培养方案。

学校在构建校院两级全过程、全面质量监控机制的基础上，聚焦整个教育教学过程中的质量控制点，如人才培养方案和教学大纲的修订、课堂教学、实践教学、课程成绩评定、课程评估、专业评估、毕业生质量跟踪调查等各个方面，结合常态监控，依据质量管理的PDCA循环，按照"发现问题—反馈—改进—检查改进情况"的闭合循环，设计《教学质量监控表》，在各种渠道监督中发现的问题，通过"监控表"反馈到相应的质量保证工作机构；部处或院系作为负责人必须制订解决问题的措施，并反馈到质量监测与评估中心；最后由质量监测与评估中心组织对改进情况进行跟踪。通过持之以恒的"检查—反馈—改进—跟踪"制度，在各个教学环节小循环运用 PDCA 的基础上，再对人才培养过程大循环运用 PDCA，不断强化各级领导的质量意识，使教育教学质量得到持续改进并螺旋式提高。

例如，基于 PDCA 循环解决课堂教学质量问题。学校质量监测与评估中心编制课堂教学质量评价表，利用教学督导监测发现问题，把发现的主要问题反馈给相应的开课单位和任课教师，由开课单位制订整改方案，并责令相关任课教师进行整改；学校及学院质量管理部门跟踪整改结果，核验是否符合要求，如果符合则同意该教师继续任教；否则，进行第二次 PDCA 循环，直至整改结果达到教学规范要求。每循环一次就能解决一些问题，取得一定成效，由此螺旋式上升，会带来课堂教学质量的持续提升。对督导专家听课 70 分以下的课程要求学院安排跟踪听课，并找出评价较低的原因，提出改进的建议措施，并帮助教师提升课程教学效果。

二、构建"点、线、面"校院两级自我评估体系

教育部《关于加快建设高水平本科教育 全面提高人才培养能力的意见》中指出：强化高校质量保障主体意识，完善高校自我评估制度，健全内部质量保障体系。教育部《关于深化本科教育教学改革　全面提高人才培养质量的意见》中指出：完善高校内部教学质量评价体系，建立以本科教学质量报告、学院本科教学评价、专业评价、课程评价、教师评价、学生评价为主体的全链条多维度高校教学质量评价与保障体系。

学校根据教育部的要求，建立了课程（点）、专业（线）、学院（面）三位一体结果导向的教学质量自我评估体系。

1. "点"——课程教学质量评价

采用"教师自评、学生评价、同行评价和专家评价"的多主体、多元化评价方法，对课程的教学质量进行评价，学校从 2019 年起每学期开展一次。

2. "线"——专业综合评估

基于 OBE 理念，建立定量与定性相结合的评估指标体系，对已有一届毕业生的所有在办专业的建设水平进行评估。该项工作从 2013 年开始，每年根据高考一志愿率、转专业率、升学率、就业率等指标对专业进行排序。在此基础上，从 2016 年开始对所有专业开展"四年一轮"的全面综合评估，该体系主要特点：一是科学制订多维度、定性定量相结合的评价指标；二是按照专业自评、学校组织专家组评估、专业整改和学校督查等程序进行。

3. "面"——学院本科教学状态评估

突出内涵建设与特色发展，对各学院的年度教学工作状态、人才培养特色及存在问题、改进措施和效果等进行评估。学校从 2010 年起，每年对全校所有学院（部）本科教学工作整

体状态进行一次全面评估。采用定量与定性评价相结合，指标体系根据情况进行微调，基本不打扰各教学单位，由各职能部门对采集的主要教学环节质量监测数据和评价标准打分，近几年还增加了院长年度本科教学质量保障体系建设工作汇报会，对学院的质量保障体系建设和运行情况进行定性评价。

"点、线、面"评估指标体系如表 3-2 所示。

表 3-2　"点、线、面"评估指标体系

评估类型	一级指标点	二级指标点	文件名称
学院评估（面）37 个指标点	培养过程	校督导听课、基地建设、毕业设计（论文）外审等	《杭州电子科技大学学院本科教学状态评估指标体系》
	教学管理与运行	教授上课、基层教学组织、教学培训/教学类竞赛参与情况等	
	教学改革与业绩	教学改革项目、教学成果、课程建设项目，教师荣誉、教学比赛获奖等	
	学生发展	考研率、学生竞赛获奖、学生科研、学生交流等	
	教学异常	教师调课、成绩调整、培养方案调整、教学事故等	
	综合测评项目	院级教学质量保障体系建设与实施	
专业评估（线）42 个审核点	定位、目标与方案	专业定位、培养目标、培养方案、课程体系	《杭州电子科技大学本科专业评估实施方案》
	培养过程	培养模式改革创新、课堂教学、实践教学、毕业论文（设计）、教学满意度	
	师资队伍	数量与结构、教育教学水平、教师教学投入、教师发展与服务	
	学生发展	招生与生源情况、学生指导与服务、学风与学习效果、创新创业培养成效、就业与发展	
	教学资源	教学经费、教学设施、课程资源	
	质量保障	质量保障与监控、质量改进	
	专业特色和优势	—	
课程评估（点）	评价构成	评价内容	《杭州电子科技大学本科教学"优课优酬"奖励工作实施细则》
	学生评价	学评教	
	教师自评	教学文档、教学目标、教学内容、教学方法、教学效果等方面的自评报告	
	同行评价	专业负责人、课程负责人等组织的听课、说课、交流研讨等	
	专家评价	督导组听课评价、查阅文档等	

在以上"点、线、面"评价基础上，学校根据教育部的要求，每学年开展一次以全校本科教学基本状态数据为依据、对照院校审核评估指标体系、对学校整体本科教学质量的总体自我评估。每年编制并发布年度本科教学质量报告，接受社会监督。

三、实现"评价—反馈—整改—再次评价"的闭环质量保障体系

高校教育教学过程中出现偏差甚至问题是不可避免的，即使按照预设的工作计划实施教育教学活动，不能完全达成既定的目标和标准也是有可能的，重要的是学校质量管理部门善于通过校院两级督导、例行教学检查监测、专项教学评估、社会用人单位调查等途径，及时识别人才培养目标、专业毕业要求、教育教学活动、教学资源保障等方面不合格事项的存在，评估其问题严重程度，研究并采取具体的措施有效改进不足，确保今后不再发生类似的不合格事项。

学校出台的《关于进一步加强本科教学质量保障工作的若干意见》文件中指出：本科教学质量持续改进体系应围绕人才培养目标和毕业要求的符合度与达成度这条主线，将外循环和内循环有机地联系起来。外循环是指质量监控系统依据外部信息对人才培养目标进行评估，审核人才培养目标是否符合社会和个人发展需求以及学校的办学定位和办学特色，如果不符合就需要改进人才培养目标；内循环是指质量监控系统通过"确定毕业要求—实现预期学习成果的方法和策略—了解成果达成程度的评价方法—收集数据并利用数据提出改进建议或措施"这一完整过程链，不断优化毕业要求实现过程，确保学生最终达成的学习成果与培养目标相一致。外循环和内循环共同形成了本科教学质量保障循环闭合体系，保证质量保障体系的有效性和持续性。本科人才培养过程中持续改进示意图如图3-3所示。

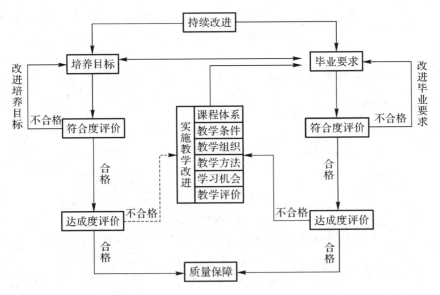

图3-3　本科人才培养过程中持续改进示意图

学校建立了"基层教学组织—学院—学校"三级质量持续改进体系。

（1）基层教学组织是本科教学质量持续改进的工作主体。基层教学组织应根据教学质量监控、培养目标和毕业要求的符合度和达成度的评价结果，具体负责制订本专业、课程及教学活动的持续改进方案。

（2）学院是本科教学质量持续改进的责任主体。学院要做好毕业生的满意度调查工作，建立持续的对用人单位和校友的质量跟踪和反馈机制，负责本学院教学质量监督和评价结果的跟踪与改进工作。学院应根据实际需要，综合考虑，制订符合学院情况的本科教学持续改进方案。

（3）学校是本科教学质量持续改进的评价主体。教务处、教学质量监测与评估中心负责对学校组织的监督和评价结果进行跟踪，制订总体的持续改进方案并组织实施，并为院级本科教学质量持续改进工作提供咨询、指导与检查。

在此基础上，为了使 OBE 理念进一步落地，学校又出台了《杭州电子科技大学本科人才培养质量达成情况评价与持续改进管理办法》，人才培养质量达成情况评价实行校院两级管理。教学质量监测与评估中心统筹安排全校人才培养质量达成情况评价工作，定期对学院和专业评价情况进行检查；学院成立由教学、学工、专业和督导等相关人员组成的评价工作小组（以下简称学院评价小组），在学院人才培养委员会（或教学工作委员会）的指导下负责对各专业人才培养质量达成情况进行评价。学院制订符合本学院和专业的人才培养质量达成情况评价实施细则，定期对专业培养目标、毕业要求和课程目标的达成情况进行评价，评价结果作为专业人才培养质量持续改进的重要依据，及时公示并做好存档。

学校重视质量评价数据的及时反馈和合理应用，将评价结果作为资源配置、招生计划、学院绩效分配等重要依据，倒逼各级教学改革。从 2013 年开始实行专业综合排名结果与招生指标直接挂钩，实施"红黄牌"专业动态调整评价制度，近年来已停招 17 个专业；从 2016 年开始实行学院教学考评结果与绩效分配挂钩政策；从 2019 年开始对课程评价优秀的课程实施优课优酬奖励制度，每年奖励金额超过 200 万元。

四、构建基于信息技术支持的教学质量精准监控体系

在高校内部质量保障体系建设中运用现代信息技术既是一种可选择的质量保障手段，也是时代发展的必然要求。脱离现代信息技术的质量保障体系不仅运行效率低，还有可能制约教育教学监测，造成评价信息的阻断或遮蔽。因此，加强现代信息技术在质量保障体系中的运用刻不容缓。第一，开发适合现代教育教学质量管理的信息化平台。高校教育研究者、管理者与信息技术人员协调与合作，运用大数据挖掘与分析技术，探索开发适合现代教育教学模式的质量监测与评价的信息化管理系统。第二，联通整合学校质量管理的相关信息。校内各方力量共建质量管理大数据平台，实现多维度数据共享，避免信息孤岛，以便各责任部门利用学校质量管理大数据平台进行关键质量要素的比较与评价，为持续改进提供可靠依据。第三，加强质量数据对学校内部决策的支持。注重对质量管理监测数据的

分析，让其为教育教学管理决策与改进服务。第四，提升质量管理队伍的信息素养。注重吸纳懂得现代教育质量管理理念、熟练掌握现代信息技术的人员参与到质量管理工作当中，及时组织针对不同对象的现代信息技术培训，提升相关人员熟练运用信息化技术进行质量管理的素养。

学校通过构建"一平台、三系统"，借助现代信息技术实现基于大数据的教学质量精准监控，如图 3-4 所示。

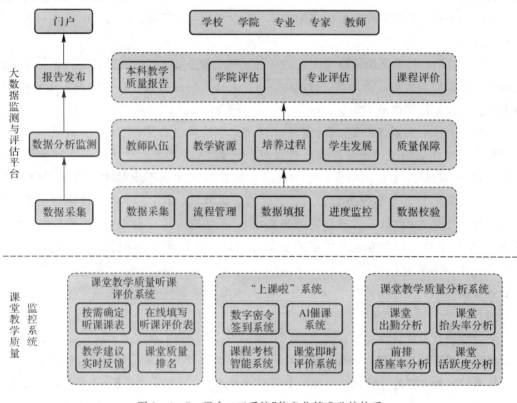

图 3-4　"一平台、三系统"信息化精准监控体系

（一）建设校级大数据监测与评估平台

学校自 2017 年起使用集"本科教学状态数据采集—学院本科教学评估—专业评估—课程评价"为一体的四层次评价系统和集"数据采集—挖掘分析—实时跟踪—发布报告"功能于一体的大数据监测与评估平台，每年采集约 30 项核心数据，并进行自身发展变化的纵向比较，对学校办学条件和教学质量进行动态监测和预警，实现了教学质量信息监测常态化和信息的有效利用。

（二）建设多元课堂教学质量监测平台

学校聚焦课堂这一人才培养的主战场，积极开展大数据下的智能化评价，严谨务实做好日常的教学监控。从 2014 年启用智能终端课堂教学质量评价听课系统，实现校院两级交叉听课，相近学科、相近课程听课，听课信息、评价表实时上传至听课管理平台，教学建议实时反馈至被听课教师的手机，通过数据的处理智能评估教师的授课质量，并有针对性地反馈促使其改进。2018 年开始采用自主开发的"上课啦"系统，帮助老师在课堂上随时发数字密令让学生签到，针对旷课的学生，智能语音助手会打电话催旷课学生上课。此系统把教、学、辅的数据链完全打通，辅助学校实施"公开课程考核办法、公开学生平时成绩、公开学生考勤情况"的"三公开"制度，严格课程教学过程管理，全校 95% 以上的教师使用此系统，每天考勤量超过 10 000 人次。学校还自主研发了"课堂教学质量分析系统"，通过计算机视觉检测技术对所有排课教室进行全时段监测，获取学生出勤情况，通过课堂抬头率检测技术、前排落座率分析技术分析课堂教学效果，随时查询课堂分析数据，便捷地定位评分较低的课堂，实现精准监控和帮扶。

（三）利用"互联网＋"技术开展人才培养质量跟踪调查

建立"人才培养质量跟踪调查与评价制度"，坚持校院两级每年从学生、用人单位、校友等方面多视角地开展调查与评价，对"进校时—在校中—毕业时—毕业后"四个阶段学生的发展与变化情况进行跟踪。将日常工作中产生的客观数据与调查评价数据进行分析和对比，以数据的完整性、跟踪的持续性和评价的客观性，撰写《人才培养质量调查与评价基本数据分析年度报告》，衡量教育教学质量的产出成效。同时，用数据和事实说话，每年编撰和发布多项质量报告，如向社会公布的《本科教学质量年度报告》，以及向学校提交的《校内教学质量保障工作年度报告》等，以此作为常态监测与自我评价的重要依据，并用于学科与专业建设、教学过程和学生学习效果、质量标准和培养方案、人才培养目标与社会需求适应度等的不断修正和完善。

五、构建聚焦教学质量文化建设的教师教学能力持续提升机制

教育部《关于加快建设高水平本科教育 全面提高人才培养能力的意见》正式提出"加强大学质量文化建设"，明确要求把人才培养水平和质量作为评价大学的首要指标；将建设质量文化内化为全校师生的共同价值追求和自觉行动，形成以提高人才培养水平为核心的质量文化。将质量文化建设纳入大学内部质量保障体系中，不仅要立足于制度层面，还要加强质量沟通和宣传，使全体师生和管理者都自觉认同各自负有的质量责任。另外需要特别强调的是，要将质量意识深入到每个人的思想深处，才能产生内在动力，形成自觉性和自律性，从而在无形中遵从制度约束、承担质量责任和维护质量品牌。

学校制订教学激励约束制度奖励表现突出的教师，并严格处理违反学校有关规定的教师。将教师本科教学质量与其职称评审、年终考核、岗位聘用、绩效工资、人才及荣誉称号等挂钩，将本科教学工作质量作为学院（部）评估的重要依据，营造良好的教学质量监控生态环境。每年根据校内教学评估、专业评估、课程评价等，精准诊断教学问题，通过开展教学培训、鼓励教学创新、建立教学激励机制等形式，增强教师教书育人的自觉性，持续提升教师教学能力。出台《杭州电子科技大学业绩及标志性成果奖励办法》《杭州电子科技大学教学为主型教师专业技术职务评聘办法》等文件，促使教师积极投入教学。加强青年教师助讲培养和"过关"考评，每年受训的青年教师都超过百人，获得培训合格证书才能走上讲台。

每年定期组织名师讲座、教学沙龙、工作坊等活动平均近 50 场，成立跨学科、跨学院的教学实践共同体 25 个，搭建体系化教师教学研讨互动平台。每年举办教学技能、教学创新比赛，达到"以赛促教"的作用。每学期举办全校性的"教学质量提升月"活动，组织教学示范观摩、教学研讨等活动 100 多次，推广宣传优秀教师的先进经验，发现教学问题及时改进，营造"质量＋创新"的教学文化氛围，积极构建自觉、自省、自律、自查、自纠的大学质量文化。

下　篇

二级学院本科教学质量保障体系
——以计算机学院为例

第四章

学院本科教学质量保障体系概述

二级学院是高校的办学主体，承担着教学活动的组织和执行任务，既是教学活动的直接组织者，又是教学活动过程的直接监督者，二级学院的教学质量直接决定了学校的办学成效，决定了专业人才的培养质量。为使学院教学质量保障步入科学化、规范化、制度化的轨道，确保教学活动的持续改进和教学质量的全面提升，计算机学院基于成果导向教育（Outcomes-based Education，OBE）和全面质量管理（Total Quality Management，TQM）原则，构建了一套效率高、操作性强、通用性好的二级学院本科教学质量保障体系，具体内容包括教学质量决策、质量目标与标准、教学活动监控、教学质量评价、质量反馈与改进、教学资源保障六大块。根据全面质量管理的"全员参与"理念，制定了部门工作职责、部门工作流程、工作质量标准、部门工作考核指标、学院质量监控实施方案，从而让整个质量保障体系协同有效运转。此外，考虑到实践环节教学质量监控的难度和对培养学生复杂工程问题分析与解决能力、创新能力的重要性，学院针对这一薄弱环节特别设计了实践环节专项质量监控机制，以提高实践教学过程中质量监控的精准度。

第一节　学院本科教学质量保障体系的基本框架

依据学院本科教学质量保障体系构建原则，借鉴以往学者的研究成果和实践经验，在学校整体教学质量保障体系框架下，构建了一个相对封闭而内部不断循环的二级学院内部教学质量保障体系，实现对整个教学过程的全程动态质量监控。该系统由"教学质量决策系统""质量目标与标准系统""教学活动监控系统""教学质量评价系统""质量反馈与改进系统""教学资源保障系统"六个子系统构成，并形成完整的内部闭环系统，如图4-1所示。

在整个质量保障体系中，"教学质量决策系统"是中枢，它对整个系统的运行反馈数据、历史数据及外部数据进行分析，指挥整个系统运行，并不断作出决策，对制订的教学质量目标与标准纠偏，使其持续改进，不断优化。"质量目标与标准系统"根据决策系统的指导及教学信息的反馈，负责制订与修订质量目标、质量标准和监控方案。"教学活动监控系统"根据既定的质量标准、评价指标、监控方案对教学准备、教学过程和教学结果进行全程

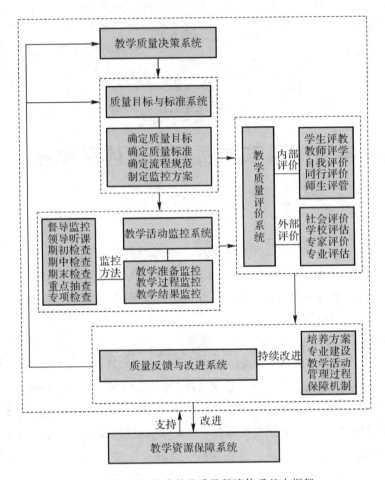

图 4-1　二级学院教学质量保障体系基本框架

全面监控，它是整个系统的核心。"教学活动监控系统"和"教学质量评价系统"所发现的问题将通过"质量反馈与改进系统"进行汇总、分析和反馈，反馈结果将用于持续改进教学活动、修正质量监控点、改进质量监控方法。"教学质量决策系统"与"教学质量评价系统"通过"质量反馈与改进系统"实现联通，进而对"教学活动监控系统"形成合力，共同推进教学质量的提升，并由"教学资源保障系统"负责整个质量保障体系的正常运行。

第二节　学院本科教学质量保障体系的组织结构

根据全面质量管理的"全员参与"思想，深入剖析二级学院教学质量的形成过程及相关参与主体，将学院本科教学质量保障体系的组织结构分为决策控制组织、教学活动实施组织、监督评价组织三个部分。其中决策控制组织主要承担审核指导、制定政策及制度文件和实施奖惩激励处理等事务，包括学院党政联席会、学院本科教学工作委员会、学院本科教学质量保障中心。教学活动实施组织主要承担教学活动实施和教学管理行政事务，包括基层教学组织(专业建设工作组和课程组)、实验中心、学生、教科办、学工办等，他们是各项教学活动的直接参与者和教学质量的改进者，在教学质量形成过程中发挥着极其重要的作用。监督评价组织承担教学质量监督与评价职能，包括学院督导组、学院考核评价工作组、学生信息员、用人单位、毕业生、学生家长、社会评估机构等。组织系统各组成部门之间的相互作用关系如图4-2所示。

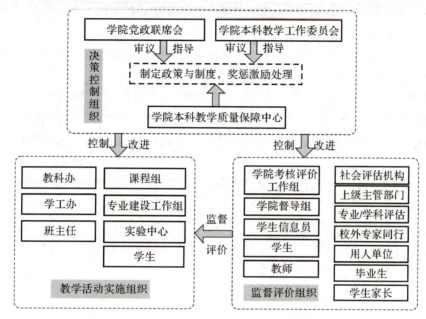

图4-2 二级学院本科教学质量保障体系组织系统

一、决策控制组织

1. 学院党政联席会

党政联席会是学院党政领导交换信息、通报情况、磋商重要问题、协调工作的组织。

2. 学院本科教学工作委员会

学院本科教学工作委员会是对学院本科教学和人才培养工作重大事项进行研究、咨询、决策、指导、监督、审议和评估的专门组织。在本科教学质量保障方面的主要职责包括：

（1）审议学院本科教育教学发展战略及规划。

（2）审定学院专业设置、专业培养方案，审定课程教学大纲及主要教学环节的质量标准。

（3）研究学院在本科教学建设、本科教学管理及本科教学改革工作中的重大问题，提出指导性意见。

（4）审定学院本科教学质量保障体系，并对实施情况进行指导、监督与评价。

（5）执行其他需要学院本科教学工作委员会决定和咨询的有关教育教学的事项。

学院本科教学工作委员会根据工作需要由12～18人组成，由学院院长、书记、分管教学的副院长、专业负责人、各个研究所所长、校外同行专家以及行业企业专家组成。设主任1名，由学院院长担任，设副主任2名，分别由学院书记和分管教学的副院长担任，设委员若干名，秘书1名，协助委员会主任工作。

3. 学院本科教学质量保障中心

学院本科教学质量保障中心是负责学院本科教学质量保障体系构建与管理、教学质量监测和评估的专门机构。在本科教学质量保障方面的主要职责包括：

（1）负责学院各项本科教学质量标准的制订、管理，负责确定教学质量监测的主要环节，负责制订学院各部门的考核评价指标体系、奖惩激励制度等。

（2）负责各相关质量保障与监测工作组的人员设置与调整，包括学院督导组、各考核评价工作小组、学生信息员等；负责收集、整理和分析各考核评价工作小组提交的考核数据，形成初步的奖惩处理意见，并提交至学院本科教学工作委员会。

（3）负责组织和实施学院本科教学的质量检查和评估，为教学质量的持续改进提供依据。

（4）负责接收并调查与教学质量有关的事件，包括学校相关部门的反馈意见、学生及教师投诉事件、学生信息员反馈的教学信息等，形成初步的调查结果及处理意见，并提交至学院本科教学工作委员会。

根据工作需要，学院本科教学质量保障中心设主任 1 名，由学院主管教学的副院长担任，全面领导学院本科教学质量保障中心工作；设执行主任 1 名，副主任 1 名，负责各项质量保障与监测、质量评价等工作的计划制订与实施；设成员若干名，秘书 1 名，协助中心主任工作，质量保障中心成员通常由长期从事教学工作、有丰富教学经验的教师和熟悉教学工作、有管理专长的教学管理人员组成。

二、教学活动实施组织

1. 专业建设工作组

专业建设工作组是开展专业建设工作的基层教学组织，是专业教学质量保障的第一责任主体，在本科教学质量保障方面的主要职责包括：

（1）以人才培养为中心，根据学校定位、教育教学规律和市场导向，加强专业特色和内涵建设，健全专业发展长效机制，建设一流本科专业，提升专业建设整体水平，推进一流本科教育，不断提高人才培养质量。

（2）在国家相关专业质量标准、工程教育专业认证标准、学校人才培养方案修订原则性意见等文件指导下，组织制订与修订专业人才培养方案，优化课程体系。

（3）根据中国工程教育认证要求和学校相关制度，实施本专业的质量保障工作，包括专业评价、课程质量保障和专业人才培养质量评价等。

（4）开展本专业的工程教育专业认证及持续改进的相关工作，组织开展专业审核评估相关工作。

（5）负责本专业教学资源建设工作，组织落实专业课程建设，开展专业建设研究和课程教学模式改革，建设本专业师资队伍，提出本专业实验室建设方案，负责本专业实验室建设和实验教学。

（6）负责其他与本专业教学相关的质量保障工作。

根据工作需要，学院各专业建设工作组设专业负责人 1 名、专业执行负责人 1 名、核心团队成员 8～10 名，专业建设工作组应在专业负责人的领导下，积极开展专业建设及质量保障的相关工作。

2. 课程组

课程组是学院开展课程教学活动、课程建设、教学研究与改革、教学资源建设的基层教学组织，是实施人才培养方案的直接执行者，是学院教学和教学管理的重要组成部分，是课程教学质量保障的第一责任主体，在本科教学质量保障方面的主要职责包括：

（1）建立健全课程组的各项规章制度，包括计划与总结制度、教研活动制度、教师听课互评制度、课堂展示与交流制度、试卷审核制度、集体阅卷制度等。

（2）加强师资队伍建设，包括加强师德师风建设、教学梯队建设，制订课程组教师培养计划，严把新教师开课关，定期开展教学研讨与交流活动，鼓励教师参加国内外教学研讨会议，提升教师教学技能。

（3）落实学校关于人才培养的各项教学工作任务，包括认真核对和落实每学期的教学任务，规范各教学环节的工作流程，严格按照各教学环节的质量标准实施教学，加强各教学环节实施过程的指导、检查和监督，积极开展课程建设和教材建设，按学校和学院要求制订或修订课程教学大纲、教案，选用或编写高质量教材和指导用书，加强各类教学资源的建设。

（4）组织教师开展各项教学研究与改革，积极申报各级各类教学研究项目、教学质量工程项目等，持续改进课程教学质量，促进人才培养水平和教育教学质量的全面提升；积极参与学院各项教学管理工作及专业建设工作。

课程组是以课程（群）为平台的基层教学组织，学院根据各专业人才培养方案和课程归属分类情况提出课程组设置方案，经学院本科教学工作委员会审议，报学校教务处批准后设立；课程组设负责人 1 名，由学院本科教学工作委员会选拔任用；课程组应有相对稳定、结构合理的人员队伍，成员原则上应包括课程（群）的所有任课教师。

3. 实验中心

实验中心是二级学院实验教学基地，为顺利实施本科实践教学提供场地和设备保障。它在本科教学质量保障方面的主要职责包括：

（1）按时按质完成各实验室的实验教学及辅助服务工作，包括落实教师上机及实验申请、收集教师提交的实践教学材料并存档，整理指导教师填写的上机记录，协助对实验、上机情况进行抽查等，按时统计、上报本实验室的相关基础数据。

（2）做好仪器设备的维护、维修及标定工作并记录，确保仪器设备处于良好状态，做好本实验室环保、安全、环境卫生等工作，保证实验教学的顺利进行。

（3）配合学院开展实验室工作人员培训，鼓励、组织实验室工作人员参与实验类建设项目开发，提高工作人员的科学素养和业务水平，建设一支结构合理、相对稳定的实验室工作人员队伍。

（4）积极做好信息化资源管理工作，积极配合教学及科研工作的信息化资源申请处理与资源分配工作。

（5）实验中心应积极做好国家教学示范中心的日常管理工作，积极参加国家示范中心联席会，积极申报虚拟仿真实验项目，提高实践教学的质量。

根据工作需要，实验中心设主任 1 名，实验员若干名，负责各个实验室的管理工作。

4. 教科办

教科办负责完成学院的各项教学管理工作，包括日常教学运行管理、教学质量管理与评价、教学基本建设管理、实践教学管理、专业建设管理等工作。在本科教学质量保障方面的主要职责包括：

（1）日常教学运行管理。包括负责日常教学运行管理工作，维护正常、稳定的教学秩序，保证教学工作正常运行；研究教学及其管理规律，改进教学管理工作，提高教学管理水平，参与制订教学运行管理制度，组织开展教学运行管理改革研究；负责教师教学业绩考核数据、学评教数据管理，参与学院信息化建设相关工作。

（2）实践教学管理。包括负责实验、实践教学任务的落实及日常管理工作；参与学院实践教学管理制度的制订及相关的教学改革研究；负责学科竞赛、学生科研活动的组织与管理，负责校企合作、校际交流及校际资源共享的管理；负责协助学校、学院督导开展各项实践教学质量检查、材料抽查等。

（3）教务管理。包括负责学籍管理、审核毕业资格和学士学位资格，负责组织安排各类考试、监考及考务考风建设与管理，负责教师排课、调课、停课、学生退选课及成绩管理等。

（4）教学研究与质量管理。负责本科生培养方案管理，参与专业建设与评估的组织工作，参与学院教学质量的管理与评估监控；负责课程建设、教材建设、高教研究、教学成果奖等各类项目申报工作，负责学院教师教学发展中心的建设与管理。

（5）档案材料管理及其他工作。负责本岗位职责所包含工作中各类档案的归档整理，并完成学院安排的其他各项事务。

根据工作需要，学院教科办可设立综合管理岗、实践教学管理岗、教务日常运行管理岗、教学建设和质量保障管理岗；设教科办主任 1 名、教学秘书若干名，共同协助教学副院长的本科教学管理工作，协助学院本科教学工作委员会、学院本科教学质量保障中心、学院督导组、专业建设工作组、课程组等开展教学质量监测的相关工作。

三、监督评价组织

1. 学院督导组

学院督导组在学校督导机构、教务处指导下，在学院本科教学工作委员会和学院本科教学质量保障中心领导下开展工作，以稳定教学秩序、提高教学质量为基本目标，对学院本科教学实施全方位的督导和监测。学院督导组在本科教学质量保障方面的主要职责包括：

（1）督教。对本科教学全过程进行监督、检查与指导，根据检查结果，与任课教师一起分析教学的优势和不足，对教师的教学提出改进建议。加强对青年教师的教学指导，促进教师尤其是中青年教师提高课堂教学水平，进而帮助学院提高人才培养质量；了解教师对学院教学工作有关政策、措施和规定的意见、建议与要求，并及时向学院反馈。

（2）督学。通过随机巡视和检查课堂教学、座谈会等方式，加强与学生的沟通交流，了解教和学各环节存在的问题，了解学生对学院教学工作有关政策、措施和规定的意见、建议与要求，并及时向学院反馈。

（3）督管。提出健全教学管理工作规章制度的建议，监督、检查学院教学管理制度和措施的落实情况，督促教学各项制度的严格执行，促进教学各环节的管理工作质量不断提高；配合学院进行教学质量评价工作，参与学院的本科教学水平工作评估，完成学院本科教学质量保障中心交付的教学工作专题调研与监督指导工作。

（4）督建。对师资队伍建设、专业建设、课程建设、教材建设和教学改革方案和实施情况进行评估、检查并提出建议，根据学院需要开展专项检查。

根据工作需要，学院督导组设组长 1 名，执行组长 1 名，全面主持督导组的工作，设督导员数名，一般以部门为单位按 10% 的比例配备，也可外聘督导员，由学院本科教学工作委员会研究决定，并报学院党政联席会和学校教务处批准。

2. 学院考核评价工作组

学院考核评价工作组是学院本科教学质量保障中心的下设组织，负责对学院各部门、各项教学工作进行质量考核和评价。在本科教学质量保障方面的主要职责包括：

（1）依据各部门、各项教学工作的既定考核评价指标体系和考核实施流程，按照公平、公正、公开的原则进行定量评价，为各部门、各项教学工作质量持续改进及奖惩处理提供依据。

（2）学院考核评价工作组下设若干质量评价工作小组，包括：学院本科教学工作委员会考核小组、督导组考核小组、基层教学组织考核小组、实验中心考核小组、教师教学发展中心考核小组、学工办考核小组、教科办考核小组、专业班主任考核小组等，分别负责各部门和各项教学工作的质量评价工作。

学院考核评价工作组根据工作需要设立，每个小组设置组长 1 名和成员若干名，组长和成员由学院本科教学质量保障中心主任提名，报学院本科教学工作委员会批准。

3. 学生信息员

学生信息员在本科教学质量保障方面的主要职责包括：

（1）及时反馈教师教学情况。从学生视角如实反馈包括教师备课、课堂教学、教材选用、实践教学、作业批改、考核评价等教师教学情况。

（2）及时了解和反馈所在班级同学的学习情况，如到课率、课堂参与度、作业完成情况等。

（3）及时了解反馈学生的意见及建议，包括对专业培养方案、课程体系、任课教师教学态度、教学质量、教学水平的意见和建议。

（4）学生信息员组织在学院本科教学质量保障中心直接领导下成立。学生信息员的聘任工作由学工办负责，每年聘任一次，可以连聘连任，学生毕业时自动解聘。

第三节　学院教学质量监控实施整体流程

一、学院年度教学工作流程

为便于各项教学工作的顺利开展，二级学院需要整理出一个教学年度内教学实施过程中需要开展的各项教学活动，梳理出各教学活动间的时序关系作为学院年度教学工作流程，如图 4-3 和图 4-4 所示，然后针对各项教学活动开展全面、全程、全员的教学质量监控。

图 4-3　二级学院秋季学期工作流图(以计算机学院为例)

图 4-4　二级学院春季学期工作流图（以计算机学院为例）

二、学院质量监控实施方法

（1）学院本科教学工作委员会、教科办、学工办、实验中心、学院教师教学发展中心等部门根据教学年度工作流图按时启动并开展各项教学管理工作，按照既定工作流程及质量标准认真完成各项任务，并填写相关记录表。年终时各部门负责人撰写本部门工作总结，提交学院考核评价工作组。

（2）基层教学组织（课程组、专业建设工作组）根据年度工作流图、按照既定工作流程及质量标准完成各项教学工作及专业建设工作，年终时负责人填写基层教学组织年度工作总结，提交学院考核评价工作组。

（3）学院本科教学质量保障中心、学生信息员等，根据年度工作流图按时启动各项教学监控相关工作，按照既定工作流程及质量标准完成各项教学质量监控工作，并填写相关记录表，提交学院考核评价工作组。

（4）班主任按照工作职责、既定质量标准及工作流程开展各项学生指导工作，据实填写班主任工作手册，春季学期结束时，提交教科办存档。

（5）学院考核评价组根据年度工作流图严格按照既定质量标准、考核指标体系、考核工作流程，按时对各部门及班主任工作开展年度考核，同时对所有教学质量数据进行统计分析，并将考核结果及质量数据分析结果提交学院本科教学质量保障中心。学院本科教学质量保障中心把考核结果反馈给相关工作部门，部门根据存在的问题给出切实可行的持续改进计划，并在下一年度工作中改进。学院本科教学质量保障中心还将根据考核结果给出奖惩激励初步处理意见提交学院本科教学工作委员会审核，审核通过后执行奖惩激励处理。

第四节　学院质量标准体系

质量为王，标准先行。制订一套科学合理的教学质量标准，是强化目标管理、实施教学质量评价、促进教学管理科学化的必要条件，是质量监控体系有效运作的前提。《国家中长期教育改革和发展规划纲要（2010—2020 年）》指出："树立科学的质量观，把促进人的全面发展、适应社会需要作为衡量教育质量的根本标准"。为此，学院基于 2018 年教育部颁布的《普通高等学校本科专业类教学质量国家标准》，按照全面质量管理理论的"全员、全面、全程"原则以及 OBE 理念的产出导向、反向设计理念，依据国家计算机产业发展需求、学校定位及发展需求、专业人才培养目标，构建了学院质量保障体系的质量标准体系，涵盖了专业建设、主要教学环节、教学资源建设、各部门工作四个方面的质量标准，如图 4 - 5 所示，具体见表 4 - 1。在具体构建各项质量标准时，以学生的学习成效为中心，以能促进学生的能力提升和发展为准绳，充分考虑了标准的可评价性。

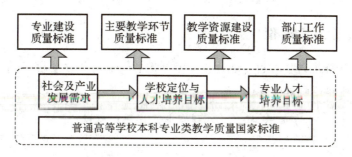

图 4 - 5　二级学院质量标准体系

表 4 - 1　二级学院教学质量保障体系质量标准一览表

项　　　目	质量标准列表
专业建设	学院本科专业建设质量标准
	学院专业培养方案制订/修订质量标准
主要教学环节	学院课程大纲编制/修订质量标准
	学院授课计划编制质量标准
	学院试卷命题质量标准
	学院考试类课程教师教学文档质量标准
	学院考查类课程教师教学文档质量标准
	学院理论课程教学质量标准
	学院毕业设计(论文)质量标准
	学院课程设计(实践)质量标准
	学院实习(实践)质量标准
	学院课内实验(上机)质量标准
教学资源建设	学院课程建设质量标准
	学院教材建设质量标准
	学院实验室建设质量标准
	学院教学条件质量标准
各部门工作	学院本科教学工作委员会工作质量标准
	学院本科教学质量保障中心工作质量标准
	学院教师教学发展中心工作质量标准
	学院专业建设工作组工作质量标准
	学院课程组工作质量标准
	学院督导组工作质量标准
	学院班主任工作质量标准
	学院实验中心工作质量标准
	学院教科办工作质量标准
	学院学生信息员工作质量标准
	学院学工办工作质量标准

一、专业建设质量标准

专业建设质量标准包括本科专业建设质量标准和专业培养方案制订/修订质量标准。

（1）本科专业建设质量标准（见表 4－2）。

表 4－2　本科专业建设质量标准

一级指标	二级指标	主要观察点	质量标准
党的领导	党的全面领导和社会主义办学方向	党的全面领导和社会主义办学方向	（1）坚持党的全面领导，围绕国家重大战略需求培养能够担当民族复兴大任的时代新人； （2）坚持社会主义办学方向，贯彻落实立德树人根本任务，把立德树人成效作为检验一切专业建设工作的根本标准
发展规划	专业发展规划	专业发展规划	专业有具体的专业建设发展规划和分期建设目标，建设思路清晰，建设目标明确，措施有针对性、可行性，有阶段性建设成果规划
专业培养方案	人才培养目标	专业定位	专业定位科学准确，经过充分的调研和论证，能够依据学校办学定位、学科基础、社会需求、区域及行业需要明确毕业生服务面向和发展定位
		培养目标	（1）专业人才培养目标必须贯彻党和国家的教育方针，符合学校定位，体现专业及其支撑学科的特点，适应社会经济发展需要； （2）专业人才培养目标必须反映毕业生的主要就业领域与性质、社会竞争优势，以及事业发展的预期；能反映全体学生毕业 5 年左右时间具备的主要能力与发展预期； （3）专业人才培养目标清晰明确、具体，能够分解落实、能够有效指导培养进程、能够检验其是否实现； （4）专业须通过有效的途径保证培养目标对教育者、受教育者和社会有效公开，教师和学生应将培养目标作为教学活动的具体追求； （5）专业应建立必要的、有行业或企业专家有效参与的专业培养方案定期评价修订制度，培养目标达成评价制度，并定期对培养目标进行修订，确保培养目标的准确性和有效性
		专业毕业要求	（1）专业有明确、具体、公开的毕业要求，并能落实到培养方案的每个环节；毕业要求能有效支撑专业人才培养目标的达成，对理工农医类专业，须全面覆盖工程教育专业认证的通用毕业要求，并能体现本专业特色； （2）专业制订了合理有效的毕业要求达成度评价机制

续表一

一级指标	二级指标	主要观察点	质 量 标 准
专业培养方案	课程体系	课程体系结构	（1）专业知识体系应包括通识类知识、学科基础知识、专业知识，能体现知识、能力、素养综合协调发展；专业核心课程设置符合国家标准； （2）课程体系结构设置合理，能有效支撑专业毕业要求的达成：人文社会科学类课程在总学分（或学时）中的占比不低于 15％；数学和自然科学类课程在总学分（或学时）中的占比不低于 15％；理工农医类专业实践类课程在总学分（或学时）中的占比不低于 25％，人文类专业实践类课程在总学分（学时）中的占比不低于 20％；工程基础类课程、学科基础类课程和专业类课程在总学分（或学时）中的占比不低于 35％； （3）各课程学时安排合理
		教学计划进程表	课程体系的教学计划进程设计符合知识体系的内在逻辑联系，符合学习认知规律，各学期课程学分分布合理
师资队伍	专业教师结构	专业负责人	专业负责人须具有正高级专业技术职称、较高的教学科研水平、较强的团队管理能力，能够切实带领专业建设团队及教师开展专业建设与改革，成效明显
		专业教师人数	专业的专任教师不少于 12 人，在 120 名在校生的基础上，每增加 24 名学生，须增加 1 名专任教师
		生师比	专业生师比不高于 24∶1
		学历结构	专任教师中具有硕士、博士学位的比例不低于 60％，其中中青年专任教师中拥有博士学位的比例不低于 60％
		职称结构	专任教师中具有高级职称的比例不低于 30％
		专业背景	专业教师本、硕、博学位中至少一个学位与本专业相关或在本专业相关行业领域具有 5 年以上从业经历的教师比例不低于 75％
	主讲教师	教学基本能力	全职教师必须获得教师资格证书，具有足够的教学能力、专业水平、学术研究能力、沟通交流能力，能够高质量开展学生培养工作
		教授、副教授承担课程教学	由教授、副教授担任主讲教师的课程占总课程的比例不低于 40％；教授、副教授给本科生授课学时每学年不少于 64 课时
	教师发展	培养规划及措施	有加强专业教师职业经历和职业能力培养的措施；有规范的基层教学组织建设制度；有严格的青年教师培养规划和措施；各项教师培养工作成效明显
	学术与教学研究	学术研究及成果	专业学科方向基本清晰；近三年，教师参与专业相关的科学研究并发表学术论文、专利、软件著作权的人次比例不低于 60％
		教学研究及成果	近三年专业教师参与各类教改项目、发表教学论文、出版教材及专著的人次占专业教师总人数的比例不低于 20％

一级指标	二级指标	主要观察点	质 量 标 准
质量保障体系	教学质量保障机制	机制建设与运行	(1) 学院有完善的教学质量保障机制，包括合理的组织机构、质量监控实施方案、部门工作职责、考核评估质量标准与指标体系等；教师考核、各类教学检查制度化； (2) 教学质量保障机制执行情况良好，有监控过程的书面记录，数据翔实可查
	毕业生跟踪反馈机制	毕业生跟踪反馈机制建设与运行	(1) 建立了毕业生跟踪反馈机制，能及时有效掌握毕业生就业去向和就业质量、毕业生职业满意度和工作成就感、用人单位对毕业生的满意度等，以及毕业生和用人单位对培养目标、毕业要求、课程体系、课程教学的意见和建议； (2) 毕业生跟踪反馈机制得到落实执行，执行情况良好，采用科学的方法对毕业生跟踪反馈信息进行统计分析，并生成分析报告，作为专业建设持续改进的主要依据
	专业持续改进机制	专业持续改进机制建设与运行	(1) 建立了完整的持续改进机制，针对教学质量存在的问题和薄弱环节，采取有效的纠正与预防措施，不断提升教学质量，形成质量保障的闭环； (2) 按照既定持续改进机制开展工作，定期开展各教学环节的质量评价，执行情况良好；有证据证明评价结果用于专业建设的持续改进且取得良好改进效果
培养过程	课程教学大纲	教学大纲编制与执行	(1) 各课程都有完整的教学大纲，课程教学目标明确，与毕业要求的对应关系清晰，课程教学内容能有效支撑课程目标的达成，课程考核方式能有效评价课程目标达成情况；课程大纲制订程序规范，执行效果良好；教材选用与参考书推荐合理； (2) 课程教学大纲执行情况良好，课程授课计划、考核方式与教学大纲一致
	课程建设	课程建设思路、措施与成效	(1) 课程体系建设思路明晰，能体现夯实基础、强化能力、强化实践和创新精神培养、强化价值塑造的特点； (2) 专业核心课程建设达到学校"课程建设质量标准"；建设措施得力，效果明显； (3) 课程思政覆盖率达到100%
	教材建设	教材建设与成效	(1) 积极选用先进教材，学科基础课程及专业核心课程选用各类规划教材或国内外经典教材占全部教材的比例不低于40%，选用近3年出版的新教材占全部教材的比例不低于30%； (2) 必修课教材或参考书配备率达到100%，选修课教材或参考书配备率不低于80%； (3) 必须有课程选用自编教材

续表三

一级指标	二级指标	主要观察点	质 量 标 准
培养过程	理论课程教学	教学文件与过程	(1) 课程有完整的教学文件，翔实可查，包括课程大纲、教案等； (2) 课程各项教学文档齐全，包括授课计划、成绩册、教学小结、学生考试试卷等，格式基本规范； (3) 教师授课过程规范
	实践课程教学	实践课程体系与教学内容	(1) 实践课程体系设计科学合理，符合培养目标要求；实验教学内容应及时更新，体现学科前沿技术； (2) 综合性、设计性实验课程占所有实验课程总数的比例不低于40%；实验项目要具有综合性、开放性和挑战性，教学效果好； (3) 创造条件使学生较早参加科研和创新活动，措施得力，效果好
		教学文件与文档	(1) 实践课程教学大纲、实验指导书等基本教学文件完整； (2) 实践课程各项教学文档齐全，授课计划、成绩册、教学小结、学生实验报告、实习报告等教学文档资料齐全，格式基本规范
	毕业设计（论文）	毕业设计（论文）选题、实施过程、文档材料	(1) 毕业设计（论文）选题结合生产和社会实际、教师科研成果，体现人才培养目标的综合训练要求，难度、工作量适当； (2) 一位教师指导学生人数一般不超过8人，有指导记录，有检查落实； (3) 毕业设计（论文）实施过程完整规范，含选题、开题报告答辩、中期检查、毕业答辩等环节，各执行过程有书面记录，翔实可查； (4) 学生毕业设计（论文）文档材料齐全，包括任务书、开题报告、论文等，格式规范，签字完整
	教学方法与手段	教学改革与效果	积极改革教学方法（教学模式、考试方法等）；专业每年有校级及以上在研教改项目；教学质量好，学生满意度高
		现代教育技术运用	采用多媒体教学的课程覆盖面不低于70%，充分利用现代教育技术改进课程教学效果，如在线课程、智慧教室、各类课堂互动软件等
	学业就业指导	学业、就业指导	有学生服务指导制度，如班主任制度或学业导师制度等；制度执行良好，能针对学生在专业学习、职业规划、就业及创业等各个环节中遇到的问题和困难，及时提供指导和服务
教学条件	实验室建设及管理	实验室管理制度与执行，实验人员	(1) 有良好的设备管理、维护和更新机制，近5年年均更新仪器设备值不低于10%，现有仪器设备完好率不低于95%，满足实验教学需求； (2) 基础课程和专业基础课程实验提倡一人一组，特殊情况下每组不超过2人；综合实验、大型仪器实验每组不超过4人，以提高学生的独立思考及独立操作能力； (3) 实验室应提供开放服务，满足学生课内外学习要求，提高设备利用率； (4) 实验技术人员数量充足，能够熟练管理、维护实验设备，保证实验环境有效利用、学生实验顺利进行

一级指标	二级指标	主要观察点	质 量 标 准
教学条件	实习实践基地	校内实习基地	因地制宜建设校内实习基地,有专业指导教师对学生的实践内容、实践过程等进行全面跟踪和指导,设备数量与性能能满足学生实习实践课程的需要
		校外实习基地	专业有不少于 3 个较为稳定的校外实习基地,基地配备具有较高实践能力的指导教师,保持每学年至少有 1 批学生在基地实习
	图书资料	图书资料配置	(1)具有一定数量、种类齐全的专业相关图书资料(含电子图书)和国内外常用数据库,满足教学和科研需要; (2)具有基于计算机网络的完善的图书流通、书刊阅览、电子阅览、参考咨询、文献复制等服务体系,能够方便学生学习网络课程与精品共享资源课程,满足学生的学习以及教师的日常教学和科研所需; (3)各类图书资源管理规范,共享程度高
		图书馆服务	图书馆和阅览室的服务能满足师生需求,能保证晚上和周末正常开放
	教学经费	学生经费、专业建设经费	(1)有专业生均日常教学经费标准,能基本满足专业建设、教学和发展的需要; (2)新办专业应保证充足的专业开办经费,专业教学科研仪器设备总值不低于 300 万元,且生均教学科研仪器设备值不低于 5000 元; (3)已办专业除正常教学运行经费外,应有稳定的专业建设经费投入,满足师资队伍建设、实验室维护更新、图书资料、实习基地建设等需求
教学效果与人才培养质量	学生思想道德	学生思想道德教育	坚持把"两课"学习作为对学生进行思想政治教育的主渠道,坚持课程思政建设,学生思想品德、职业素养和学术素养良好,有强烈的家国情怀,综合素质强,无违法现象;学生入党申请积极
	学生的业务素质、创新精神及实践能力	学生基本理论与技能	(1)学生的实际知识、能力与素质结构符合培养目标要求,基本理论与基本技能实际水平高; (2)各课程教学目标达成度不低于 70%
		学生创新精神与实践能力	学生积极参加各类学科竞赛及创新创业活动,积极申报各类学生科研项目,发表学术论文,申请专利、软件著作权等,参与人次不低于学生总人数的 30%
		考研率	硕士研究生入学报考率不低于 30%,录取率不低于 15%
	目标达成度	毕业要求、培养目标达成度	专业毕业要求达成度不低于 70% 专业培养目标达成度不低于 70%
	体育教学	毕业生体育合格率	毕业生体育合格率不低于 90%
	社会认可度	生源情况	专业新生一志愿录取率不低于 30%,报到率不低于 90%
		毕业生就业率	毕业生一次性就业率不低于 80%
		用人单位、毕业生满意度	用人单位满意度不低于 80%,往届毕业生满意度不低于 80%,应届毕业生满意度不低于 80%

（2）专业培养方案制订/修订质量标准（见表 4-3）。

表 4-3　专业培养方案制订/修订质量标准

一级指标	二级指标	主要观察点	质 量 标 准
工作制度	工作制度	制度建设及实施	学院有完整的专业培养方案制订/修订工作制度及流程，制度实施情况良好，有相关实施情况记录
制订原则	制订/修订原则	制订/修订原则	（1）培养方案的制订/修订应遵循高等教育教学规律，体现学校办学传统和办学特色，服务区域经济建设与行业发展需求，借鉴国内外先进人才培养经验，坚持整体优化的原则，坚持知识、能力、素质协调发展的原则，坚持以学生发展为本、以能力培养为导向的原则； （2）培养方案是学校教学工作的规范性文件，一经确定必须严格遵照执行。原则上每四年进行一次全面修订，每两年进行一次微调，新增专业根据最近一次的修订指导性意见制订培养方案
组织机构	组织机构	机构及成员设置	有专门的专业建设工作组，成员设置（职称要求、人员来源与数量等）完全符合专业建设工作规范要求；由专业负责人全面负责培养方案的制订/修订组织工作
制订过程	制订/修订过程	制订/修订过程	专业建设工作组在开展专业培养方案制订/修订时，工作过程完全符合专业培养方案制订/修订既定工作流程的规定；所开展的各项工作均有书面文档记录
培养方案	培养方案内容	编制格式　格式规范性	培养方案编制格式规范，完全符合学校培养方案编制格式要求
		内容完整性	培养方案内容完整，包括人才培养目标及毕业要求、主干学科及核心课程、学制及授予学位、学分分配和最低毕业学分要求、教学进程计划表、专业特色、专业课程修读关系图、课程与毕业要求的对应关系、必要的文字说明等
		人才培养目标	（1）专业人才培养目标清晰、具体，可衡量可评价，符合国家经济建设与社会发展需要，符合家长及学生的期望，符合学校定位及人才培养要求，能反映学生毕业 5 年左右具备的主要能力与发展预期； （2）制订了合理有效的人才培养目标达成度评价机制
		专业毕业要求	（1）专业有明确、具体、公开的毕业要求，并能落实到培养方案的每个环节；毕业要求能有效支撑专业人才培养目标的达成，能全面覆盖工程教育专业认证的通用毕业要求，并能体现本专业特色； （2）制订了合理有效的毕业要求达成度评价机制
		课程体系学分比例的合理性	课程体系合理，能有力支撑专业毕业要求的达成，完全满足学校培养方案制订/修订指导意见及专业工程教育认证要求中各类课程学分占总学分的比例：数学与自然科学类课程学分至少占总学分的 15%；工程基础类课程、专业基础类课程与专业类课程至少占总学分的 30%；实践类课程含毕业设计（论文）至少占总学分的 20%
		核心课程	专业核心课程能够覆盖专业核心知识体系要求，能够满足专业核心培养目标的需要，充分体现专业特色和专业培养方向特点
		教学计划进程表	课程体系的教学计划进程设计符合知识体系的内在逻辑联系，符合学生的认知规律，各学期课程学分分布合理

二、主要教学环节质量标准

主要教学环节质量标准包括课程大纲编制/修订质量标准、授课计划编制质量标准、试卷命题质量标准、考试类课程教师教学文档质量标准、考查类课程教学文档质量标准、理论课程教学质量标准、毕业设计(论文)质量标准、课程设计(实践)质量标准、实习(实践)质量标准和课内实验(上机)质量标准。

(1)课程大纲编制/修订质量标准(见表4-4)。

表4-4　课程大纲编制/修订质量标准

一级 指标	二级 指标	主要 观察点	质量标准
工作 制度	制度建设 及实施	制度完整性、 实施情况	学院有完整的课程教学大纲制订/修订工作制度及流程,实施情况良好,有相关实施情况记录
编制 格式	格式规 范性	格式规 范性	课程教学大纲格式撰写规范,完全符合学校教学大纲模板格式要求;各项内容完整
教学 大纲 内容	课程基 本信息	课程基 本信息	课程中英文名称、课程代码、课程类别、课程性质与课程库信息一致;学分、课时、开课学期与培养方案教学进程计划表一致;开课学院、开课基层教学组织、面向专业填写正确
	课程 目标	课程目标	课程目标明确具体,包含知识、能力、素质等多个维度,可衡量可评价,体现专业改革思路及专业特色;能有效支持课程所承载专业相关毕业要求指标点的达成,需明确说明课程目标与毕业要求指标点的支撑关系
	课程 内容	课程内容	课程内容符合课程体系改革总体要求,能有效支持所有课程目标的达成,有效培养学生实践能力和创新意识,体现专业特色;各章节教学重点及难点把握准确,教学要求明确;深度挖掘课程育人元素,有效融入课程思政
		实践环节	若课程有实践环节,应详细说明每个实践项目的主要内容和基本要求
	教学 方法	教学模式 与方法	除课堂讲授外,还应根据不同教学内容及授课对象选择最合理有效的教学手段,包括但不限于研讨式、小组讨论、文档写作、案例分析、课堂测试、自学等多种形式,能有效调动学生的学习兴趣与学习积极性,实施以学生为中心的教学过程
	考核 评价	考核评价 方式、评 价标准	说明课程考核性质(考试或考查);能根据课程内容、教学方法选择合理有效的考核评价方式,评价指标丰富,充分体现过程评价思想,每个课程目标有对应的考核项目,确保能有效评价课程目标的达成度;需说明每项考核内容的详细评分标准,标准必须可评价
	学时 安排	学时安排	学时安排包括讲授学时、课内实验学时、课外实验学时、习题学时、讨论学时、自学学时等,除自学学时及课外实验学时外,其他部分的学时之和必须与课程总学时一致,且必须与专业培养方案教学进程计划表一致;依据教学内容分配的学时完全合理

续表

一级指标	二级指标	主要观察点	质 量 标 准
教学大纲内容	教学资源	教材、参考书、网络资源	选用教材应为正规出版社正式出版发行的教材，教材内容及难度完全覆盖课程教学内容要求；教材出版年份较近；推荐选择省级及以上规划教材或国内外经典教材；参考书不少于5本
	与其他课程的关系	与其他课程的关系	正确说明先修课程和后续课程，先修课程和后续课程的课程名应与培养方案课程体系中对应的课程名一致
	课程目标达成度评价	评价方法	每个课程目标原则上需要由两项及以上考核项目进行定量评价，需要给出各考核项目对课程目标的建议支撑权重，指导教师正确开展课程目标达成度评价

（2）授课计划编制质量标准（见表4-5）。

表4-5　授课计划编制质量标准

一级指标	二级指标	主要观察点	质 量 标 准
工作制度	制度建设及实施	制度完整性、实施情况	学院有完整的教师授课计划编制与审核流程，实施情况良好，有相关实施情况记录
撰写程序	撰写程序	撰写流程与公布	任课教师应在开课前完成课程授课计划编制，经课程组审核后通过多种渠道公布给学生，方便学生根据教师的授课计划主动安排自己的学习计划
撰写格式	格式规范性	格式规范性	课程授课计划格式规范，内容完整，日期填写正确，完全符合学校授课计划撰写格式要求
授课计划内容	教师信息	联系方式	应公布主讲教师、辅导教师的姓名及联系方式，方便学生联系
	课程基本信息	课程基本信息	课程名称、选课课号填写正确；明确说明本授课计划所参照的课程教学大纲版本；课时信息与教学大纲完全一致，如总课时、讲授课时、实验/上机课时、习题课时等
	考核方式	评价项目与权重	课程成绩评价方式应基本与教学大纲一致，包括评价项目、各项成绩构成比例等；对于不一致的地方，有充分的理由说明
	教学日历	教学内容、时间	教师应首先了解学情，因材施教编制教学日历，教学内容、课时计划安排应尽量与教学大纲中课时安排一致；教学内容应涵盖教学大纲中所有课程内容；每次课一条计划记录；作业布置合理；授课日期明确
	教学资源	教材、参考书、网络资源	教材选用原则上应与教学大纲一致；参考书目完全覆盖课程教学大纲的书目列表或更丰富；给出重要网络参考资源

（3）试卷命题质量标准（见表 4-6）。

表 4-6　试卷命题质量标准

一级指标	二级指标	主要观察点	质 量 标 准
制度	制度	制度建设与实施	学院有完整的试卷管理制度，且严格按制度开展各项试卷管理工作
试卷提交要求	试卷份数	试卷份数	（1）一门课程的期中试卷只需 1 份； （2）一门课程的期末试卷需要 2 份：A 卷和 B 卷
	试卷格式	试卷格式	按学校规定试卷格式设置试卷，卷面排版整洁，字体、图表清楚，无缺页、漏页，无错别字，考试课程名称、课程号与开课目录中一致；选择题题干与选择项尽可能不要分布在两页上
	提交文档	试卷提交文档	试卷提交时必须包括试卷及参考答案、评分标准；详细填写"试卷文印申请单"，且有课程（组）负责人审核记录表及审核签字
试卷合用	试卷合用	试卷合用要求	同一课程编号的课程共用一份试卷；如用两份及以上试卷必须书面报告，说明理由，由学院主管领导签字报教务处批准
试卷命题	试卷命题	试卷命题要求	（1）按照课程教学大纲内容范围及课程目标命题，题量适当，难易适中，区分度良好，覆盖教学内容 80% 以上重要知识点； （2）A、B 卷难度和覆盖面基本一致，无重复题目； （3）与近 3 年试卷重复率不高于 30%； （4）试题表述无政治性和科学性错误，语义严谨，无歧义； （5）简单的填空、选择、简答题比例不超过 20%； （6）设置了具有一定复杂度、综合性、分析性、开放性的题目，能有效评价课程目标的达成情况
参考答案	参考答案	参考答案评分标准	试卷的参考答案准确；评分标准详细、合理

（4）考试类课程教师教学文档质量标准（见表 4-7）。

表 4-7　考试类课程教师教学文档质量标准

一级指标	二级指标	主要观察点	质 量 标 准
文档格式	材料的完整性	材料齐全、整理顺序	材料完整包括教学大纲、成绩登记表、授课计划、教学工作手册、试卷 A/B 样卷及答案、评分标准、学生正考/补考答卷、补考成绩登记表，且材料整理顺序与档案盒封面内容完全一致
	格式及签字	格式、教师/课程（组）负责人/院督导签字	教学工作手册格式规范（含成绩记录册、课程小结表、达成度计算），成绩登记表和工作手册均有教师签字、课程（组）负责人/院督导审核签字

续表

一级指标	二级指标	主要观察点	质量标准
文档内容	教学大纲	版本一致性	教学大纲版本正确，课程号相同的课程使用的教学大纲版本一致
	授课计划	格式、内容	（1）授课计划格式正确，课程名称、选课课号填写正确；课时信息与教学大纲完全一致，如总课时、讲授课时、实验/上机课时、习题课时等； （2）教学日历中教学内容、课时计划安排应尽量与教学大纲中课时安排一致；教学内容应涵盖教学大纲中所有课程内容；每次课一条计划记录；作业布置合理；授课日期明确； （3）考核方式应基本与教学大纲一致，包括评价项目、各项成绩构成比例等；对于不一致的地方，有充分的理由说明
	成绩记录册	成绩评价项目与授课计划的一致性	记录的成绩评价项目与授课计划中考核方式所拟定的评价项目完全一致，包括平时总成绩、期中考试成绩、期末考试成绩、学期总成绩，其中平时总成绩有详细过程记录，并有明确的评价方法，包括课堂情况、作业完成情况、课程小测试等
		大作业的评分标准	大作业/报告等评分标准科学合理，可操作性强，且教师能正确执行并记录
		成绩比例设置	平时总成绩、期末总评成绩的计算方法、各部分成绩的比例与教学大纲、授课计划完全一致
	成绩登记表	成绩比例	成绩登记表由教务系统统一产生，期末总成绩的比例构成与教学大纲、授课计划完全一致
	达成度	课程目标达成度	每项课程目标达成度考核支撑项目不少于 2 项，根据贡献量合理设置权重
	课程小结表	格式、内容	每个教学班一份，基本信息填写正确，成绩统计准确，针对本教学班的课程目标达成度的分析准确、到位，计划改进措施科学、合理、详细，可操作性强
	试卷	批改情况	试卷批改采用统一计分方式（即均为得分方式或均为扣分方式）且采用红笔批改，并有每道大题的得分情况，每个分数改动处有教师签名

（5）考查类课程教学文档质量标准（见表 4-8）。

表 4-8　考查类课程教学文档质量标准

一级指标	二级指标	主要观察点	质 量 标 准
文档格式	材料的完整性	材料齐全、整理顺序	材料完整：包括教学大纲、成绩登记表、授课计划及教学工作手册。考核材料详细（包括但不限于项目名称或任务书、考核要求及评分标准、大作业、课程项目、机考作业、课程论文或报告等），且材料整理顺序与档案盒封面内容完全一致
	格式及签字	格式、教师签字、课程(组)负责人/院督导签字	教学工作手册格式规范（含成绩记录册、课程小结表、达成度计算），成绩登记表和工作手册均有教师签字、课程(组)负责人/院督导审核签字
内容审查	教学大纲	版本一致性	教学大纲版本正确，课程号相同的课程使用的教学大纲版本一致
	授课计划	格式、内容	(1) 授课计划格式正确，课程名称、选课课号填写正确；课时信息与教学大纲完全一致，如总课时、讲授课时、实验/上机课时、习题课时等； (2) 教学日历中教学内容、课时计划安排应尽量与教学大纲中课时安排一致；教学内容应涵盖教学大纲中所有课程内容；每次课一条计划记录；作业布置合理；授课日期明确； (3) 考核方式应基本与教学大纲一致，包括评价项目、各项成绩构成比例等；对于不一致的地方，有充分的理由说明
	成绩记录册	成绩评价项目与授课计划的一致性	记录的成绩评价项目与授课计划中考核方式所拟定的评价项目完全一致，包括平时总成绩、期末考核(验收)成绩、学期总成绩，其中平时总成绩有详细过程记录，并有明确的评价方法，包括课堂情况、(大)作业完成情况、课程小测试、报告等
		大作业的评分标准	大作业/报告等评分标准科学合理，可操作性强，且教师能正确执行并记录
		成绩比例设置	平时总成绩、期末总评成绩的计算方法、各部分成绩的比例与教学大纲、授课计划完全一致
	成绩登记表	成绩比例	成绩登记表由教务系统统一产生，期末总成绩的比例构成与教学大纲、授课计划完全一致
	达成度	课程目标达成	每项课程目标达成度考核支撑项目不少于 2 项，根据贡献量合理设置权重
	课程小结表	格式、内容	每个教学班一份，基本信息填写正确，成绩统计准确，针对本教学班的课程目标达成度的分析准确、到位，计划改进措施科学、合理、详细，可操作性强

（6）理论课程教学质量标准（见表 4 – 9）。

表 4 – 9 理论课程教学质量标准

一级指标	二级指标	主要观察点	质 量 标 准
制度	制度	制度建设与实施	学院有完整的理论课程教学管理制度，且严格有效执行
教学目标	教学大纲	格式与内容	课程教学大纲格式规范，内容完整正确，符合学校教学大纲编制要求
	课程目标	多维度、支持毕业要求、可评价	（1）课程教学目标应涵盖知识、能力、素质等多个维度，促进学生综合素养的提升； （2）课程教学目标必须能有效支持所承担的专业毕业要求； （3）课程教学目标应明确具体可评价
教学内容与教学策略	教学内容	教学内容难度与广度、课程思政	（1）教学内容应与教学大纲要求一致，广度难度适当，能有效支持课程教学目标的达成，能反映课程相关学科领域的最新发展； （2）若课程有课内实验或课内上机，则实验项目的工作量和难度应适当，有一定综合性和复杂度，既能使学生获得充分的实践锻炼，加深和拓展原理知识的掌握和应用，又能在规定的时间内经过努力完成任务； （3）有效融入课程思政，挖掘育人元素，搜集融入素材，设计融入案例，课程中思政融入点不少于 5 个
	教学策略	教学模式、方法	设计"以学生为中心"的教学策略，采用多种教学方法，应用现代信息技术，激发学生对课程的学习兴趣，培养学生应用知识分析、解决复杂问题的能力，促进课程教学目标的达成
成绩评价	成绩构成	平时成绩与期末成绩比例	成绩评定采用百分制或五级制，由平时成绩（30％～60％）和期末（验收）成绩（70％～40％）按一定比例构成，符合教学大纲要求
	考核项目	考核项目、对课程目标的支持	（1）原则上应包括多个考核项目（含课程思政考核项目），各考核项目所占成绩比例应适当； （2）针对每项课程目标都必须有考核项目相对应，确保所有课程目标都能得到有效评价； （3）应精心设计成绩评定办法，设置若干过程考核项目，充分激发学生的学习兴趣和学习潜力，有效促进学生在整个学期中都能努力学习并追求卓越
	成绩评价标准	成绩评价标准及一致性	（1）每项考核项目必须有具体明确的、可衡量的成绩评价标准； （2）成绩评价标准与办法能够客观公正地评价学生学业表现，以促进学生努力学习； （3）课程号相同的同一门课程不同教学班成绩评价标准应尽量保证 80％以上的考核项目一致，相同考核项目评分标准必须一致； （4）教师按照成绩评价标准客观、公正地对每一个学生进行成绩评价

一级 指标	二级 指标	主要 观察点	质 量 标 准
成绩 评价	成绩 反馈	反馈 及时性与 公开性	（1）在开课之初向学生公布并解释成绩评价办法，包括各考核项目的评分标准；成绩评价办法原则上与教学大纲公布的一致，或对其进行的修改合理且由课程组长审核通过； （2）向学生及时反馈过程考核结果，促进学生及时改进学习状态，激励学生持续努力； （3）根据过程考核结果发现学习困难学生并给予特别关注，落实因材施教
教学 过程 与效 果	教学 过程	授课计划	开课前教师应在了解学情的基础上，分别针对每个教学班编制课程授课计划，给出课程教学进度安排、考核方式、成绩评价标准等，经课程组审核通过后公布给学生
		多个教学 班的教学 一致性	多位老师讲授同一门课程时，应集体备课，保证考核要求一致，教学内容、课时安排、课件、课堂练习及课后作业布置等在难度及工作量上尽量相当
		教师授 课过程	（1）翻转课堂、线上/线下混合教学模式应在上课前提前布置学生完成视频学习及课前测试，有明确的课前学习任务单；课前/课中/课后学习内容衔接紧密； （2）教师课前准备充分，对教学内容熟悉；教学媒体（多媒体课件或板书）设计质量好；准备的课堂测试题目质量好，能检测出学生对知识的掌握情况及教学目标的达成情况；课堂讨论问题设计合理，有一定的复杂度、综合性、开放性和挑战度，教学内容能体现学科发展前沿技术，有利于学生的高阶学习； （3）教师教学能力强，能很好地组织和掌控各项课堂教学活动，教学节奏把握得好，按时上下课；教学语言规范、流畅、节奏适度、有吸引力；脱稿讲授，重难点把握准确；概念原理表述准确，思维清晰，逻辑性强； （4）注重启发式教学，培养学生批判思维、辩证思维和创新思维；善于运用现代信息技术增强课堂师生互动，提高学生参与度，关注学生学习反馈，尽量对课堂参与度低的同学给予特别关注；严格课堂纪律管理，培养学生尊师重教、有责任心； （5）注重课程育人作用，育人元素与切入点准确，热爱学生，为人师表，育人效果好； （6）课堂教学效果好，教学内容及教学方法能有效支持课程目标的达成
		作业布置 与批改	作业布置及时，与授课计划一致；作业量适中，题目难易适当，有一定复杂度和开放性，能引导学生深层次拓展学习；作业批改及时、准确、认真，有评分记录；及时反馈评价结果，并针对学生完成情况反思改进教学过程
		学习支持	（1）辅导答疑：课前公开主讲教师及助教联系方式；第一次课公布答疑方式、时间、地点；回答学生问题及时、耐心； （2）特别关注：通过多种途径了解并更多关注学习困难学生，为其提供支持帮助，以促进其顺利完成课程学习

续表二

一级指标	二级指标	主要观察点	质 量 标 准
教学过程与效果	教学效果	学生学习兴趣、综合能力与素养、价值观等	（1）学生对课程学习感兴趣，积极参与各项教学活动，及时完成各项学习任务； （2）学生能掌握课程知识，能顺利完成知识内容的测试； （3）针对特定问题能独立分析或开展小组讨论，积极寻找解决办法；敢于创新，勇于尝试多方法、多路径解决问题； （4）学生的能力得到一定提高，如知识应用能力、解决实际问题能力、分析问题能力、沟通交流能力、文字表达能力、协作能力、自我管理能力、学习能力、创新能力等；学生的批判思维、辩证思维、创新思维等得到培养； （5）发挥了课程的育人功能，促进了学生价值观塑造与人格养成； （6）课程目标达成度评价值达到预期结果
教学资源	教学资源	教材与参考资源	按照教学大纲准备教材，提供重要参考书目及网络参考资源，参考资源能体现学科前沿技术，引导学生拓展学习的广度和深度；应指导学生如何高效获取并使用各类学习资源
		课程教案	教案以授课节次或章节为单元撰写，内容完整，包括合理的教学目标及学情分析，主要教学内容充实、信息量大，能反映学科发展的前沿动态，有详细合理的施教过程（步骤、教学手段、时间分配等），重点、难点把握准确，对应教学方法有效，设置合理的课堂练习，作业布置和教学反思针对性强，实施以学生为中心的教学过程
		教学课件	课件内容丰富，界面美观、生动、有趣，有助于吸引学生注意力
		视频	对应翻转课堂，提供高质量的教学视频，画面及声音清晰、噪声小，视频时间在 5～15 分钟之间，有一定的趣味性，知识点分解清楚，重点突出
		教学设施	教室（机房）的设备、设施质量好，能满足教学需要

（7）毕业设计（论文）质量标准（见表 4 - 10）。

表 4 - 10　毕业设计（论文）质量标准

一级指标	二级指标	主要观察点	质 量 标 准
制度	制度	制度建设与实施	学院有完整的毕业设计（论文）管理制度，且严格按制度开展毕业设计（论文）各项工作
课程目标	课程目标	多维度、支持毕业要求、可评价	（1）课程目标应涵盖知识、能力、素养等多个维度，促进学生综合能力与素养的提升； （2）课程目标能有效支持专业毕业（论文）要求的达成，要满足工程教育专业的毕业要求，即 2——问题分析、3——解决问题、4——研究、10——沟通、11——项目管理； （3）课程目标应明确具体可评价

续表一

一级指标	二级指标	主要观察点	质量标准
教学内容	毕业设计题目	选题难度、来源	(1) 毕业设计(论文)选题内容与课程目标相对应，深度、广度适当，能够不断激发学生学习兴趣和学习潜力，有效支持课程目标的达成； (2) 选题来源于生产和科研实际，能反映相关专业领域的发展水平和前沿动态，具有先进性；结合工程实际的题目应占80%以上； (3) 每生一题
	任务书	任务书格式、内容质量	(1) 任务书格式规范，内容完整； (2) 任务书清楚描述毕业设计(论文)的内容和要求：需达到的技术指标，规定阅读的文献，应完成的文档、图纸和说明书等； (3) 任务书所描述的毕业设计(论文)内容与工作量合适，难度适中，能有效达成课程目标； (4) 规定阅读文献不得少于10篇，且必须与课题相关，其中外文文献不得少于2篇，发表在期刊上的学术论文不得少于4篇； (5) 进度安排合理，符合学院毕业设计(论文)时间安排要求，能尊重学科认知规律和学生实际学情，帮助学生按时完成毕业设计(论文)各项任务
毕业设计文档	开题报告	格式	(1) 开题报告格式规范，正文字数不少于3000字，格式应符合学校及学院毕业设计文档模板要求； (2) 开题报告内容完整，应包括以下几个部分：综述本课题国内外研究动态，说明选题的依据和意义；研究的基本内容，拟解决的主要问题；研究步骤、方法及措施；研究工作进度；主要参考文献
		内容	(1) 研究工作进度应与指导教师下达的任务书基本一致，时间上要连续，内容按实际情况书写； (2) 研究的基本内容、拟解决的主要问题应与毕业设计(论文)选题紧密相关，能充分体现选题内容和要求； (3) 研究步骤、方法及措施设计合理，能促进毕业设计(论文)的顺利完成； (4) 所列出的参考文献不得少于10篇，其中外文文献不得少于2篇，发表在期刊上的学术论文不得少于4篇，且应正确地标注在开题报告正文中的引用位置处
	毕业设计论文	格式	(1) 正文字数不少于1.5万字； (2) 毕业论文写作格式规范，内容完整，一般应由八个主要部分组成，依次为：题目、中英文摘要、关键词、目录、文本主体、致谢、参考文献及附录(必要时)，格式符合学校及学院毕业设计文档模板
		内容	(1) 中英文摘要：简要介绍研究课题的目的、方法、内容及主要结果，要突出本课题的创造性成果或创新见解，中文摘要一般不超过400个汉字，英文摘要的内容要与中文摘要相一致；关键词数量一般为3~6个；中英文关键词必须对应；英文摘要语法正确； (2) 目录按三级标题编写，应标明页数；目录中的标题应与正文中的标题一致。推荐使用如下标题序次结构：1.、1.1、1.1.1……

一级指标	二级指标	主要观察点	质 量 标 准
毕业设计文档	毕业设计论文	内容	（3）文本主体一般包括引言（或称前言、序言等）、正文和结论三部分，要求文字流畅、语言准确、层次清晰、论点清楚、论据准确、论证完整严密，有独立的观点和见解，应具备学术性、科学性和一定的创造性； （4）参考文献不得少于10篇，应与课题紧密相关，其中外文文献不得少于2篇，发表在期刊上的学术论文不得少于4篇，且应正确地标注在论文正文中的引用位置处； （5）论文文字复制比低于20％
答辩过程	开题报告答辩	参加人员、提问数量	（1）答辩小组教师成员不少于4人，所有学生必须按时全程参加答辩过程； （2）参与答辩学生必须已完成开题报告撰写； （3）每个学生答辩时间不少于7分钟，提问不少于2个； （4）应公正、客观、准确地根据学生开题报告答辩质量给出开题报告答辩成绩
	毕业答辩	参与人员、提问数量、验收	（1）答辩小组教师成员不少于4人，所有学生必须按时全程参加答辩过程； （2）参与答辩学生的论文必须已通过查重检查和论文形式审查，准备好答辩PPT； （3）毕业设计答辩必须有成果验收环节； （4）每个学生答辩时间（含验收）不少于20分钟，提问不少于3个； （5）有较详细的答辩记录表，答辩组所有教师需签字； （6）应公正、客观、准确地根据学生毕业设计答辩质量给出学生毕业设计答辩成绩
优秀申请	优秀毕业论文	申请条件	（1）开题报告、外文翻译、毕业论文、毕业答辩等各项成绩均为优秀； （2）毕业设计工作量饱满，系统设计功能完善，系统运行流畅，用户界面友好； （3）论文文字复制比不超过15％
	优秀指导教师	申请条件	（1）指导学生毕业设计过程中无教学事故； （2）当年所指导学生中零投诉； （3）所指导学生若有被问卷调查，调查结果必须在良好及以上； （4）指导的学生选题能支撑课程目标的达成； （5）指导工作量饱满，当年指导毕业学生不少于4人； （6）指导认真负责，对学生要求严格，有详细的指导记录；毕业设计教学文件填写详细、认真、规范； （7）当年所指导的毕业设计中至少有一篇获评为优秀毕业设计； （8）所指导学生毕业设计的各项资料符合规范化要求，按时归档； （9）严格按照评分标准，客观公正地评定学生的相关成绩

一级指标	二级指标	主要观察点	质 量 标 准
成绩评价	总体质量标准	成绩评价总体质量标准	（1）考核项目应与毕业设计（论文）课程目标相对应，应包含多个项目，各项目设置以及所占比重应合理，能有效评价课程目标的达成度； （2）考核项目应使学生在整个毕业设计（论文）完成过程中都能持续努力，促进课程目标达成； （3）应及时向学生反馈阶段考核情况，激励、促进学生更好地完成毕业设计（论文）
	成绩评价项目	开题报告成绩评价	根据以下指标全面评价开题报告成绩： （1）材料格式规范性与内容完整性； （2）背景意义阐述情况； （3）国内外课题相关研究动态总结； （4）研究内容与任务书匹配程度； （5）研究方案合理性； （6）开题报告答辩情况
		毕业论文成绩评价	根据以下指标全面评价毕业论文成绩： （1）写作格式规范性、图表质量； （2）查重率； （3）内容质量：内容完整性、内容容量（页数）、论述条理性、论据充分性等； （4）中文摘要内容撰写质量、英文摘要语法正确性、关键字选取合理性等； （5）指标（功能）实现质量：功能完整性、用户界面友好性、创新性等； （6）设计考虑社会、健康、安全、法律、文化以及环境等情况； （7）指导教师评阅意见
		毕业答辩成绩评价	（1）根据以下指标全面评价毕业答辩成绩： （2）项目实现质量：功能完整性、用户界面友好性、软件运行稳定性、创新性等； （3）论文的表达及展现质量（如答辩 PPT、视频、论述等）； （4）理解和回答教师问题的正确性、条理性等；
		平时成绩	指导教师每次指导时进行评价，建议参考以下指标：每次指导时学生是否按时参加；每次指导时学生任务完成情况
	总成绩评价	总成绩评价方法	总评成绩＝∑（各分项成绩之和×各分项权重）
教学效果	课程目标达成度	课程目标达成度	专业所有学生毕业设计（论文）各项课程目标达成度平均值大于 65％

一级指标	二级指标	主要观察点	质 量 标 准
教学效果	毕业设计实物成果	软硬件系统、文档材料	(1) 有可演示的毕业设计实物成果，即硬件系统或软件系统等； (2) 有相应测试、验证或分析结果证明相关工作达到设计目标和要求； (3) 有格式规范、结构合理、内容完整的毕业设计文档材料
	能力与素养提升	写作能力、综合能力、综合素养	(1) 学生文本撰写能力得到培养和提高：毕业设计(论文)各文档材料(开题报告、毕业论文)的评价成绩均在 60 分以上；各项文档材料逻辑结构清楚，语句流畅，格式规范； (2) 学生综合能力得到培养和提高，如知识综合应用能力、分析解决复杂问题能力、文献检索能力、沟通交流能力、协作能力、自我管理能力、学习能力、创新能力等； (3) 学生综合素养得到培养和提高，如批判思维、辩证思维、系统思维、创新思维、精益求精的工匠精神、诚实守信的职业素养和学术素养
教师指导过程	任务书	任务书撰写与发放	(1) 按时向学生发放任务书； (2) 任务书格式规范； (3) 毕业设计(论文)任务明确，工作量合理； (4) 制订了合理的进度计划
	指导过程	指导、督促与反馈	(1) 详细填写每次学生指导记录，能够有效及时地帮助学生解决毕业设计(论文)中遇到的问题； (2) 能够为学生提供丰富且有效的毕业设计(论文)资源，并指导学生如何高效获取并使用这些资源； (3) 认真审查学生开题报告及毕业论文，详细撰写指导教师意见与评阅人意见，能够客观、全面、准确评价学生毕业设计(论文)相关工作； (4) 从学生选题至开题报告答辩，指导次数应不少于 3 次，整个毕业设计过程指导次数不少于 8 次； (5) 及时向学生反馈各项考核结果，激励、督促学生更好地完成毕业设计(论文)各项工作； (6) 通过多种途径了解并更多关注学习困难学生，为其提供支持帮助，以促进其顺利完成毕业设计

(8) 课程设计(实践)质量标准(见表 4-11)。

表 4-11　课程设计(实践)质量标准

一级指标	二级指标	主要观察点	质 量 标 准
制度	制度	制度建设与实施	学院有完整的课程设计(实践)管理制度，且严格有效执行
教学目标	教学大纲	格式与内容	课程教学大纲格式规范，内容完整正确，符合学校大纲编制要求
	课程目标	多维度、支持毕业要求、可评价	(1) 课程教学目标应涵盖知识、能力、素质等多个维度，促进学生综合素养的提升； (2) 课程教学目标必须能有效支持所承担的专业毕业要求； (3) 课程目标应明确、具体、可评价

续表一

一级指标	二级指标	主要观察点	质 量 标 准
教学内容与教学策略	教学内容	设计项目难度与工作量、课程思政	（1）设计（实验）项目应符合教学大纲要求； （2）设计（实验）项目应具有一定综合性、设计性和开放性，尽可能有实用背景，能培养学生知识综合应用能力、复杂问题分析解决能力、辩证思维、系统思维、创新思维，能有效支持课程教学目标的达成； （3）设计（实验）项目工作量和难度适当，让学生课内与课外学习时间之比在1：1～1：2之间，既能使学生获得充分的实践锻炼，又能在规定的时间内经过努力完成任务； （4）设计（实验）项目内容能反映相关学科领域的新发展； （5）有效融入课程思政，挖掘育人元素，搜集融入素材，设计融入案例，课程中思政融入点不少于3个； （6）若实践课程有对应理论课程，则设计（实验）项目内容必须与对应理论课程紧密相关，且能覆盖理论课程重点内容
	教学策略	教学活动设计	教学活动组织应与设计（实验）项目相适应，能引导学生进入深层次学习，能促进课程教学目标的达成
成绩评价	成绩构成	平时成绩与期末成绩比例	成绩评定采用百分制或五级制，由平时成绩（30％～60％）和实验（验收）成绩（70％～40％）按一定比例构成，符合教学大纲要求
	考核项目	考核项目、对课程目标的支持	（1）原则上应包括多个考核项目，各考核项目所占成绩比例应适当； （2）针对每项课程教学目标都必须有考核项目相对应，确保所有教学目标都能得到有效评价； （3）应精心设计成绩评定办法，设置若干过程考核项目，充分激发学生的学习兴趣和学习潜力，有效促进学生在整个学期中都能努力学习并追求卓越； （4）鼓励设置一定的与真实情景相联系的考核项目，包括学生生活场景或未来可能面临的工作场景等，以帮助学生意识到所获得知识或能力的重要性； （5）必须有实物展示环节：硬件展示、软件运行演示等
	成绩评价标准	成绩评价标准及一致性	（1）每项考核项目必须有明确的成绩评价标准； （2）成绩评价标准与办法能够客观公正地评价学生学业表现，以促进学生努力学习； （3）同一门课程（课程号相同）不同教学班成绩评价标准应一致：应保证80％以上的考核项目是相同的，相同考核项目评价标准必须一致
	成绩反馈	成绩反馈及时性与公开性	（1）在开课之初向学生公布并解释成绩评价办法，包括各考核项目的评分标准；成绩评价办法原则上与教学大纲公布的一致，或对其进行的修改是合理的且由课程组长审核通过的； （2）向学生及时反馈过程考核结果，促进学生及时改进学习状态和持续努力

一级指标	二级指标	主要观察点	质 量 标 准
教学过程与效果	教学过程	授课计划	开课前教师应在了解学情的基础上，分别针对每个教学班编制课程授课计划，给出课程教学进度安排、考核方式、成绩评价标准等，经课程组审核通过后公布给学生
		任务书	实验课程开课前指导教师编写任务书并发放给学生；任务书内容完整合理，包括设计题目、已知技术参数、设计要求、设计工作量、工作计划、需要的知识及技能等
		多个教学班的教学一致性	多位老师讲授同一门课程时，应集体备课，教学内容与要求、成绩评价标准、各设计(实践)项目课时安排等应一致
		授课过程	(1)对实验类课程，每位教师每次指导原则上不超过20人；对上机类课程，每位教师每次指导原则上不超过40人； (2)分组编制(根据教学策略需要)应合理，要确保每个学生的任务工作量饱满，以支持教学目标的达成； (3)每次实验(上机)，指导教师应填写"实验室工作记录册"，全程指导实验(上机)过程，关注学生学习情况，及时回答学生问题，引导学生寻找解决问题的方法，引导学生深入探究； (4)学生实验态度认真，无迟到旷课情况，遵守操作规程，不做与实验课程无关的事情；90%以上学生能独立按时完成实验任务，实验完成质量好
		教师验收实验	教师按既定实验验收标准与验收方式，对每个学生的实验结果进行验收评价，公平、公正、准确给出成绩评定
		实验报告质量	实验报告数量齐全，内容完整，格式规范，无抄袭现象；教师按既定评分标准开展评价，有评价记录
		学习支持	(1)辅导答疑：课前公开主讲教师及助教联系方式；第一次课公布答疑方式、时间地点；回答学生问题及时、耐心；每学期答疑次数不少于10次； (2)特别关注：通过合适途径了解并更多关注学习困难学生，为其提供支持帮助，以促进其顺利完成课程学习
	教学效果	学生学习兴趣、综合能力与素养、价值观等	(1)学生对设计(实验)项目感兴趣，积极参与各项教学活动； (2)针对问题及实验结果能独立分析或小组讨论，积极寻找解决办法，敢于创新，勇于尝试多方法、多路径解决问题； (3)学生必须有成果，包括但不限于课程设计报告、软件使用说明书、软件系统、硬件实物等； (4)学生的综合能力得到培养和提高，如知识综合应用能力、分析解决复杂问题能力、文献检索能力、沟通交流能力、文字表达能力、协作能力、自我管理能力、学习能力、创新能力等，以及批判思维、辩证思维、系统思维、创新思维，精益求精的工匠精神、诚实守信的职业素养和学术素养
教学资源	教学资源	教材、指导书、参考资源	(1)课程设计(实践)必须有教材或指导书； (2)课程为学生提供丰富且有效的课外学习资源，如参考书目、阅读文献、音视频材料、网络资源等，以促进学生个性化学习； (3)应指导学生高效获取并使用学习资源
		教学设施	教室(机房)的设备、设施质量好，能满足教学需要

（9）实习（实践）质量标准（见表 4 - 12）。

表 4 - 12　实习（实践）质量标准

一级指标	二级指标	主要观察点	质　量　标　准
制度	制度	制度建设与实施	学院有完整的实习（实践）管理制度，且严格有效执行
教学目标	教学大纲	格式与内容	课程教学大纲内容完整，格式规范，符合学校大纲编制要求
	课程目标	多维度、支持毕业要求、可评价	（1）课程教学目标应涵盖知识、能力、素质等多个维度，促进学生综合素养的提升； （2）课程教学目标必须能有效支持所承担的专业毕业要求； （3）课程教学目标应具体、明确、可评价
教学内容与教学策略	教学内容	实习内容	（1）学生实习计划应具体清晰，应明确各时间段要开展的工作内容、要达到的工作目标，应符合学生实际学情、尊重学科认知规律； （2）实习项目（内容）应符合教学大纲要求，有较强的实用性和一定的先进性，能有效支持课程教学目标的达成
	教学策略	实习管理	（1）每位校内导师指导学生不超过 60 人； （2）实习单位可由学院推荐或者学生自行联系，自行联系的企业必须符合学院关于实习基地的要求； （3）应建立明确的实习纪律，并严格执行； （4）学生实习过程由企业导师与校内导师共同管理； （5）学院、专业及指导教师能够有效并恰当地处理实习过程中的突发事件
成绩评价	成绩构成	平时成绩与期末成绩比例	成绩评价采用百分制或五级制，由企业导师评价成绩和校内导师评价成绩按一定比例构成，比例应合理且符合教学大纲要求
	考核项目	考核项目、对课程目标的支持	（1）原则上应包括多个考核项目，各考核项目所占成绩比例应适当； （2）针对每项课程教学目标都必须有考核项目相对应，确保所有教学目标都能得到有效评价； （3）应精心设计成绩评价办法，设置若干过程考核项目，充分激发学生的学习兴趣和学习潜力，有效促进学生在整个实习过程中都能努力学习并追求卓越
	成绩评价标准	成绩评价标准及一致性	（1）每项考核项目必须有明确的成绩评价标准； （2）成绩评价标准与办法能够客观公正地评价学生学业表现，以促进学生努力学习并追求卓越； （3）同一门课程不同教学班成绩考核项目及评价标准应一致
	成绩反馈	成绩反馈及时性与公开性	（1）在开课之初向学生公布并解释成绩评价办法，包括各考核项目的评分标准；成绩评价办法原则上与教学大纲公布的一致，或对其进行的修改合理且由课程组长审核通过； （2）向学生及时反馈过程考核结果，促进学生及时改进学习状态和持续努力并追求卓越

续表

一级指标	二级指标	主要观察点	质 量 标 准
教学过程与效果	教学过程	授课计划与实习指导书	（1）开课前，指导教师应依据教学大纲编制合理的实习课程教学计划，开课之初及时发放给实习学生； （2）开课之初，指导教师应告知学生实习过程中需要提交的材料及格式要求、实习成绩评价办法
		实习过程要求、相关文档	（1）实习开始前学生提交实习申请表与实习计划表，应详细说明实习内容、要求及时间安排； （2）整个实习过程中学生需撰写实习周记，以促使学生在整个实习期间努力学习；专业应规范周记的主要内容要求； （3）实习进行一半时间时，学生应提交中期实习报告，总结前期所完成工作及实习体会； （4）实习结束时学生提交实习总结报告，总结实习工作、收获等； （5）整个实习过程中，学生应严格遵守企业、学校及学院的相关纪律； （6）实习结束时，学生应对企业给出一个实习环境评价，为专业实习基地建设提供依据； （7）所有学生实习结束时，校内指导教师应及时撰写总结报告，为实习基地建设和后续实习开展提供持续改进的依据
		指导教师	每个学生必须配备企业导师和校内导师；企业导师必须熟悉学生实习项目相关技术与知识并能给予充分的指导；校内导师必须熟悉实习（实践）课程的实施过程、文档要求，并能在实习项目上给予学生需要的帮助和指导
		特别关注困难学生	（1）通过多种方式与途径为学生提供足够的支持与指导，包括实习方法指导、沟通交流方法指导等； （2）通过多种途径了解并更多关注学习困难学生，为其提供支持帮助，以促进其顺利完成课程学习
	教学效果	学生学习兴趣、综合能力与素养、价值观等	（1）学生对实习项目感兴趣，积极参与各项实习活动； （2）针对问题能独立分析或请教同事，积极寻找解决办法；敢于创新，勇于尝试多方法、多路径解决问题； （3）学生必须有成果，包括但不限于工作周报、工作总结报告、企业导师的评价、实习前后能力的提升、所设计的软硬件系统（在企业许可的前提下）等； （4）学生的综合能力得到培养和提高，如知识综合应用能力、分析解决复杂问题能力、文献检索能力、沟通交流能力、文字表达能力、协作能力、自我管理能力、学习能力、创新能力等，以及批判思维、辩证思维、系统思维、创新思维，精益求精的工匠精神、诚实守信的职业素养和学术素养
教学资源	教学资源	教学资源	（1）课程应提供学生需提交材料的格式模板； （2）课程应为学生提供丰富且有效的实习学习资源，如相关网站链接或参考书等，指导学生如何高效获取并使用学习资源
	实习基地	实习企业条件要求	（1）合作单位应在计算机相关专业领域有较强的实力，能够提供学生实习所需要的足够的空间与时间，实习基地交通方便，周围食宿便利，能保障实习有序开展； （2）合作单位能提供有丰富计算机相关工程实践背景的实习指导教师，每位企业导师指导的学生不超过 30 人； （3）学院与企业签署有效协议并建立了长期稳定的合作关系

(10) 课内实验(上机)质量标准(见表 4 - 13)。

表 4 - 13　课内实验(上机)质量标准

一级指标	二级指标	主要观察点	质 量 标 准
制度	制度	制度建设与实施	学院有完整的课内实验(上机)管理制度,且严格有效执行
教学目标	教学大纲	格式与内容	内含于所属理论课程的教学大纲中,内容完整,格式规范,符合学校大纲编制要求
	课程目标	多维度、支持毕业要求、可评价	(1) 实验教学目标内含于所属理论课程的教学目标中,应涵盖知识、能力、素质等多个维度,能促进学生综合素养的提升; (2) 实验教学目标必须能有效支持所承担的专业毕业要求; (3) 实验教学目标应具体、明确、可评价
教学内容与教学策略	教学内容	教学内容	(1) 实验项目应符合教学大纲要求; (2) 实验项目应具有一定综合性、设计性和开放性,尽可能能有实用背景,能培养学生的知识综合应用能力、分析解决复杂问题能力、创新能力,能有效支持课程教学目标的达成; (3) 实验项目工作量和难度适当,学生课内与课外学习时间之比在 1∶1～1∶2 之间,既能使学生获得充分的实践锻炼,又能在规定的时间内经过努力完成任务; (4) 实验项目内容应与所属理论课程紧密相关,能反映相关学科领域最新发展
	教学策略	教学活动设计	教学活动组织应与实验项目的内容、难度相适应,能引导学生进入深层次学习,能促进课程教学目标的达成
成绩评价	成绩构成	各项成绩比例设计	(1) 实验成绩按一定比例(参考实验时数占课程总时数的比例)计入所属理论课程成绩; (2) 实验成绩评定由平时成绩(30%～60%)和期末(验收)成绩(70%～40%)按一定比例构成
	考核项目	考核项目、对课程目标的支持	(1) 原则上应包括多个考核项目,各考核项目所占成绩比例应适当; (2) 针对每项实验教学目标都必须有考核项目相对应,确保所有教学目标都能得到有效评价; (3) 应精心设计成绩评定办法,设置若干过程考核项目,充分激发学生的学习兴趣和学习潜力,有效促进学生在整个学期中都能努力学习并追求卓越; (4) 鼓励设置一定的与真实情景相联系的考核项目,包括学生生活场景或未来可能面临的工作场景等,以帮助学生意识到所获得知识或能力的重要性
	评价标准	成绩评价标准及一致性	(1) 每项考核项目必须有明确的成绩评价标准; (2) 成绩评价标准与办法能够客观公正地评价学生学业表现,以促进学生努力学习; (3) 同一门课程不同教学班成绩评价标准应一致:应保证 80% 以上的考核项目是相同的,相同考核项目评分标准必须一致

一级指标	二级指标	主要观察点	质 量 标 准
成绩评价	成绩反馈	成绩反馈及时性与公开性	(1) 在开课之初向学生公布并解释成绩评价办法,包括各考核项目的评分标准,成绩评价办法原则上与教学大纲公布的一致,或对其进行的修改合理且理由课程组长审核通过; (2) 向学生及时反馈过程考核结果,促进学生及时改进学习状态、激励学生整个学习过程持续努力
教学过程与效果	教学过程	授课计划	开课前教师应在了解学情的基础上,分别针对每个教学班编制实验(上机)教学计划,给出实验教学进度安排、考核方式、成绩评价标准等,经课程组审核通过后公布给学生,可包含在所属理论课程的授课计划中
		任务书	开课前教师编写实验(上机)任务书并发放给学生;任务书内容完整合理,包括设计题目、已知技术参数、设计要求、设计工作量、时间安排、需要的知识及技能等
		多个教学班的教学一致性	多位老师讲授同一门课程时,应集体备课,教学内容与要求、成绩评价标准、实验(上机)项目、课时安排等应一致
		实验(上机)过程	(1) 对实验类课程,每位教师每次指导原则上不超过 20 人;对上机类课程,每位教师每次指导原则上不超过 40 人; (2) 分组编制(根据教学策略需要)应合理,要确保每个学生的任务工作量饱满,以支持教学目标的达成; (3) 每次实验(上机),指导教师应填写"实验室工作记录册",全程指导实验(上机)过程,关注学生学习情况,及时回答学生问题,引导学生寻找解决问题的方法,引导学生深入探究; (4) 学生实验态度认真,无迟到旷课情况,遵守操作规程,不做与实验课程无关的事情;90%以上学生能独立按时完成实验任务,实验完成质量好
		教师验收实验	教师按既定实验验收标准与验收方式,对每个学生的实验结果进行验收评价,公平、公正、准确地给出成绩评定
		实验报告质量	实验报告数量齐全,内容完整,格式规范,无抄袭现象;教师按既定评分标准开展评价,有评价记录
		学习支持	(1) 辅导答疑:课前公开主讲教师及助教联系方式;第一次课公布答疑方式、时间、地点;回答学生问题及时、耐心;每学期答疑不少于 10 次; (2) 特别关注:通过多种途径了解并更多关注学习困难学生,为其提供支持帮助,以促进其顺利完成课程学习
	教学效果	学生学习兴趣、综合能力与素养、价值观等	(1) 学生对实验项目感兴趣,积极参与各项教学活动; (2) 针对问题及实验结果能独立分析或小组讨论,积极寻找解决办法;敢于创新,勇于尝试多方法、多路径解决问题; (3) 学生必须有成果,包括但不限于实验报告、说明书、工程图纸、软件系统、硬件实物等; (4) 学生的综合能力得到培养和提高,如知识综合应用能力、分析解决复杂问题能力、文献检索能力、沟通交流能力、文字表达能力、协作能力、自我管理能力、学习能力、创新能力等,以及批判思维、辩证思维、系统思维、创新思维,精益求精的工匠精神、诚实守信的职业素养和学术素养

一级指标	二级指标	主要观察点	质　量　标　准
教学资源	教学资源	学习资源	（1）实验（上机）必须有实验指导书； （2）为学生提供丰富且有效的课外学习资源，如参考书目、阅读文献、音视频材料等，以促进学生个性化学习； （3）应指导学生如何高效获取并使用学习资源
		学习支持	（1）通过多种方式与途径为学生提供足够的支持与指导，包括学习方法指导、课程答疑等； （2）通过合适途径了解并更多关注学习困难学生，为其提供支持帮助以顺利完成课程学习； （3）关注学生学习状况，收集学生学习数据，积极开展教学研究，通过总结反思不断改进教学； （4）实验室的设备、设施质量好，数量满足实验需要

三、教学资源建设质量标准

教学资源建设质量标准包括课程建设质量标准、教材选用与建设质量标准、实验室建设质量标准和教学条件质量标准。

（1）课程建设质量标准（见表4-14）。

表 4-14　课程建设质量标准

一级指标	二级指标	主要观察点	质　量　标　准
制度建设	制度建设	制度建设与实施	有完整的课程建设管理制度，有健全的教师备课、授课及其他教学环节工作制度，有基层教学组织管理制度、课程教学档案管理制度等，实施情况良好
课程教学队伍	课程负责人	职称、参与教学及教改情况	职称为副教授及以上，有丰富的教学经验，近3年累计主持或参与校级及以上教改项目不少于3项，每学年为一个以上教学班主讲本课程
	队伍结构	学历结构	教师均具有硕士及以上学历，其中具有博士学位的教师所占比例不低于60%
		年龄结构	老中青教师结构大体为1∶2∶2
		职称结构	专业核心课程教授及副教授所占比例不低于50%
	青年教师培养	教师培养规划及措施	学院有提升专业教师教学技能的具体措施；有完整的基层教学组织管理与建设制度；有严格的青年教师培养规划和措施；各项教师培养工作成效显著
	团队教学科研情况	教研活动、教改项目、教改论文、教材、教学成果	近三年，课程团队教学科研活动至少满足下列两项： （1）课程组人均正式发表一篇教改论文； （2）有2项校级及以上教学科研项目立项； （3）每学期至少组织一次课程组教师座谈会及师生座谈会，或课程组内教学观摩会

续表一

一级指标	二级指标	主要观察点	质 量 标 准
课程教学队伍	干讲教师	教师资格	教师 100% 具有教师岗位资格证书
		业务素质	教师具备较好的教学技能，有较高的学科专业素质，爱岗敬业，治学严谨，教书育人，普通话水平达标
教学大纲	格式	格式规范性	教学大纲格式规范，内容完整、详细，课程承担的毕业要求在大纲中有明确的说明，完全符合学院教学大纲格式要求
	课程目标	课程目标	（1）课程目标应涵盖知识、能力、素养等多个维度，促进学生综合能力、综合素养的提升； （2）课程目标必须能有效支持所承担的专业毕业要求； （3）课程目标应具体、明确、可衡量、可评价
	教学内容	内容、重点、难点	（1）教学内容能有效支持课程目标的达成；教学内容信息量大，能体现学科前沿知识；教学重点及难点内容清楚，各知识点教学要求明确，知识点间逻辑清晰； （2）深度挖掘课程蕴含的育人元素，搜集育人素材，有效融入课程思政； （3）若课程有课内实验（上机），则实验项目必须与理论内容紧密联系，且具有一定的综合性、开放性、挑战度，能有效促进学生对理论知识的掌握和深入拓展
	课时安排	各类课时的合理安排	依据各知识单元的内容容量、难易程度等合理安排课时，包括讲授课时、课内上机（实验）课时、课外上机课时、自学课时、课堂讨论课时、习题课课时等
	教学方法	教学手段、方法	依据教学内容采用多种教学手段和方法以取得好的教学效果，采用启发式教学、多媒体教学、翻转课堂、PBL教学法、课堂测试、课后作业等，有效融入课程思政，突出以学生为中心
	考核方式	考核项目、成绩构成	（1）原则上应包括多个考核项目（含课程思政考核项目），各考核项目所占成绩比例应适当； （2）针对每项课程目标都必须有考核项目相对应，确保所有课程目标都能得到有效评价； （3）应精心设计成绩评定办法，设置若干过程考核项目，充分激发学生的学习兴趣和学习潜力，有效促进学生在整个学期中都能努力学习并追求卓越
教学条件	教材与参考书	教材选用及质量	有完整的教材选用管理制度、标准及工作流程；学院严格按照工作流程完成教材选定工作；课程所选用教材的内容及编辑、印刷质量高
		教材建设	学校有完整的教材建设鼓励与支持办法；课程教材建设有规划，并严格按照规划开展教材建设工作，教材建设成效明显
		参考资源	（1）根据教学大纲要求为学生的自主学习选择合适的参考书目，参考书内容相对教材可以更加广泛和深入，促进学生拓展学习的广度与深度； （2）为研究性学习提供有效的参考资料； （3）指导学生如何高效获取并使用学习资源

续表二

一级指标	二级指标	主要观察点	质 量 标 准
教学条件	课件/教案	课件、教案、视频	(1) 课件内容完整，画面生动，能吸引学生注意力； (2) 知识点教学视频画面、声音清晰，语速适当、流畅，讲解思路清晰； (3) 教案内容系统、完整、条理清楚、重点突出，注意补充或引进新的知识，教学过程中各项教学活动及时间安排设计合理，对教师备课、授课有很好的指导作用
	教学管理制度	制度的完善性、执行情况	有健全的主要教学环节的工作规范和流程，有完善的教学课程质量监控制度，有完善的教学档案管理制度；各项制度执行情况良好，效果好
	实践教学条件	教学实验室、实训基地、实验指导书	(1) 实验室建设能完全满足课程教学要求，实验开出率100%，能进行开放式教学； (2) 有稳定的实习基地，数量不少于15个； (3) 有高质量的实验教材或指导书
	网络教学环境	网络资源及环境建设	有功能完整、运行稳定的网络教学平台；平台有完整的教学资源，包括视频、教学大纲、课件、习题、学习资料等；实际用于教学中，且效果良好
教学质量与效果	评教数据	学生评教	课程组平均评分90分以上
		同行评教	课程组平均评分85分以上
		领导评教	课程组平均评分85分以上
		督导评教	课程组平均评分85分以上
	课程教学改革	教学内容改革	(1) 能根据国内外学科发展情况与时俱进更新教学内容，充分反映学科研究的前沿技术； (2) 能根据社会发展、行业需求变化、专业人才培养目标修订等更新教学内容，有效促进课程目标的达成； (3) 课程有改革教学内容的具体措施，且效果明显
		教学方法与考核方式改革	(1) 课程坚持"以学生为中心"进行教学手段改革，如研究实施线上/线下混合教学模式、翻转课堂、案例教学，应用现代信息技术等，教学效果好； (2) 课程坚持考核方法改革，如加强过程与能力考核，实施多元评价，提升考核评价的挑战度与高阶性，加强课程目标达成度评价
		改革成效	(1) 有课程教学改革研究项目，有发表教学研究论文，出版教材，课程组教师获各项教学奖励，获得教学成果奖； (2) 学生评教结果好、同行评价好
	目标达成度	课程目标达成度	每项课程目标达成度评价值建议不低于70%

（2）教材选用与建设质量标准（见表 4 - 15）。

表 4 - 15 教材选用与建设质量标准

一级指标	二级指标	主要观察点	质 量 标 准
制度建设	制度建设	制度完整性、实施情况	学院有完整的教材建设与选用制度，实施情况良好，有相关实施情况记录
教材选用原则	教材选用原则	思想性、优先性、适用性、统一性	（1）思想性原则。选用教材必须坚持正确的指导思想和政治方向，自觉摒弃政治性和价值导向错误的教材； （2）优先性原则。优先选用国家级、省部级规划教材、获奖教材、重点建设教材。优先选用近几年出版或修订的，能反映本学科最新研究成果及发展趋势的先进教材； （3）适用性原则。选用教材应适合我校人才培养目标需要，符合各专业培养方案和课程教学大纲的要求； （4）统一性原则。同一门课程原则上应选用同种教材，且教材一经选定，应保持相对稳定，不可随意更换
教材质量	内容质量	思想性	思想观点正确，无政治性和政策性错误
		内容适用性	内容覆盖面及难度符合学校人才培养目标需要，符合专业培养方案和课程教学大纲要求，能反映学科发展前沿技术
		内容组织逻辑性	知识体系组织层次分明、条理清楚，逻辑性强，能反映内容的内在联系及本学科的思维方法，符合学生认知规律，富有启发性，能激发学生的学习自信和学习兴趣
		系统性、理论性、先进性	教材内容能完整覆盖本课程应包含的知识体系，正确阐述本学科的科学理论、概念、知识点之间的内在相互联系与发展规律，能反映学科国内外研究的先进成果与前沿技术，注重理论联系实际
	编写印刷质量	结构完整性	教材内容结构完整，包括前言、目录、正文、习题、参考文献；目录与正文一致；参考文献格式正确、著录准确
		语言文字与图表	文字规范简练，语言流畅，叙述清楚，错别字少；图文配合恰当，图表清晰、准确、美观；标点、符号、公式、计量单位符合国家标准
		印刷质量	纸质厚薄适中，字体印刷清晰，装订平整，价格合理
自编教材	出版社	出版社	建议选择国家一级出版社出版的教材
	自编教材数量	自编教材数量	学院年均正式出版教材 2 本及以上

（3）实验室建设质量标准（见表 4 - 16）。

表 4 - 16　实验室建设质量标准

一级指标	二级指标	主要观察点	质量标准
体制与管理	实验室建立	建立合理性	实验室的建立/改建经过学院或学校正式审核批准
	负责人	负责人	有固定的实验室负责人，负责人能认真履行工作职责
	管理信息化	管理信息化	实验室基本信息和仪器设备实现了计算机信息化管理
	建设规划	远期规划、近期计划	实验室有明确的长远规划和详细的近期工作计划
	管理制度	设备管理制度	有完善的仪器设备管理制度，执行情况良好
		安全与环保制度	实验室有安全、环保制度，并有安全责任人定期进行检查
		学生实验守则	实验室有明确的学生实验守则，学生遵守情况良好
		工作档案管理制度	实验室建立了完善的工作档案管理制度并认真实施
		人员管理制度	实验室有明确的各类人员岗位责任制度，以及培训、考核、晋升、奖惩制度，并严格执行
		信息上报制度	实验室有完善的实验室任务（实验教学、科研、社会服务等），有人员情况和以前设备信息等的收集、整理、汇总上报制度
实验教学	实验教学任务	实验教学任务	（1）基础实验室：教学文件齐全，实验室承担的教学任务饱满，每学年实验人时数不低于 30 000；（2）专业实验室：教学文件齐全，实验室承担的教学任务饱满，每学年实验人时数不低于 10 000
	实验教材	实验教材	实验室开出的所有实验项目必须有实验教材或实验指导书；有自编的实验教材；实验教材形成体系
	实验计划	实验计划	实验指导教师在开始实验课程前，必须提交详细实验计划，如实验名称、课时、时间地点、组数、每组人数、实验所需条件等
	实验记录	实验记录	每次实验有教师登记记录，包括实验时间、面向专业、实验类别、实验名称、到课学生人数等
	实验教改	实验研究和改革	有实验研究及改革成果，包括论文、教材、项目、自制实验装置/平台等，每实验室每年成果不少于 1 项
	实验室开放	实验室开放性	专业实验室除实验教学任务外，还应对学生有一定程度的开放，利用实验条件开展活动，取得一定的成果

续表

一级指标	二级指标	主要观察点	质 量 标 准
仪器设备管理	设备管理	仪器设备管理	列入固定资产的仪器设备账、物相符率达到 100%
	低值耐用品管理	低值耐用品管理	低值耐用品(单价低于 800 元)的账、物相符率达到 90%
	设备维修	仪器设备维修	处于维修状态三个月以上的仪器设备不超过本实验室仪器设备总数的 3%
	完好率	仪器设备完好率	现有仪器设备完好率不低于 90%
	大型贵重仪器	大型贵重仪器设备管理和使用	单价 10 万元以上的教学实验仪器设备要由专人管理,并且有技术文档,每台设备学年度使用机时数不少于 320 小时
	设备更新	仪器设备更新	仪器设备的 10 年更新率达到以下标准:机电类高于 40%,电子类高于 80%,计算机类高于 90%
	配套数	教学实验常规仪器配套数	常规实验仪器设备按照每次实验 1 人(或 1 组)1 套配置
实验室队伍	实验中心主任	实验中心主任	实验中心主任由学院按流程聘任,须有副高以上职称,能认真履行相关工作职责
	人员结构	人员结构	每个实验室应有专职人员,岗位设置、人员结构合理;专职人员中,副高及以上职称人员所占比例不低于 20%
	人员考核	人员考核	实验室有对专职和兼职人员的具体考核办法,定期考核并将材料存档
环境与安全	教学实验室	教学实验室	实验课上每个学生实际使用面积满足学校要求;墙面整洁,门、窗、锁完整;试验台、凳无破损,摆放符合规范
	设施及环境	实验室设施及环境	实验室的通风、照明、控温设施完好;电路布局安全规范
	安全措施	安全措施	实验室有防火、防爆、防盗、防破坏的基本设备和措施;实验学时用房、仪器室、办公室分开;实验室及走廊不得存放杂物及生活用品
	整洁卫生	整洁卫生	实验室内仪器、家具摆放整齐,布局合理;桌面、仪器、开关板等无灰尘,地面整洁无垃圾

（4）教学条件质量标准（见表 4 - 17）。

表 4 - 17　教学条件质量标准

一级指标	二级指标	主要观察点	质量标准
教学经费	教学经费	教学经费投入	近 3 年，用于专业建设的教学经费投入充足，利用率高于 90%，执行情况好
实验室	专业实验室	专业实验室建设	实验室建设规划科学合理，教学实验室配备完善，设施先进，利用率高于 90%，能很好地满足教学要求
实习基地	校外实习基地	校外实习基地	校外实习基地稳定，签约实习基地不少于 15 个
图书资料	专业图书资料	专业图书资料	专业图书资料数量充足、种类较全，能完全满足专业教学的需要
合作开放	合作开放	合作开放	有稳定的合作企事业单位，合作办学、合作育人，积极开展国际合作培养，合作企事业单位不少于 5 个
师资队伍	学历结构	学历结构	中青年教师中具有博士、硕士学位者所占比例不低于 85%
	年龄结构	年龄结构	老中青教师结构大体为 1∶1.5∶1.5
	职称结构	职称结构	教授及副教授所占比例不低于 50%；高级职称中青年教师所占比例不低于 40%
	教师数量	教师数量	有足够的专业教师以满足教学要求，生师比不低于 15∶1

四、各部门工作质量标准

各部门工作质量标准包括本科教学工作委员会工作质量标准、本科教学质量保障中心工作质量标准、教师教学发展中心院级工作质量标准、专业建设工作组工作质量标准、课程组工作质量标准、督导组工作质量标准、班主任工作质量标准、实验中心管理工作质量标准、教科办工作质量标准、学生信息员工作质量标准和学工办工作质量标准。

（1）本科教学工作委员会工作质量标准（见表 4 - 18）。

表 4 - 18　本科教学工作委员会工作质量标准

一级指标	二级指标	主要观察点	质量标准
工作制度	制度建设及实施	制度完整性、实施情况	学院本科教学工作委员会有完整系统的工作制度及流程，实施情况良好，有相关实施情况记录
学院教学宏观指导	学院教学发展	咨询、决策指导	学院本科教学工作委员会应对学院教学发展等重大问题进行研讨，提供专家咨询和决策指导，工作过程有记录
	人才培养	决策、指导	学院本科教学工作委员会应依据社会及行业需求，研讨人才培养等重大问题，准确评估并确定学院人才培养定位。本项工作每两年至少开展一次，工作过程有记录

续表

一级指标	二级指标	主要观察点	质量标准
学院教学宏观指导	专业培养目标	专业设置、专业培养方案	根据学校及学院定位、社会经济及行业发展需要，指导学院的专业设置、专业建设、专业培养目标修订等工作。本项工作每两年至少开展一次，工作过程有记录
	教学规划	教学规划制订及评议	按照学校要求，参与学院中长期教学发展规划的制订及评议
	学院教学质量保障体系	质保体系审定与评议	按照学校要求，指导学院教学质量保障体系的构建，审定其构建流程的合规性、制度体系的合理性及可操作性，监督执行过程的有效性等。本项工作每两年至少开展一次，工作过程有记录
教学奖惩激励处理	教学奖惩激励制度	教学奖惩激励制度的审定与评议	根据学校相关规章制度与政策文件，以鼓励、促进学院本科教学质量为根本目的，认真审定并评议学院教学奖惩激励制度的合法性、合理性及可操作性
	教学奖惩激励处理	奖励评审结果	对校级以上教学奖项给出评价排名及推荐排名，对院级教学奖项给出评定结果，工作过程有记录
		评奖过程公平性、透明性	必须严格按照既定评审流程和标准开展评审工作；评审结果必须在学院网站进行公示
		教学处罚实施	必须严格按照学校及学院相关政策制度审议、执行处罚决定，并将处罚结果通知相关责任人，工作过程有记录

（2）本科教学质量保障中心工作质量标准（见表4－19）。

表4－19　本科教学质量保障中心工作质量标准

一级指标	二级指标	主要观察点	质量标准
工作制度	制度建设及实施	制度完整性、实施情况	学院本科教学质量保障中心有完整系统的工作职责、组织、规范及流程，实施情况良好，有相关实施情况记录
学院质量制度建设	标准制订/修订	工作规范及实施情况	学院本科教学质量保障中心有完整的质量标准及考核指标的制订/修订工作流程，且实施良好，有相关实施情况记录
		质量标准制订/修订	学院本科教学质量保障中心应依据学校及学院人才培养定位、相关政策制度，在学院本科教学工作委员会的建议指导下，按照既定工作流程为学院各项工作制订/修订合理的质量标准，标准必须具体明确、可评价；有相关过程记录
		考核指标制订/修订	学院本科教学质量保障中心应按照各项工作的质量标准，制订或及时修订可评价的定性、定量考核指标体系；有相关过程记录

续表一

一级指标	二级指标	主要观察点	质 量 标 准
学院质量制度建设	奖惩激励制度	工作规范及实施情况	学院本科教学质量保障中心应有完整的工作规范的制订/修订工作流程，且实施良好；有相关实施情况记录
	奖惩激励制度	奖惩激励制度制订/修订	学院本科教学质量保障中心应依据学校及学院相关政策制度，在学院本科教学工作委员会的建议指导下，以鼓励、促进学院教学质量为根本目的，按照既定工作流程制订/修订合理合法的学院教学奖惩激励制度；有相关过程记录
	工作流程	部门工作流程制订/修订	学院本科教学质量保障中心应依据学校及学院相关政策制度，在学院本科教学工作委员会的建议指导下，与各工作部门协调讨论，制订/修订部门各项工作的工作流程
学院质量保障组织建设	学院质量保障组织构建	组织设置	学院本科教学质量保障中心应依据学校及学院相关政策制度、学院教学质量保障需要，在学院本科教学工作委员会的建议指导下，按照既定工作流程构建学院质量保障体系的组织机构，包括设置和裁撤相关工作机构、明确机构工作职责、制订机构工作规范与流程；有相关过程记录
		成员设置/变更	学院本科教学质量保障中心应依据各组织机构工作职责及工作质量标准、成员工作质量、成员个人需求等，按照既定工作流程解聘、增聘机构工作成员；有相关工作过程记录
	工作人员培训	培训制度及实施情况	学院本科教学质量保障中心应有完整的机构工作人员培训制度，提升工作人员质量保障工作能力，确保每位工作人员每个教学年度至少得到一次院内外培训机会
	学生信息员培训	培训制度及实施情况	学院本科教学质量保障中心应有完整的学生信息员选拔和培训制度，确保学生信息员能及时准确反馈各类教学质量信息
学院质量保障工作开展	教师教学业绩考核	考核办法制订/修订	学院本科教学质量保障中心应依据学校及学院相关政策制度，在学院本科教学工作委员会的建议指导下，以鼓励、促进学院教学质量提升为根本目的，按照既定工作流程规范制订/修订合理合法的教师教学业绩考核办法，考核办法能全面评价教师的整体教学工作情况，公平性、可实施性好；制订/修订工作有过程记录
		考核实施情况	学院本科教学质量保障中心应严格按照学院教师教学业绩考核办法，每个教学年度开展实施教师教学业绩考核，确保考核过程的规范性、公平性、透明性，考核结果需在学院内公示，工作过程有记录
	学院质量保障工作学期工作计划制订与实施	学期工作计划制订	每学期初，按照学校要求、学院质量保障工作需要和既定工作计划制定流程，制定学院本科教学质量保障中心学期工作计划，包括要开展的工作项目、开展时间等，形成书面工作计划报告
		工作实施	学院本科教学质量保障中心根据工作计划，确定各工作小组成员，按照既定工作计划和工作流程开展各项质量保障工作，每项工作完成后应撰写书面总结报告

续表二

一级指标	二级指标	主要观察点	质量标准
学院质量保障工作开展	期中教学检查	期中教学检查计划、实施	学院本科教学质量保障中心应按照学校要求，制订学院期中教学检查工作计划，并落实每项工作的实施开展，完成后撰写学院期中教学检查工作总结报告
	部门工作质量考核评价	部门工作完成质量	学院本科教学质量保障中心应及时组建各部门考核工作小组，按照学院既定的部门工作考核办法（标准、指标、流程）按时开展各部门年度工作完成情况的考核工作，形成书面考核报告；分析部门年度考核数据，形成初步的奖惩处理建议，提交至学院本科教学工作委员会
	质量事件处理	质量事件处理	接受学院各种教学相关质量事件，如学生投诉、学校职能部门反馈等，按照学校和学院相关政策制度，及时处理，形成初步处理建议，提交至学院本科教学工作委员会
	学生信息员	反馈表收取、问题处理	学院本科教学质量保障中心及时收取学生信息员的质量信息反馈表，并核查学生信息员所反馈的各类质量信息，给出改进建议并及时反馈给相关部门或人员
	持续改进	质量评价数据应用	学院本科教学质量保障中心分析各项质量评价数据，找出影响学院教学质量的教学与管理环节及原因，提出改进措施并在下一轮相关工作开展过程中持续跟进
		质保中心工作改进	学院本科教学质量保障中心依据学院部门工作年度考核结果，查找自身工作不足，分析原因，制订改进措施并落实到下一年度的工作实施中
工作考核	年度考核	年度考核	学院本科教学质量保障中心工作年度考核成绩为合格及以上

（3）教师教学发展中心院级工作质量标准（见表4-20）。

表4-20 教师教学发展中心院级工作质量标准

一级指标	二级指标	主要观察点	质量标准
工作制度	制度建设及实施	制度完整性、实施情况	学院教师教学发展中心有完整的工作职责、组织、规范及流程，实施情况良好，有相关实施情况记录
学期工作规划	制订学期工作规划	工作项目的完整性、可实施性	学院教师教学发展中心应在每学期初按照既定的工作职责与规划制订本学期工作计划，详细说明本学期要完成的工作及开展时间，填写《学院教师教学发展中心活动计划表》并上报校级教师教学发展中心

续表

一级指标	二级指标	主要观察点	质 量 标 准
教师培训	新教师岗前培训	培训规划、培训实施	学院教师教学发展中心应为新教师及时制订岗前培训规划，配备优秀指导教师，积极提供培训资源，督促新教师按时完成各项培训任务；按时收取各项培训记录及文档并提交学校教师教学发展中心
	教师培训	教师培训组织	学院教师教学发展中心应积极组织教师参加校内外各类教学相关培训，及时在学院内通过多种渠道发布各类培训信息，鼓励、促进教师积极参加培训活动，保证每学期受培训教师人数至少达到学院教师总人数的8%，学期末应对各类教学培训情况进行统计、分析，并针对存在的问题提出改进计划
	教学咨询	教学咨询活动的计划与实施	学院教师教学发展中心应在学期初制定本学期教学专项咨询计划，说明次数、开展时间等信息，填写《学院（部）教师教学发展中心教学咨询安排表》并上报学校教师教学发展中心；咨询活动开展前3个工作日在学院内通过多种渠道发布活动信息，鼓励教师积极参加咨询活动；咨询活动结束后3个工作日内将《教师教学咨询反馈表》报送学校教师教学发展中心备案
	观摩课组织	观摩课组织	按照学校教师教学发展中心要求，组织观摩课活动，包括筛选高质量观摩课堂，发布观摩课开放时间、地点、主讲教师等信息，鼓励广大教师积极参加观摩学习，提升教学技能
	教学研究活动	教学研究活动组织实施	学院教师教学发展中心应在每个学期开展教学沙龙或工作坊、课程教学改革经验交流会、教学讲座等至少四次，其中至少有一次邀请校外专家进行教育教学交流。每次活动提前3日填写《学院教师教学发展中心活动登记表》报学校教师教学发展中心备案审核，同时在学院内通过多种渠道发布活动信息；结束后3个工作日内提交对相关活动300字左右的新闻报道报送学校教师教学发展中心备案并发布到学院网站
教师竞赛	组织教师参加竞赛	教师参赛组织与支持	学院教师教学发展中心应在学院内通过多种渠道转发国家、省、学校组织的各类教学技能竞赛通知，动员学院教师积极报名参加各类教学技能竞赛，邀请专家担任院级比赛的评委与指导，做好比赛的后勤保障服务工作
教学研究	教改项目评审	评审过程规范性	学院教师教学发展中心应对学院内各种教学研究项目的申报组织专家进行评审，专家人数不少于3人，专家应公正公平评审；对校级以上教改项目给出评价排名及推荐排名；对院级教学奖项给出评定结果；评审结果应在学院内部公示
工作考核	年度考核	年度考核	学院教师教学发展中心工作年度考核成绩为合格及以上
持续改进	持续改进	工作改进	学院教师教学发展中心依据学院部门工作年度考核结果，查找自身工作不足，分析原因，制订改进措施并落实到下一年度的工作实施中

(4)专业建设工作组工作质量标准(见表4-21)。

表4-21 专业建设工作组工作质量标准

一级指标	二级指标	主要观察点	质量标准
工作制度	工作制度	制度建设及实施	学院专业建设工作组有明确的工作制度,包括具体工作职责、工作质量标准、工作流程,有实施过程记录
负责人	负责人	教学科研水平、责任心	专业建设工作组设专业负责人一名。专业负责人应具有良好的思想政治素质和师德师风;具有良好的组织管理能力、沟通交流能力、服务意识和敬业精神,能较好地履行岗位职责;具有本学科专业领域教师正高级职称,近3年承担过本专业课程教学任务或参与过专业建设与规划,具有较高的学术造诣和教学水平;熟悉本学科专业发展动态,了解社会对本专业的人才需求,有清晰的专业建设与发展思路,在本学科专业领域具有一定的影响力,近3年来在专业建设与改革中取得良好成绩
培养过程	实践环节	基地建设	每年新增学生实践实习基地1个及以上
		制度建设及实施	有完整的实践环节质量保障制度,有实施过程记录
	毕业设计	选题来源、优秀率、成绩评价合理性	毕业设计选题结合工程实际(含结合科研与生产实际、实验室建设)的比例不低于60%;毕业设计改题尽可能少;毕业论文查重率应在30%以内;学生毕业设计成绩优秀率不低于5%;毕业设计论文督导抽查成绩与答辩评定成绩的符合度不低于70%
		制度建设及实施	有完整的毕业设计质量保障制度,有实施过程记录
专业建设管理与运行	教研活动	教师座谈会	每学期至少组织一次专业教师座谈会,了解教师教学情况、对专业课程体系设置的意见与建议、学生学习状态、对学院教学保障的建议、对专业建设的建议等,为专业建设持续改进收集质量信息
		师生座谈会	每学期至少组织一次专业师生座谈会,参加学生应包括各类学生群体的代表,广泛了解学生的真实学习体验,对专业课程体系设置、课程教学内容、课程教学方法、教师教学情况、班主任工作、教学条件等各方面的意见与建议,为专业建设持续改进收集质量信息
	教师教学培训	教师参加教学类会议及竞赛	鼓励专业教师积极参加相关教学研讨会议、教学技能培训会议、教学类竞赛等,提升教师教学能力

续表一

一级指标	二级指标	主要观察点	质量标准
专业建设管理与运行	培养方案制订/修订	按时开展工作	专业建设工作组按照既定的专业培养方案制订/修订周期(4年全面修订,2年局部修订,新专业及时制订),按时启动并完成制订/修订工作;尽量控制培养方案调整次数
		工作流程规范	专业建设工作组严格按照专业培养方案制订/修订工作流程开展相关工作,包括广泛调研收集专业培养方案制订/修订依据、编写初稿、专家评审、学院本科教学工作委员会审议、定稿、提交校教务处审核
		培养方案质量	按照培养方案制订/修订质量标准完成专业培养方案的制订/修订工作,培养方案编制格式正确,内容完整,培养目标与毕业要求明确清晰,课程体系设置与教学进程计划安排合理,能有效支撑毕业要求达成
		培养方案公开	(1)每年9月于校园网面向全体师生公开当年度新生的培养方案,每位新生发放一本包含全校各专业培养方案的书籍; (2)学生入学时,专业负责人应进行一次专业认知教育;大一结束开展专业分流时,专业负责人应详细进行专业介绍,指导学生根据专业兴趣和自身情况选择合适专业开展后续学习
	课程大纲制订/修订	按时开展工作	(1)专业建设工作组在培养方案修订年度的秋季学期启动课程大纲制订/修订工作,包括本年度新制订的培养方案中的所有课程; (2)审核课程负责人编制的课程大纲并指导其修改,直到课程大纲符合既定质量标准与本次大纲制订/修订要求
		课程大纲模板	专业建设工作组按照课程大纲制订/修订质量标准、本次大纲制订/修订要求,给出课程大纲编制模板,确保模板格式内容准确无错误,以起到良好的指导作用
		课程大纲制订/修订	专业建设工作组按照既定的课程大纲制订/修订流程、质量标准和本次大纲模板,审核教师本次制订/修订的所有课程大纲,给出修改意见与建议,督促相关教师修改,直到合格
		课程大纲执行	专业建设工作组会同督导组和课程负责人,在期中教学听课看课、教师教学工作手册审核环节,检查课程教学是否严格按照课程大纲执行,如不符合要求,则应给出整改意见
	开课目录核对	出错次数	专业建设工作组每学期开展下学期专业开课目录核对工作,确保正确率在95%以上

一级指标	二级指标	主要观察点	质量标准
专业建设持续改进	人才培养产出评价	用人单位调查	(1) 每 1~2 年开展一轮，由专业建设工作组和学工部按照既定工作流程组织实施； (2) 按时启动用人单位调查工作，调查项目设计合理，能获取有效的调查结果； (3) 每次调查结束，应撰写调查分析报告，调查分析报告质量好，对专业持续改进有较强的指导意义
		往届毕业生调查	(1) 每 3~4 年开展一轮，由专业建设工作组和学工部按照既定工作流程组织实施； (2) 按时启动调查工作，调查项目设计合理，能获取有效的调查结果； (3) 每次调查结束，应撰写调查分析报告，调查分析报告质量好，对专业持续改进有较强的指导意义
		应届毕业生调查	(1) 每年春季学期毕业生离校前召开毕业生座谈会，由专业建设工作组、学工部按照既定工作流程组织实施； (2) 每年春季学期开展应届毕业生问卷调查，由专业建设工作组、学工部按照既定工作流程组织实施； (3) 按时启动调查工作，调查项目设计合理，能获取有效的调查结果； (4) 每次调查结束，应撰写调查分析报告，调查分析报告质量好，对专业持续改进有较强的指导意义
		毕业要求达成度评价	(1) 专业有明确的毕业要求达成度评价方法并能证明其合理有效； (2) 每年秋季学期由专业建设工作组组织，教科办、学工部、督导组协助，按照既定工作流程完成； (3) 撰写毕业要求达成度分析报告，分析报告质量好，对专业持续改进有较强的指导意义
		培养目标达成度评价	(1) 每 3~4 年开展一轮，由专业建设工作组、学院本科教学工作委员会、学工部按照既定工作流程组织实施； (2) 按时启动并完成专业培养目标达成度评价，评价方案设计合理； (3) 根据培养目标达成评价分析评价结果，撰写评价分析报告，评价分析报告质量好，对专业持续改进有较强的指导意义
人才培养质量与效果	学生科研	学生科研	鼓励学生积极参与项目研究，申报学生科研项目，发表论文，申请专利等
	竞赛情况	竞赛参与及获奖	鼓励学生积极参加各项竞赛，并安排教师指导及提供场地资源等
	考研情况	考研参与及录取率	鼓励学生积极参加研究生入学考试，参加考试人数占毕业生总数的比例超过 30%；录取率(考研录取人数/毕业生总数)超过 15%

一级指标	二级指标	主要观察点	质 量 标 准
人才培养质量与效果	就业情况	首次就业率	专业毕业生首次就业率超过85%
	学生交流	国内外交流人数	专业每年国内外交流人数占学生总人数的比例超过10%
	目标达成度	培养目标、毕业要求	专业培养目标达成度不低于70%； 专业毕业要求达成度不低于70%
	社会满意度	用人单位、毕业生满意度	用人单位满意度超过80%； 往届毕业生满意度超过80%； 应届毕业生满意度超过80%
工作考核	年度考核	专业建设工作组年度考核	专业建设工作组年度工作考核成绩为合格及以上
持续改进	持续改进	专业建设工作组工作改进	专业建设工作组依据学院部门工作年度考核结果，查找自身工作不足，分析原因，制订改进措施并落实到下一年度的专业建设工作中
其他	其他	参与学院教学服务工作	专业建设工作组应积极参与学院各项教学管理及服务工作，提高专业人才培养质量

（5）课程组工作质量标准（见表4-22）。

表4-22　课程组工作质量标准

一级指标	二级指标	主要观察点	质 量 标 准
工作制度	工作制度	制度建设及实施	学院有完整的课程组工作制度，包括工作职责、工作质量标准与工作流程；实施情况良好，有相关实施情况记录
组织领导	负责人	教学研究、管理能力、责任心	课程组负责人应具有良好的思想政治素质和师德师风；具有良好的组织管理能力、沟通交流能力、服务意识和敬业精神，能较好地履行岗位职责；具有丰富的教学经验、较强的教学改革研究能力，教学效果好

续表一

一级指标	二级指标	主要观察点	质　量　标　准
课程教学	教学任务	教学任务落实情况	课程组所承担的必修课程落实率达到 100%，选修课程落实率超过 90%
	授课计划	按时提交、编制质量	开课前教师按照授课计划质量标准编制所承担课程的授课计划，开学后第 1～2 周内提交；督导组抽查合格率超过 90%
	授课过程	课件、课堂教学、作业批改、答疑等	课程组教师按照课程教学质量标准实施各教学环节工作： （1）认真备课，同一门课程多个教学班的教学要求基本一致； （2）实施以学生为中心的教学方法，坚持课程思政的有效融入，实现教书育人目标； （3）把握教学节奏，课程教学进度与授课计划一致； （4）及时布置、收取、批改作业及测试，及时反馈评价结果，激励学生持续努力，促进学生改进学习态度与方法； （5）有答疑安排并认真执行
	课程考核	考核方法、期末试卷、实验验收	（1）成绩评定方法与教学大纲一致，注重过程考核，实施多元评价； （2）同一门课程多个教学班的考核方法及试卷应统一，考核指标及评价标准等一致； （3）试卷命题完全符合学校及学院试卷质量标准，能有效评价课程目标达成情况；及时提交期末试卷；督导组抽查试卷合格率超过 90%； （4）教师严格按照评分标准批改试卷；同一门课程多个教学班鼓励教师集中阅卷； （5）按照既定成绩评价方法确定学生期末总成绩；按时、正确提交学生期末成绩
	教学材料	按时提交、质量	开学前 4 周内按照教学材料质量标准撰写、整理上学期教学材料并按时提交；课程目标达成评价合理，试卷分析及课程小结针对性强，试卷按顺序整理；督导组抽查合格率超过 85%
教学研究	教研活动	教研活动进行情况	（1）每学期至少组织一次教师座谈会，了解教师教学情况、交流教学经验； （2）专业核心课程每学年至少组织一次师生座谈会，了解学生对课程教学的意见及建议； （3）每学年至少组织一次课程组内教学观摩会；其他还包括试卷命题讨论、教学内容及方法讨论等，采用多种措施提升教师教学能力和育人能力，提升课程教学质量； （4）相关教研活动应有活动情况记录材料

续表二

一级 指标	二级 指标	主要 观察点	质 量 标 准
教学 研究	教学 研究	教改项目、教改论文、教材、教学成果、指导学生	每学年内课程团队至少承担下列教学研究内容之二： （1）团队人均每年正式发表 0.5 篇教改论文； （2）有 1 项校级及以上教学科研项目立项，原有项目应按时参加检查验收； （3）获得 1 项校级及以上教学成果奖； （4）正式出版教材 1 部； （5）有一位及以上教师参加教学类竞赛； （6）有一位及以上教师获得校级及以上荣誉称号； （7）在至少一所学校或校内学院推广应用至少一种教学资源（视频、课件、教材、试验仪器等）； （8）指导学生参与项目研究，参加各类竞赛，申报学生科研项目，发表论文，申请专利，至少有 1 项成果
师资 队伍	师资队 伍结构	建设规划、学历结构、职称结构、年龄结构	（1）有明确的师资队伍建设规划； （2）教师均具有硕士及以上学历，其中具有博士学位的教师占比不低于 60%； （3）老中青教师结构大体为 1：2：2； （4）教授及副教授的占比不低于 40%
	青年教 师培养	制度及执行情况、教师帮扶	有明确的青年教师培养制度，执行严格，执行效果良好；团队能充分发挥高职称、教学经验丰富教师的传帮带作用；团队清楚各教师的教学情况，对教学能力差的教师能采取切实可行的帮扶措施，帮扶过程有详细的信息记录
	教师教 学培训	参加 培训会	课程组为教师提供培训信息与机会，鼓励教师积极参加相关教学研讨会议、教学技能培训会议等
课程 建设	课程 开设	课程开设	（1）课程组可根据国家经济建设、社会发展需要及专业人才培养目标，向专业建设工作组建议新开/停开课程； （2）课程组可根据国家经济建设、社会发展需要及学校人才培养目标，申请开设公选课程； （3）课程开设过程完全符合学校相关制度规范及流程
	课程 大纲	课程大纲制订/修订质量	（1）课程大纲格式规范，内容完整；课程目标明确，教学内容及课时安排设置合理，采用多种教学方法实施以学生为中心的教学模式，考核方式注重过程及能力考核，评价指标多元，评价标准具体； （2）大纲制订/修订过程符合既定工作流程； （3）每次制订/修订的课程大纲，专业建设工作组抽查合格率 90% 以上
	课程 改革	内容优化、教学改革	不断优化理论课教学内容，积极开展实验课程建设，增加设计性、综合性实验项目；改进优化课件、教案、教学视频等教学资源的质量；在相关网络教学平台建课，加强课程的信息化建设
	教材	教材选用、教材建设	有严格的教材选用管理办法；选用优秀教材（含各种规划教材、国外高水平原版教材或高水平的自编教材）；实验教材配套齐全，能完全满足教学需要；根据学科发展及教学需要自编出版教材

一级指标	二级指标	主要观察点	质 量 标 准
教学质量与效果	评教数据	学生评教	团队平均评分90分以上
		同行评教	团队平均评分80分以上
		领导评教	团队平均评分80分以上
		督导评教	团队平均评分80分以上
	课程目标达成度	课程目标达成度	课程组内每门课程的课程目标达成度超过70%
	工作考核	课程组年度考核	课程组年度考核成绩为合格及以上
持续改进	持续改进	课程教学持续改进	课程组依据各种评教数据，教师座谈会、师生座谈会收集到的信息，教科办、学工办、督导等的反馈信息等，讨论改进措施并落实实施
		课程组工作改进	课程组根据年度考核结果，发现问题，制订相关工作的改进计划并落实实施
其他	其他	参与学院教学服务工作、专业建设等	课程组应积极参与学院各项教学管理及服务工作，参与专业建设工作，提高学院的教学质量

（6）督导组工作质量标准（见表4-23）。

表4-23　督导组工作质量标准

一级指标	二级指标	主要观察点	质 量 标 准
工作制度	工作制度	制度建设及实施	督导组有完整的工作制度，包括工作职责、工作质量标准及工作流程，有实施过程记录
负责人	督导组组长	能力、责任心	督导组组长应具有良好的思想政治素质和师德师风；具有良好的组织管理能力、沟通交流能力、服务意识和敬业精神，能较好地履行岗位职责；具有较强的教学能力，教学效果好
授课计划检查	授课计划检查	按时完成、检查质量	在每学期开学第3～4周内完成检查工作，以抽查方式进行；严格按照授课计划编制标准逐项检查，无遗漏；详细填写检查记录表；分别对每一项不合格内容进行说明
期中教学检查	检查计划及报告	检查计划及报告	（1）启动期中教学检查时，必须按照学校要求、学院本科教学质量保障中心要求及学院质量保障制度要求制订明确的、针对性强的、全面的期中教学检查工作计划； （2）期中教学检查结束后要撰写完整的督导组期中教学检查工作报告
	随堂听课	按时完成、准确评价	（1）每学期8～11周进行； （2）每位督导至少完成2次及以上听课活动；组织教师座谈会及师生座谈会可减少1次听课； （3）督导听课无迟到早退现象，至少在授课现场完成一节完整课时听课工作；听课记录表填写详细、准确、到位；所给改进建议针对性强； （4）第12周前提交听课材料

续表

一级指标	二级指标	主要观察点	质 量 标 准
期中教学检查	座谈会	教师、学生座谈会	督导组根据学校及学院要求确定本学期是否开展教师座谈会、学生座谈会；若开展座谈会，需形成座谈会书面记录表
	课程组教学研讨会	参加课程组教学研讨会	督导组可选择参加部分课程组的期中教学研讨会，有详细的研讨会记录表，给出针对性强的建议；第12周前提交研讨会督导记录表
	毕业设计中期检查	按时完成，检查质量	督导组在第11～12周内按既定工作流程完成毕业设计中期检查工作，应严格按照毕业设计(论文)各材料标准逐项检查，无遗漏；详细填写检查记录表；分别对每一项不合格内容进行说明；给出合理建议，检查结果及时反馈给相关指导教师
期末试卷检查	期末试卷检查	按时完成，检查质量	督导组按时在第14～15周启动期末试卷检查工作，并且在一周内完成，严格按照既定工作流程进行；严格按照试卷命题质量标准逐项检查，无遗漏；详细填写检查记录表；分别对每一项不合格内容进行说明，给出合理建议，并及时反馈给课程组及试卷命题教师，督促其修改
教学材料检查	毕业设计材料检查	上学期毕业设计材料检查	开学第1～4周内按照既定工作流程启动并完成上学期毕业设计(论文)材料检查工作；严格按照毕业设计(论文)质量标准逐项检查，无遗漏；详细填写检查记录表，若有问题及时反馈给指导教师并督促其整改
	课程教学文档	上学期课程教学文档材料检查	按时在第5～6周内按照既定工作流程完成上学期课程教学文档检查工作；严格按照教学材料文档质量标准逐项检查，无遗漏；详细填写检查记录表；分别对每一项不合格内容进行说明；给出合理修改建议；检查结果及时反馈给课程组、课程负责人、教师本人，并督促其整改
教师停课/调课检查	教师停课/调课检查	按时完成，检查质量	每学期第9～11周完成；按照学校教师停课/调课规定检查是否符合规范；填写检查记录，若有不规范情况及时反馈给学院本科教学质量保障中心
督学	学生上课/实验情况	抽查次数，检查表填写	督导组每学期开展至少两次学生上课/实验情况随机抽查工作，并填写上课纪律表；检查结果及时反馈给课程组、学工办
	学生座谈会	抽查次数，检查表填写	每学年开展至少一次学生座谈会，并填写座谈会记录表；分析学生的问题、意见及建议，及时反馈给相关部门或责任主体，如专业建设工作组、课程组、教师、教科办、实验中心等
	考场检查	抽查次数，检查表填写	每学期期末考试期间，督导组应按照既定工作流程开展至少一次考场情况检查工作，有完整的考场情况记录
工作考核	工作考核	督导组年度考核	督导组工作年度考核成绩为合格及以上
持续改进	持续改进	督导组工作持续改进	学院督导组依据学院部门工作年度考核结果，查找自身工作不足，分析原因，制订改进措施并落实到下一年度的督导组工作中

（7）班主任工作质量标准（见表4－24）。

表 4－24　班主任工作质量标准

一级指标	二级指标	主要观察点	质　量　标　准
基本职责	任职条件	班主任任职条件	应具有良好的思想政治素质和师德师风；具有良好的组织管理能力、沟通交流能力、服务意识和敬业精神，有较强的学术能力，热爱本职工作，身心健康，能较好地履行岗位职责
	大学学习指导	大学学习指导	言传身教，培养学生遵纪守法及良好品德；对学生开展专业认知教育，指导学生制订学习计划及选课工作；帮助学生适应大学学习环境，掌握大学学习方法，顺利完成大学一年级的学习任务
专业认知教育	教师对专业的认知	教师对专业的认知	完全理解本专业的培养方案，包括专业培养目标、毕业要求及指标点的内涵、课程体系的设置等
	专业认知教育	专业认知教育	新生入学时，班主任对学生集中进行专业认知教育1次及以上；专业分流后，班主任对学生集中进行专业认知教育1次及以上；班主任工作手册中有较为详细记录
学风建设	班风、学风建设	班级工作计划制订	每学期初制订班级工作计划，工作计划合理，切实可行
		参加班集体活动	一学年内，班主任参加班集体活动（含主题班会）2次及以上，并填写班主任工作手册
		课堂听课	每月至少对所在班级课堂听课2次，并填写班主任工作手册
		调查分析学生学习情况	每学期要对学生的学习情况进行一次全面调查分析，了解学生详细学习状况，并填写班主任工作手册
	学生指导	集体指导	每学期召开主题班会不少于2次，集体指导学生的课程学习、选课计划等，填写班主任工作手册
		走访学生宿舍	每学期走访学生宿舍不少于4次，并填写班主任工作手册
		个别学生学习指导	每学期开学初，对上学期期末有两门以上（包括两门）课不及格的学生，或者情绪焦虑的学生，要进行单独谈话，帮助学生分析原因，提出可行的建议方案；个别学生指导时间在2小时及以上，并填写班主任工作手册
其他工作	其他工作	参加班主任例会	积极参加学院组织的班主任例会，并填写班主任工作手册
		与辅导员沟通	每学期至少与辅导员沟通1次，交流学生学习情况，并填写班主任工作手册
		工作手册、工作总结	每学期期末提交工作手册及工作总结，内容完整翔实

（8）实验中心管理工作质量标准（见表4-25）。

表4-25　实验中心管理工作质量标准

一级 指标	二级 指标	主要 观察点	质量标准
体制 与管理	实验 中心 负责人	设置情况	实验中心有总体负责人，每个实验室有固定的负责人，负责人能认真履行各项工作职责
	管理 手段	信息化 程度	实验中心基本信息管理和仪器设备管理基本实现了计算机信息化
	建设 规划	远期规划、 近期计划	实验中心有明确的长远规划和详细的近期工作计划
	管理 制度	设备管理 制度	有完善的仪器设备管理制度，执行情况良好
		安全与环 保制度	实验中心有完整的安全、环保管理制度，并有固定安全责任人定期进行检查
		学生实验 守则	各实验室有学生实验守则，学生遵守情况良好
		工作档案 管理制度	各实验室建立了完善的工作档案管理制度并认真实施
		人员管理 制度	实验中心有各类人员岗位责任制度，培训、考核、晋升、奖惩制度，并严格执行
		大型仪器 共享有偿 服务制度	有完善的大型仪器共享有偿服务制度，执行情况良好
		信息上报 制度	实验中心有实验任务（实验教学、科研、社会服务等）、人员情况、实验室基本信息（含设备信息）等的收集、整理、汇总上报制度，执行情况良好
实验 教学	实验教 学任务	实验教学 任务量	实验中心教学文件齐全，承担的教学任务饱满，每学期基础实验室人时数不低于30 000，专业实验室人时数不低于10 000
	实验 教材	每项实验 是否有 教材或 指导书	（1）各个实验室开出的所有实验项目必须有实验教材或实验指导书； （2）实验室教师参与实验教材或实验指导书编写
	实验/ 上机 计划	及时收取， 准备环境	按时督促实验指导老师提交实验/上机计划，并及时收取、汇总后提交教务部门备案；各个实验室管理人员按照实验要求，提前准备好实验教学环境
	实验 记录	按时填写、 内容 完整性	每次实验中，实验室管理人员应督促指导教师登记实验信息，包括实验授课起止时间、面向专业、实验类别、参加实验学生人数、学生实验情况等

一级指标	二级指标	主要观察点	质 量 标 准
实验教学	实验、上机管理	教师实验安排	(1) 协调实验室资源，及时落实教师的实验、上机申请，并调知任课教师； (2) 协助质量管理部门对实验、上机情况进行抽查
		实验教学材料收集	及时接收实验指导老师期末提交的实验教学材料（如实验报告）并记录存档
	实验室开放	开放性实验，教学外上机	(1) 专业实验室除实验教学任务外，还应对学生有一定程度的开放，利用实验条件开展活动，有一定学生成果； (2) 基础实验室承担其他实验教学外的上机任务等
实验研究和改革	实验研究和改革	论文、项目立项	下列实验研究及改革成果中，每实验室每年成果数量不低于 1 项：发表教改论文、出版教材、编写实验指导书、实验教学改革项目立项、自制实验装置/平台等
仪器设备管理	设备管理	仪器设备管理	列入固定资产的仪器设备账、物相符率不低于 95%
		低值耐用品管理	低值耐用品（单价低于 800 元）的账、物相符率不低于 80%
		仪器设备维修	处于维修状态三个月以上的仪器设备不超过本实验室仪器设备总数的 3%
		仪器设备完好率	现有仪器设备完好率不低于 90%
		大型贵重仪器设备管理和使用	单价 10 万元以上的教学实验仪器设备要由专人管理，并且有技术文档，每台设备年度使用机时数不少于 320 小时
		仪器设备更新	仪器设备的 10 年更新率达到以下标准：机电类超过 40%；电子类超过 80%；计算机类超过 90%
		教学实验常规仪器配套数	常规实验仪器设备按照每次实验 1 人（或 1 组）1 套配置
	资产管理	招标采购	协助提供采购咨询工作；提供账号协助申请人完成采购工作
		资产管理	及时处理资产采购、入库工作；及时处理资产报废工作；协助处理使用人更换；协助申请人审批和验收
		资产清查	按照学校要求及时发布资产清查通知；督促学院教职工进行资产自查；统计资产、配合国资处进行资产抽查；统计并上报国资处
	新建/改造实验室	流程规范性、工作及时性	及时接收申请人的实验室新建/改造申请，按照既定工作流程开展各项工作，完整填写相关附件记录

一级指标	二级指标	主要观察点	质 量 标 准
实验中心队伍	实验中心主任	任职资格	实验中心主任由学院按既定流程聘任，须有副高及以上职称，具有较强的管理能力、沟通能力，能认真履行相关职责
	人员结构	人员结构合理性	每个实验室应有专职人员，岗位设置、人员结构合理；专职人员中，副高及以上职称人员比例不低于15%
	人员考核	考核制度及执行情况	实验中心有对专职和兼职人员的具体考核办法，定期考核材料存档
环境与安全	环境与安全要求	学生实验用房	实验课上每个学生实际使用面积满足学校要求；墙面整洁，门、窗、锁完整；试验台、凳无破损，摆放符合规范
		设施及环境	实验室的通风、照明、控温设施完好；电路布局安全规范
		安全措施	实验室有防火、防爆、防盗、防破坏的基本设备和措施；实验学生用房、仪器室、办公室分开；实验室及走廊不得存放杂物及生活用品
		整洁卫生	实验室内仪器、家具摆放整齐，布局合理；桌面、仪器、开关板等无灰尘，地面整洁无垃圾
	实验室安全检查	工作落实情况	有固定的实验室安全人员，及时按照既定工作流程发布检查通知，落实安全自查，按时填写实验室安全检查情况表，并完整存档
示范中心	年度报告	按时提交，内容完整	按时撰写示范中心年度报告，按时向设备处提交年度报告并存档
工作考核	工作考核	年度部门考核	实验中心在年度工作考核中成绩为合格及以上
持续改进	持续改进	实验室工作持续改进	实验中心根据学院部门年度考核结果，找出问题及原因，制订改进措施，并应用于下一年度实验室工作实施中

（9）教科办工作质量标准（见表4-26）。

表 4-26　教科办工作质量标准

一级指标	二级指标	主要观察点	质 量 标 准
工作制度	制度建设及实施	制度完整性、实施情况	学院有完整的教科办工作制度，包括工作职责、工作质量标准及工作流程，实施情况良好，有相关实施情况记录
毕业设计	本科生毕业设计（论文）	过程管理工作	及时通过多种渠道（如学院网站、QQ、微信、短信、邮箱、电话等）发布毕业设计（论文）相关通知，包括毕业设计课题申报、专业选题审核、选题录入与师生互选、开题答辩、中期检查、毕业答辩等各环节
		毕业设计材料归档	及时督促指导教师提交毕业设计（论文）文档材料，并按专业编号入库归档
		提供毕业设计材料及数据	（1）及时、准确地为学校、学院相关部门的毕业设计（论文）各项检查提供相关材料； （2）及时、准确地为专业工程教育认证、教学评估、学科评估等提供毕业设计（论文）相关数据
实习实践课程管理	实习实践课程管理	短学期实习实践课程的组织实施	（1）及时通过多种渠道（如学院网站、QQ、微信、短信、邮箱、电话等）发布集中性实践环节事项通知； （2）及时通过多种渠道（如学院网站、QQ、微信、短信、邮箱、电话等）督促教师及时上交实践环节授课计划表、录入成绩和上交教学文档材料； （3）认真组织学生赴企业参观实习
组织承办竞赛	组织承办竞赛	过程管理、工作成效	（1）及时提交承办竞赛申请，以书面、QQ、微信、短信、邮件、电话等方式申请承办竞赛； （2）及时落实竞赛场地，负责工作人员组织与分工、校内相关部门间的工作协调； （3）及时、准确地为专业工程教育认证、教学评估、学科评估等提供竞赛相关数据
教师调课	教师调课办理	过程规范性与及时性	（1）检查教师调课申请数据是否填写完整，是否附有佐证材料；审核教师调课理由是否合理； （2）与教师确认是否已将调课信息通知学生； （3）及时送交学院领导审批，报教务处备案

一级指标	二级指标	主要观察点	质 量 标 准
学评教数据发布	学评教数据发布	发布及时性、准确性	(1) 及时核对学校教师教学发展中心发布的学评教数据(核对版),反馈问题; (2) 收到学评教数据(正式稿)后,对数据进行整理归类,生成教师个人学评教数据,并将数据告知教师个人; (3) 根据课程组的要求,将课程组的学评教数据告知课程组负责人; (4) 将学评教位于学校排名后10%的教师名单、学院排名后10%的教师名单提供给学院领导与学院本科教学质量保障中心; (5) 领导与相关教师个别谈话后,收集整理相关谈话记录
开课目录核对	开课目录核对	核对及时性、准确性	(1) 将教务处提供的开课目录数据按专业年级进行整理,根据培养计划进行预审核,审核出错率低于5%; (2) 预审核后的开课目录数据,及时发各专业负责人核对; (3) 各专业负责人核对后的开课目录数据,按课程组进行整理,对同一课程信息不一致等情况进行预审核,将问题项进行标注; (4) 及时将预审核后的开课目录数据发各课程组负责人核对; (5) 及时将核对后的开课目录数据进行整理、汇总,对问题项进行统一标注,报领导审批,报教务处
教学任务安排	教学任务安排	及时性、准确性	(1) 及时将教务处发布的教学任务根据课程组进行整理,确保数据正确,向学院全体教师发布; (2) 将课程组填报的教学任务根据要求录入教学管理系统,生成教学班信息,及时与教师、课程组核对信息,确保数据正确; (3) 发现未落实的教学任务及时与课程组长沟通,并向学院领导汇报; (4) 整理汇总任课教师对于课程的特殊要求(时间、地点、人数限制等),报教务处; (5) 教务处公示教学任务安排后,及时通知任课教师核对信息,如有问题及时向教务处反馈,协助解决
教学材料归档	教学材料归档	归档及时性、条理性	(1) 每学期末通过多种渠道(学院网站、QQ、微信、短信、邮箱等)发布材料归档相关通知(含材料格式要求); (2) 开学初补考后两周内,再次通过学院网站、QQ、微信、短信、邮箱等2种(含)以上方式督促教师及时提交教学材料; (3) 教学材料由课程组审核签字后编号入库归档,归档时注意条理性,为后期快速查找材料提供便捷; (4) 及时、准确地为专业工程教育认证、教学评估、学科评估等提供教学材料相关数据; (5) 积极配合学校、学院等相关部门的教学材料检查工作

续表二

一级指标	二级指标	主要观察点	质 量 标 准
期末试卷	期末试卷准备	及时性、正确性、规范性	（1）及时通过多种渠道（学院网站、QQ、微信、短信、邮箱等）向课程组和任课老师发布期末考试提交工作及提交要求； （2）及时通知学院督导组审核试卷；对于审核不合格试卷及时通知任课教师整改，直到审核合格； （3）审核无误的试卷按时提交至学校文印室； （4）整改过程中确保试卷保密性
专业培养方案	专业培养方案制订/修订	专业培养方案制订/修订	（1）及时将教务处关于专业培养方案制订/修订通知发布到学院网站及专业负责人； （2）积极协助配合专业建设工作组在专业培养方案制订/修订过程中的各项工作，保存相关佐证材料； （3）及时将专业建设工作组制订/修订完成的专业培养方案提交给教务处审核备案
助教工作	本科生助教工作	实施过程及时性、规范性	（1）及时通过多种渠道（学院网站、QQ、微信、短信、邮箱等）将学校本科生助教申请工作发布给教师； （2）及时收取学院教师及学生的助教申请，按既定标准核查是否满足申请条件； （3）将合格申请提交学校相关部门，不合格申请向相关教师及学生反馈原因
教师竞赛	教师竞赛组织	教师各类竞赛组织	（1）及时通过多种渠道（学院网站、QQ、微信、短信、邮箱等）发布学校的各类教师竞赛通知； （2）组织学院初赛各项事宜，动员教师参赛，组织专家评审推荐优秀教师代表学院参加学校比赛； （3）及时向学校提交学院参赛教师名单； （4）积极协助配合参赛教师准备比赛过程中的各项事宜
青年教师培养	青年教师助讲培养	青年教师助讲培养	（1）及时通过多种渠道（学院网站、QQ、微信、短信、邮箱等）将学校教师教学发展中心发布的青年教师助讲培养通知发放给每一位学院新进青年教师； （2）组织学院青年教师助讲培养各项事宜，如整理受培教师名单、学院指导教师名单，告知受培教师及指导教师培训任务、需提交的材料等；确保及时准确地向每一位受培教师传达学校教师教学发展中心的培训信息及考核要求； （3）收取受培教师提交的各项培训材料，组织专家评审受培教师培训效果，给出评价成绩； （4）将受培教师所有助讲培训相关材料提交学校教师教学发展中心

续表三

一级 指标	二级 指标	主要 观察点	质　量　标　准
教改 项目	教改项 目申报	教改项目 申报组织	（1）及时通过多种渠道（学院网站、QQ、微信、短信、邮箱等）发布各类教学改革研究项目申报通知，积极宣传鼓励教师申报； （2）收取教师申报材料，组织专家评审，及时公示评审结果，向学校相关部门提交学院评审结果及教师申报材料； （3）积极协助项目申报教师与学校相关部门的信息沟通； （4）及时发布学校或上级部门的项目立项通知
	教改项 目中期 验收与 结题	教改项目 中期验收 与结题	（1）及时通过多种渠道（学院网站、QQ、微信、短信、邮箱等）发布各类教学改革研究项目中期验收通知、结题通知，督促项目负责人及时提交相关材料； （2）积极协助项目负责人与学校相关部门的信息沟通； （3）及时收取项目中期验收材料或结题材料，提交给学校相关部门； （4）及时发布学校或上级部门的项目结题通知
观摩 课	观摩课 组织	观摩课组 织开放	协助学院教师教学发展中心按照学校教师教学发展中心要求，组织观摩课活动，包括筛选高质量观摩课堂，通过多种渠道（学院网站、QQ、微信、短信、邮箱等）及时发布观摩课开放时间、地点、主讲教师等信息，鼓励广大教师积极参加观摩学习，提升教学技能
工作 考核	工作 考核	年度部门 考核	教科办在学院部门年度工作考核中成绩为合格及以上
持续 改进	持续 改进	教科办工 作持续 改进	教科办根据学院部门年度考核结果，找出问题及原因，制订改进措施，并应用于下一年度教科办的工作实施中

（10）学生信息员工作质量标准（见表 4 - 27）。

表 4 - 27　学生信息员工作质量标准

一级 指标	二级 指标	主要 观察点	质　量　标　准
工作 制度	制度 建设及 实施	制度完整 性、实施 情况	学院有完整的学生信息员工作制度，包括工作职责、工作质量标准及工作流程，实施情况良好，有相关实施情况记录
聘任 条件	学生信 息员聘 任条件	责任心与 沟通能力	本校在校学生，品学兼优，有较强的沟通交流能力和文字表达能力，做事认真负责，能实事求是、客观公正地反映情况，敢于发表意见
信息 反馈	信息反 馈数量	信息反馈 数量	每个信息员每月至少书面反馈一次教学质量相关信息，可以多次反馈信息
	反馈信 息质量	问题数量 及真实性	每个信息员每次至少反映一个问题，内容真实
	意见及 建议	针对性及 可实施性	所提意见有代表性，所给建议针对性强、可实施性强

（11）学工办工作质量标准（表 4 - 28）。

表 4 - 28　学工办工作质量标准

一级指标	二级指标	主要观察点	质 量 标 准
工作制度	制度建设及实施	制度完整性、实施情况	学院有完整的学工办工作制度、工作质量标准及工作流程，实施情况良好，有相关实施情况记录
学期工作计划与总结	学期工作计划与总结	学期工作计划与总结的完整性	（1）开学初学工办应制订本学期工作计划，工作内容应包括思想理论教育和价值引领、党团和班级建设、学风建设、学生日常事务管理、心理健康教育与咨询、网络思想政治教育、校园危机事件应对、职业规划与就业创业指导、理论和实践研究等 9 个方面； （2）学期末撰写工作总结，详细说明学期工作计划中各项工作的具体完成情况及成效
学生活动新闻报道	学生活动新闻报道	新闻报道的及时性与质量	挖掘各项学生活动中的新闻属性并及时通过多种渠道报道；新闻报道次数多，反响好，影响大
辅导员管理	辅导员管理	工作效率高，协调顺畅	完成辅导员日常管理工作，如辅导员联络、安排辅导员值班、协助做好辅导员日常考核与培训工作等；管理工作效率高，协调顺畅，工作成效明显
心理辅导站	心理辅导站管理	心理辅导站管理	配合学校大学生心理健康教育中心，管理好学院心理辅导站，组织好各类心理健康教育特色活动
招生及迎新工作	招生及迎新工作	招生及迎新工作安排	（1）做好招生宣传计划，认真组织相关人员实施，宣传效果好； （2）结合新生特点制订形式新颖有创意、可操作性强的迎新方案，增强新生对学院、对专业的认同感； （3）开展新生始业教育，活动组织有序有效，促进新生对专业的初步认知和热爱
学生就业	学生就业工作	学生就业的指导与帮助	（1）帮助学生进行职业规划，指导学生就业与创业，树立正确的职业观，提升职业素养和职业道德； （2）及时通过多种渠道发布企业招聘信息，主动联系相关企业开展招聘宣讲，为学生创造招聘就业机会； （3）毕业生首次就业率高，就业质量高

一级指标	二级指标	主要观察点	质 量 标 准
学生日常管理工作	学生日常管理工作	工作效率及成效	（1）做好学生思想政治教育工作，引导学生树立正确的价值观和人生观； （2）督促学生认真学习专业知识，鼓励学生参加各类学科竞赛与项目研究，提升专业能力； （3）督促学生加强体育锻炼，增强学生的身心健康； （4）对学习困难学生、有心理问题的学生要特别给予关注，密切与家长的联系，采用多种有效办法促进学生学习进步，恢复心理健康
学生评奖评优	各类学生评奖评优	各类学生评奖评优工作的组织实施	（1）学院有具体的、公开公正的各类学生评奖评优办法，学生清楚评选要求和评选过程； （2）及时按照学校要求启动评比工作，通过多种渠道发布评比信息与条件，确保每位学生知悉； （3）每次评比应成立专门的评比工作小组，工作小组成员组成合理，有一定的代表性和权威性； （4）评比工作小组严格按照既定工作流程开展评比活动，评比工作全程公开透明并接受监督； （5）建立反馈机制，及时受理学生疑义及投诉，及时反馈回复意见或处理结果，学生对反馈结果满意； （6）建立公示制度，对各类评比结果及时公示，公示期内及时答复学生疑问和投诉； （7）定期对评比制度进行修订和完善，确保制度完整，适应学生整体评价机制
工作考核	工作考核	年度部门考核	学工办在学院部门年度工作考核中成绩为合格及以上
持续改进	持续改进	学工办工作持续改进	学工办根据学院部门年度考核结果，找出问题及原因，制订改进措施，并应用于下一年度学工办的工作中

第五章

专业人才培养质量监控与持续改进机制

随着工程教育专业认证工作的深入推进，"学生中心、产出导向、持续改进"的工程教育理念成为提高高校人才培养质量的重要指导思想。这一理念强调人才培养要以学生为中心，以学生的学习成果为导向来进行专业建设、教学设计和教学实施，并且以学生的成果产出是否达到既定标准来评判学生的培养质量是否合格。人才培养层面的质量标准即培养目标与毕业要求，而课程教学层面的质量标准则用课程教学目标来描述。为了确保学生成果产出与预期的课程目标、毕业要求和培养目标保持一致并不断提高，在人才培养过程中，需要形成"评价—反馈—改进"反复循环的持续改进机制，从而对人才培养过程中的各个关键节点（包括培养方案制定、课程体系设计和教学活动实施等）不断监测、评价，及时发现人才培养过程中的薄弱环节，将问题反馈给相关责任主体，促进其修正改进。

近年来，学院的计算机科学与技术、软件工程两个专业均申请并通过了工程教育专业认证。在此过程中，学院基于"学生中心、产出导向、持续改进"的工程教育理念，构建了"三级闭环"的专业人才培养质量持续改进机制，如图 5-1 所示。

同时，为使持续改进工作规范化、常态化，学院围绕"三级闭环"中的培养方案修订、课程教学大纲修订、教学实施过程、毕业要求及培养目标的评价等制订了 14 个工作流程，明确了每项工作的启动时间、流程规范、责任主体和监控主体，以使相关责任主体能够按时、有序地依据既定的流程开展各项工作，并得到及时的评价和反馈，从而为人才培养的持续改进提供有效依据。

第一节　教学过程质量监控机制

教学过程质量监控机制是人才培养质量持续改进机制"三级闭环"中的第一级（见图 5-1 中的①），核心是对教学活动进行持续改进。在该闭环中，以课程为单位，对教学过程的所有环节进行监控，包括教学准备、课堂教学实施、作业布置与批阅、课程考核、实验、上机、课程设计、企业实习、毕业设计等。针对每门课程，采用过程性考核（课堂提问、课堂测试、项目报告及答辩等）和终结性考核（课程大作业、上机考试、开卷考试、闭卷考试等）考查学生的学习效果，并对课程目标达成情况进行评价，总结教学过程中的问题，分析原因并提出整改措施，作为下一轮教学过程持续改进的依据。通过教学过程质量监控机制，能够持续地改进教学活动，以保障其始终与毕业要求相符合。

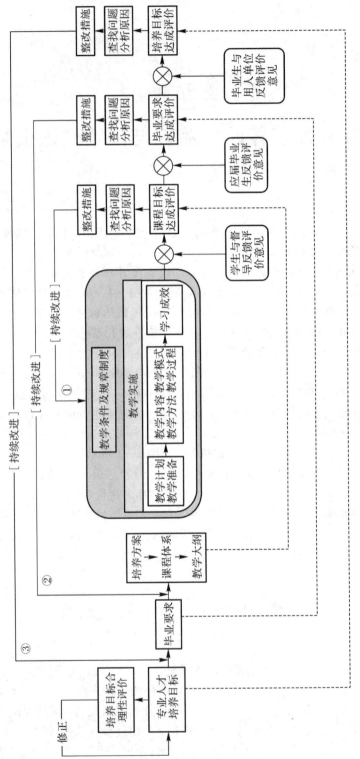

图5-1 "三级闭环"的专业人才培养质量持续改进机制

一、培养方案修订机制

根据学校的安排，培养方案一般每四年进行一次全面修订，本学院各专业培养方案则按照需要实行每1～2年进行一次微调。

在进行专业人才培养方案的修订或调整时，首先需要根据国家和社会发展需要、行业企业发展需求、学校定位及发展目标、专业的优势和特色、学生自身的发展需要及家长的期望，确定专业人才培养目标，明确学生毕业5年左右时间能够达到的职业和专业成就；其次，根据培养目标对毕业要求进行调整，明确学生毕业时需要掌握的知识、具备的能力和素质；接下来，立足毕业要求达成，根据现有的师资队伍及支持条件，进行恰当合理的课程体系规划设计。除此之外，还需要确定毕业要求和培养目标之间的支撑关系，课程和毕业要求的支撑关系，明确专业特色和核心课程等。

学院各专业培养方案制订和修订的具体流程如下：

（1）由专业建设工作组启动培养方案修订工作。

（2）在学院范围内召集课程组长、骨干教师、辅导员、教务人员等相关人员开会，进行广泛研讨，收集各方对于人才培养的意见和建议。

（3）依据国家标准的要求、工程认证标准的要求、学校关于培养方案修订的相关文件及指导性建议、学院的基本情况和本科教学工作委员会的总体要求、培养目标合理性评价和达成评价结果、毕业要求达成评价结果、应届毕业生调查反馈、往届毕业生跟踪反馈情况、用人单位调查反馈结果、前1～2年培养方案专家评审反馈意见、师生家长建议与意见等对培养方案进行修订。修订的主要内容包括：专业培养目标、专业毕业要求和毕业要求观测点、专业毕业要求对培养目标的支撑关系、课程体系与授课计划进程表、课程对毕业要求的支撑关系等。

（4）邀请兄弟院校及行业企业专家，对本年度的培养方案初稿进行评审，主要评审专业培养目标、毕业要求与课程体系是否合理，毕业要求是否能够对培养目标形成有效支撑，课程体系是否能够对毕业要求形成有效支撑。

（5）专业建设工作组汇总专家评审意见，组织专业建设工作组成员、课程组长等广泛讨论，对于专家提出的意见进行可行性评估，如可行则进行修改，得到培养方案修改稿。

（6）将培养方案修改稿发给各个课程组，核对课程体系、课程对毕业要求的支撑是否正确、合理，如有疑问，则进一步沟通、修改，直至所有课程组核对无误，得到培养方案审议稿。

（7）培养方案审议稿提交学院本科教学工作委员会审议。

（8）召集专业建设工作组成员、课程组组长等对学院本科教学工作委员会审议提出的意见和建议进行讨论，重点是对意见或建议进行可行性评估，如可行则进行修改。

（9）培养方案定稿，提交至学院教科办备案，并由教科办上交教务处审核。

（10）教务处审核并经学校人才培养委员会审议通过后，每年9月，在校园网面向全体师生公开当年度新生培养方案，便于师生按照培养方案开展教与学。

学院专业培养方案制订和修订流程如图 5 - 2 所示。

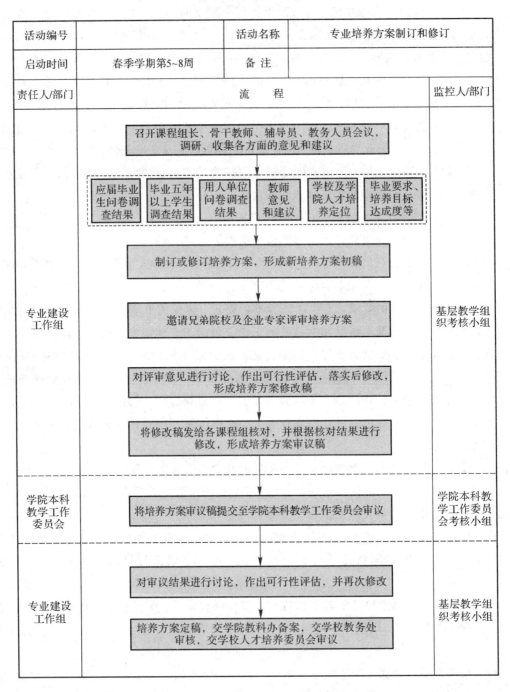

活动编号		活动名称	专业培养方案制订和修订
启动时间	春季学期第5~8周	备　注	
责任人/部门	流　　程		监控人/部门

图 5 - 2　学院专业培养方案制订和修订流程图

培养方案企业专家评审意见表如表 5 - 1 所示，培养方案企业专家评审会记录表如表 5 - 2 所示，培养方案学院本科教学工作委员会评审记录表如表 5 - 3 所示。

表 5 – 1 培养方案企业专家评审意见表(每个专家填写 1 份)

专业名称			
专家姓名		职称和职务	
工作单位		联系电话	
评审会时间		评审会地点	
评审内容			
1. 人才培养目标是否合理,是否与学校定位及地方经济相适应			
存在的主要问题			
改进意见与建议			
2. 培养目标是否能支撑学生毕业后 5 年左右在社会与专业领域预期取得的成就			
存在的主要问题			
改进意见与建议			
3. 毕业要求是否合理,能否对培养目标形成有效支撑			
存在的主要问题			
改进意见与建议			
4. 课程体系设置是否科学合理,是否有助于培养学生解决复杂问题的能力			
存在的主要问题			
改进意见与建议			
5. 实践环节的安排是否合理,是否有利于培养学生的实践能力和创新能力			
存在的主要问题			
改进意见与建议			
6. 专业方向模块及课程的设置是否体现出专业特点及特色发展方向			
存在的主要问题			
改进意见与建议			
7. 其他评审意见			
专家签名:			
			年 月 日

表 5 - 2　培养方案企业专家评审会记录表

专业名称			
评审会时间		评审会地点	
参会企业专家			
参会院内人员			
评审意见			
照片			

表 5 - 3　培养方案学院本科教学工作委员会评审记录表

专业名称			
评审会时间		评审会地点	
评审意见			
专业培养方案是否合理	□是　　　　　　　　　□否		
学院本科教学工作委员会主任签字			
学院本科教学工作委员会委员签字			
专业负责人审核意见			
分管教学副院长审核意见			

培养方案在执行过程中，因为教学改革或行业企业的实际需求，确实需要调整（例如新增课程、更改开课学期、更改考核方式等）时，须由课程负责人提出申请报告，经学院本科教学工作委员会审核批准后，专业负责人填写培养方案调整表，报教务处批准。如果培养方案调整涉及新开课程，则在申请培养方案调整时，必须同时提交课程教学大纲。

二、课程教学大纲的制订和审查机制

课程教学大纲是课程教学活动的纲领性文件，是所有教学活动实施的依据和目标，也是对学生学习成果产出进行评价的依据，在学生培养过程的持续改进中起重要作用。课程教学大纲制订工作在培养方案修订或调整完成之后的 1～2 周内由专业建设工作组启动，以课程组为单位完成，范围涉及培养方案中的所有课程。教学大纲内容应包括本课程的课程目标、课程支撑的毕业要求、课程目标与毕业要求的对应关系、课程目标达成方式、教学内容与方法、课时安排、成绩评定方式等。制订好的课程教学大纲需经课程组、督导组和专业组审核无误，报教务处备案后执行。

课程教学大纲的制订和修订流程如下：

（1）专业建设工作组根据学校要求，拟定课程教学大纲模板，将模板和每门课程需支撑的毕业要求指标点交教科办，教科办向各课程组发布课程教学大纲修订通知，包括模板、每门课程需支撑的毕业要求指标点以及初稿提交时间。

（2）课程教学大纲的制订和修订由课程负责人全面负责，已有课程的教学大纲在原课程教学大纲的基础上进行修订，新课程由课程负责人牵头制订教学大纲。在修订前，应组织全体任课教师，对在以往教学中存在的问题、期中教学座谈会中学生对课程的意见和建议等进行深入研讨，确定修订原则和修订内容，并确定执笔人和审核人。执笔人依据该课程的课程目标、其在培养方案中支撑的毕业要求，编写或修订课程教学大纲；审核人按照教学大纲审核标准审核（见表 5-5），如不合格，则返回执笔人修改，直至合格；课程组组织全体老师进行讨论复审。

（3）课程教学大纲复审完成后，提交至教科办汇总。

（4）汇总后的教学大纲由专业建设工作组，按照审核标准审核（见表 5-5），填写审核表，并向课程组反馈审核意见。

（5）执笔人按照审核意见进行修改，并将教学大纲修改稿提交至教科办汇总。

（6）学院督导组按照审核标准对汇总后的教学大纲修改稿进行审核，并向课程组反馈审核意见，课程组通知执笔人按照审核意见进行修改，直至满足要求。

（7）教科办对通过三级审核的教学大纲进行汇总，提交给相关开课专业，并提交至教务处备案。

在课程教学过程中，教师必须严格按照课程教学大纲执行，在期中教学听课看课、教师教学工作手册审核环节，由督导组和课程负责人督查。

学院课程教学大纲制订和修订流程如图 5-3 所示。

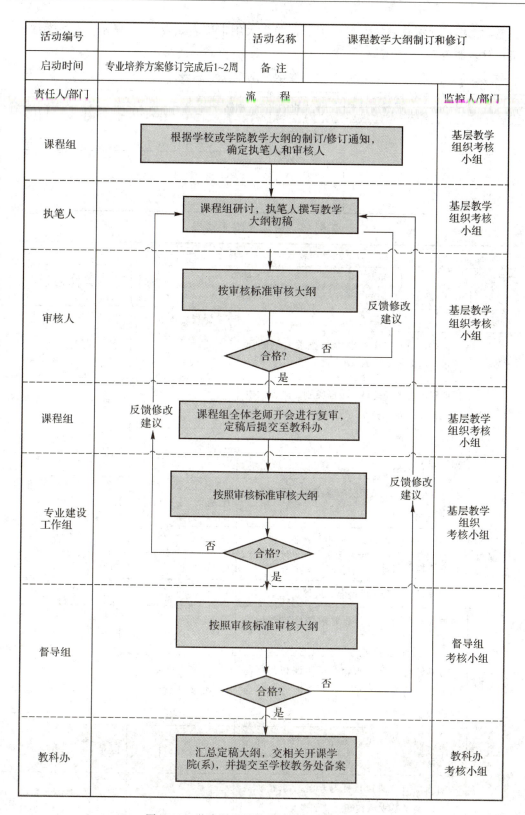

活动编号		活动名称	课程教学大纲制订和修订
启动时间	专业培养方案修订完成后1~2周	备 注	
责任人/部门	流 程		监控人/部门
课程组	根据学校或学院教学大纲的制订/修订通知，确定执笔人和审核人		基层教学组织考核小组
执笔人	课程组研讨，执笔人撰写教学大纲初稿		基层教学组织考核小组
审核人	按审核标准审核大纲　反馈修改建议　合格？ 否		基层教学组织考核小组
课程组	反馈修改建议　是　课程组全体老师开会进行复审，定稿后提交至教科办		基层教学组织考核小组
专业建设工作组	按照审核标准审核大纲　否　合格？ 反馈修改建议		基层教学组织考核小组
督导组	是　按照审核标准审核大纲　合格？ 否		督导组考核小组
教科办	是　汇总定稿大纲，交相关开课学院(系)，并提交至学校教务处备案		教科办考核小组

图 5 - 3 学院课程教学大纲制订/修订流程图

教学大纲提交汇总表如表 5-4 所示，教学大纲审核表如表 5-5 所示，教学大纲检查记录汇总表如表 5-6 所示。

表 5-4　教学大纲提交汇总表

序号	课程名称	课程编号	课程组	编制人	提交时间	是否按时提交

表 5-5　教学大纲审核表

课程名称			课程编号		编制人	
课程组审核人		审核时间		编委审核人		审核时间
指标	检查项目			课程组审核		编委审核
1.格式与课程基本信息	格式规范，完全符合学校教学大纲的模板格式；各项内容完整			□是　□否		□是　□否
	课程名、课程代码、课程类别、课程性质与课程库信息一致			□是　□否		□是　□否
	学分、课时、开课学期与培养方案教学进程计划表一致			□是　□否		□是　□否
	开课学院、开课基层教学组织、面向专业填写正确			□是　□否		□是　□否
2.课程目标	课程目标涵盖知识、能力、素质等维度			□是　□否		□是　□否
	有课程思政目标			□是　□否		□是　□否
	课程目标明确、可衡量、可评价			□是　□否		□是　□否
3.课程目标与毕业要求对应关系	课程支撑的专业毕业要求指标点与培养方案一致			□是　□否		□是　□否
	分别针对每个开课专业说明课程目标与毕业要求的对应关系，一个开课专业一张对应表			□是　□否		□是　□否
	专业的毕业要求及其指标点描述，与培养方案一致			□是　□否		□是　□否
	明确说明了课程目标与毕业要求指标点的对应关系及支撑权重			□是　□否		□是　□否

续表一

指标	检查项目	课程组审核		编委审核	
4. 课程目标与教学内容、教学方法的对应关系	列表说明课程目标与教学内容、教学方法的对应关系	□是	□否	□是	□否
	教学方法除课堂教师讲解外，还包括但不限于研讨式、小组讨论、文档写作、案例分析、课堂测试、自学等多种形式，能有效调动学生的学习兴趣与学习积极性	□是	□否	□是	□否
	教学内容描述包括教学内容、教学重点、教学难点、教学要求四项内容	□是	□否	□是	□否
	教学内容或教学方法中，至少有 5 个课程思政融入点	□是	□否	□是	□否
5. 实践环节及要求	详细说明每个实践环节主要内容和基本要求	□是	□否	□是	□否
6. 与其他课程的联系	列出先修课程和后续课程，如果没有则写"无"	□是	□否	□是	□否
7. 学时分配	至少设置讲课时数、自学时数；相关课时分配与培养计划进程表中学时设置一致 课程总学时＝讲课时数＋实验时数＋实践时数＋课内上机时数＋习题课时数＋讨论时数（不含自学和课外上机时数）	□是	□否	□是	□否
	总学时、讲授课时（讲授课时＝讲课时数＋习题课＋讨论时数）、实验时数、实践时数、课内上机时数、课外上机时数与专业培养方案教学进程计划表一致	□是	□否	□是	□否
8. 课程目标达成途径	应列表说明每个课程目标的达成途径	□是	□否	□是	□否
	针对每项课程目标都有考核项目相对应，所有课程目标都能得到有效评价	□是	□否	□是	□否
9. 学生成绩评定方法	说明是考试课还是考查课；若是考试课，说明期末考试方式是开卷还是闭卷	□是	□否	□是	□否
	除课程思政项目外，平时成绩考核项目原则上不少于 2 项	□是	□否	□是	□否
	课程思政项目占总评成绩的 3%～5%	□是	□否	□是	□否
	原则上，采用传统教学模式（以教师讲授为主）的课程，平时成绩占比 30%～40%，期末考核成绩占比 60%～70%；采用翻转或混合教学模式的课程，平时成绩占比 40%～50%，期末考核成绩占比 50%～60%	□是	□否	□是	□否

续表二

指标	检 查 项 目	课程组审核	编委审核
9.学生成绩评定方法	列表说明各考核项目的考核内容、支撑的课程目标、在平时成绩或总评成绩中的比重	□是　　□否	□是　　□否
	分别说明每项考核内容的详细评分标准，标准可评价	□是　　□否	□是　　□否
10.教学资源	教材内容覆盖课程教学内容要求，难度适中；选择出版年份较近的各种规划教材或经典教材	□是　　□否	□是　　□否
	参考书与课程教学内容紧密相关，内容在广度和深度上有拓展，数量不少于3本	□是　　□否	□是　　□否
11.课程目标达成度评价	每个课程目标原则上有两项及以上考核项目进行定量评价	□是　　□否	□是　　□否
	给出了各考核项目对课程目标的建议支撑权重	□是　　□否	□是　　□否
12.编制与审核	"编制"栏目填写完整，时间正确，编制人和审核人不同	□是　　□否	□是　　□否
13.其他问题说明			

表 5-6　教学大纲检查记录汇总表

序号	课程名称	课程编号	课程组	编制人	检查人	检查时间	检查结果	检查按时完成	是否修改完成

三、课程教学过程监督检查机制

基于 TQM 理念，建立教师/学生/课程组自查、学校和学院日常监督、定期监督、学生监督、专项检查相结合的课程教学过程监督检查机制，组建以学校教务处、校质量评估中心、督导组、学院本科教学质量保障中心、院督导组为核心，以专业建设工作组、学工办、教科办和学生信息员为协助的监督组织，实现对教学活动监督的全员、全面、全程覆盖。课程教学过程的主要监控环节及流程包括：

1. 授课计划与教学安排检查

每学期开学前，教师根据课程教学大纲制订课程授课计划，并在开学后1～2周提交给课程组组长检查，主要审核授课计划是否符合大纲要求，教学安排与考核评价方式是否合理。课程授课计划经课程组组长审核后，由教科办汇总交督导抽查，如不符合要求，则反馈整改，如符合要求，则在网络教学平台上向学生公开并按此计划实施教学。

授课计划与教学安排的制订与检查流程如图 5-4 所示。

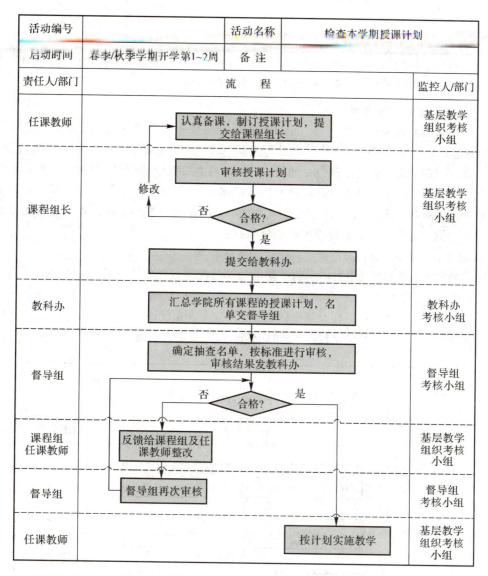

图 5-4　授课计划与教学安排的制订与检查流程图

课程组提交授课计划汇总表见表 5-7，授课计划督导检查记录表见表 5-8。

表 5-7　课程组提交授课计划汇总表

检查学期				
课程组	应提交份数	按时提交份数	推迟 1 周份数	推迟 1 周以上份数

表 5-8　授课计划督导检查记录表

序号	课程名	教师名	选课课号	检查结果	检查人	检查时间

　　备注：检查结果可以但不限于以下几种：完全合格；格式不规范；课程信息不正确；考核方式与大纲不符；教学日历不规范；教材及参考书不合格；其他(需说明具体内容)。

2. 日常与定期教学检查

　　教学实施的监督采取日常监督、定期检查、专项检查相结合的方式，由校、院两级督导、教科办、基层教学组织和学生信息员等共同完成，从而全面了解学院教学的运行情况。针对检查发现的问题，提出整改意见和建议，由教科办反馈给课程组、教师、学生，并督促其整改，对于整改仍不合格者，将名单上报学院本科教学工作委员会进行处理。下面以督导随堂听课、检查教师调课/停课情况、毕业设计中期检查、课程组期中师生座谈会和教学研讨会等为例，说明教学实施过程中的监督检查。

1) 督导随堂听课

　　每学期初，由督导组长根据本学期学院的教学情况制订随堂听课计划，听课重点为新开课程、新教师授课课程、教学改革相关课程以及上学期学评教相对靠后的课程，另外再随机在课程库中抽取部分课程。督导按计划听课，通过督导听课系统提交听课情况，将意见/建议反馈给任课教师，便于其及时对课程教学进行改进。随堂听课流程图如图 5-5 所示。

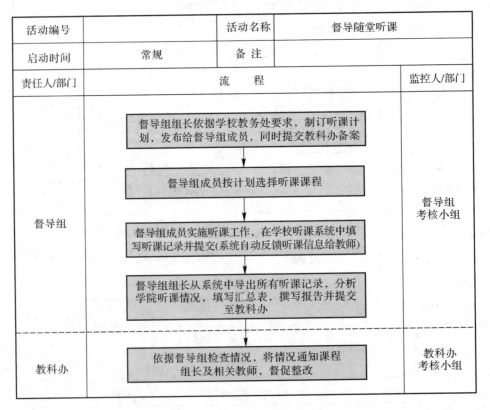

图 5-5　督导随堂听课流程图

2) 检查教师调课/停课情况

每学期的期中教学检查是定期教学检查的重要组成部分，期中教学检查一般在第 9～11 周进行，督导组除了随堂听课外，还要进行教师调课/停课检查。

期中督导组检查教师调/停课情况工作流程如图 5－6 所示。

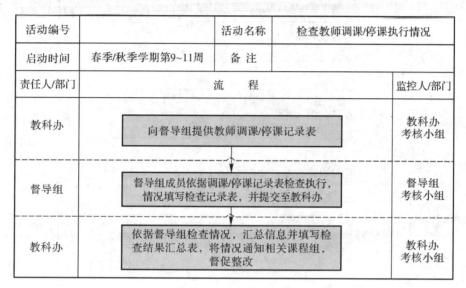

图 5－6　期中督导组检查教师调课/停课情况工作流程图

期中督导组检查教师调课/停课情况记录如表 5－9 所示，汇总表如表 5－10 所示。

表 5－9　督导组检查教师调课/停课情况记录表

序号	教师	课程名	课程组	督导	检查时间	检查结果（1 规范；2 不规范）

表 5－10　督导组检查教师调课/停课情况记录汇总表

课程组	检查结果统计（份数）	
	规范	不规范
合计		
比例（分项总份数/总份数）		

3) 毕业设计中期检查

毕业设计中期检查一般在春季学期第 9～11 周进行，督导组按照检查计划和检查标准进行毕业设计中期检查，并将检查结果交教科办，教师和学生根据教科办反馈的检查意见和建议进行整改。督导组毕业设计中期检查流程如图 5－7 所示。

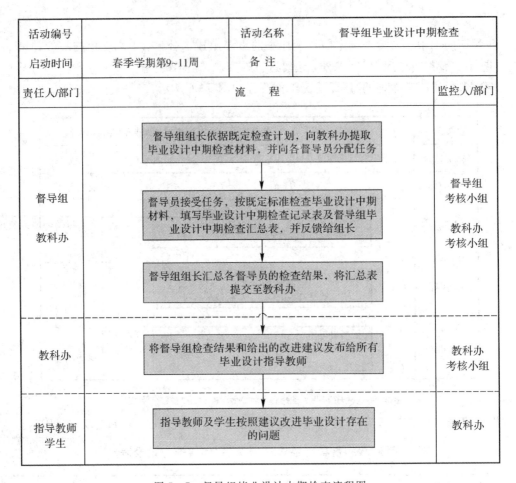

活动编号			活动名称	督导组毕业设计中期检查	
启动时间	春季学期第9~11周		备 注		
责任人/部门		流 程			监控人/部门

督导组组长依据既定检查计划，向教科办提取毕业设计中期检查材料，并向各督导员分配任务

督导员接受任务，按既定标准检查毕业设计中期材料，填写毕业设计中期检查记录表及督导组毕业设计中期检查汇总表，并反馈给组长

督导组组长汇总各督导员的检查结果，将汇总表提交至教科办

将督导组检查结果和给出的改进建议发布给所有毕业设计指导教师

指导教师及学生按照建议改进毕业设计存在的问题

图 5 - 7 督导组毕业设计中期检查流程图

督导组毕业设计中期检查汇总表如表 5 - 11 所示。

表 5 - 11 督导组毕业设计中期检查汇总表

序号	学生	指导教师	毕业设计题目	督导	检查时间	检查结果简要说明

4）期中师生座谈会和教学研讨会

期中教学检查期间，课程组应组织课程组教师自查是否按照教学大纲实施教学，教学进度是否与授课计划基本一致，是否按照学校要求执行了"三公开"制度。

按课程组织师生座谈会、教学研讨会，通过问卷调查与座谈的形式，了解教学过程是否按照大纲要求组织、课程教学进度情况、教学中出现的问题等。收集意见与建议后，召开课程组研讨会商议解决方案，会后须将会议纪要上报督导组备案。课程组教师应积极参加课程组活动，如因特殊情况不能参加者，应事先向课程组组长请假，课程组应将教师参加教研活动的情况作为对教师考核的一项重要内容，并作为下一轮课程组排课依据。

此外，在期中教学检查期间，课程组应有计划地组织课程组教师进行教学观摩和专题教学研讨，从而提升课程组的整体教学水平。

期中师生座谈会工作流程如图5-8所示。

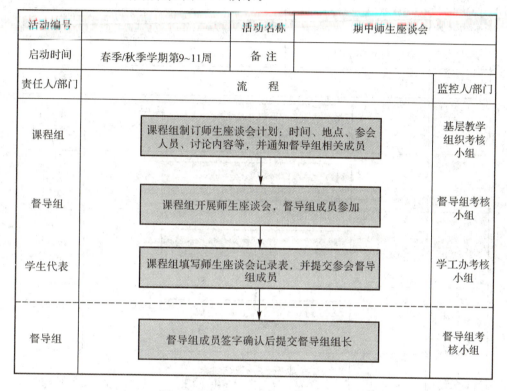

活动编号			活动名称	期中师生座谈会	
启动时间	春季/秋季学期第9~11周		备注		
责任人/部门		流程			监控人/部门
课程组		课程组制订师生座谈会计划：时间、地点、参会人员、讨论内容等，并通知督导组相关成员			基层教学组织考核小组
督导组		课程组开展师生座谈会，督导组成员参加			督导组考核小组
学生代表		课程组填写师生座谈会记录表，并提交参会督导组成员			学工办考核小组
督导组		督导组成员签字确认后提交督导组组长			督导组考核小组

图5-8 期中师生座谈会工作流程图

期中教学研讨会工作流程与期中师生座谈会工作流程类似，不再赘述。

3. 期末试卷管理

期末考试是整个教学实施过程中的重要环节，是有效检验学生学习产出的重要方式。每个学期第12~13周，根据学校要求，由教科办牵头组织期末考试出卷、考试安排等相关工作。课程组安排各课程负责人首先核对教科办汇总的考试数据，无误后按课程性质准备期末试卷或者课程大作业，期末试卷应符合学校及学院的试卷命题质量标准和保密规定；期末试卷由课程组审核后在规定时间内提交至教科办，再由督导组依据学校文件规定审核期末试卷。对于期末试卷的审核，重点关注以下几个方面：

（1）试题表述无政治性和科学性错误；

（2）试题注重考查学生运用基本知识和理论分析与解决问题的基本能力和基本素质，能够有效考察课程目标是否达成；

（3）试卷题型结构合理，题量与难度适中，有良好的区分度；

（4）简单的填空、选择、简答题比例不超过20%；

（5）A、B卷无重复题目，且与近3年试卷的重复率低于30%；

（6）试卷格式正确，图表规范，无错别字。

　　督导审核试卷后填写试卷审核表，不符合要求的试卷由教科办反馈给相关课程组和教师重新修改，直至达标。涉及期末考试出卷、试卷审核和管理的人员要严格遵守相关保密规定，避免发生重大教学事故。期末考试试卷管理流程如图5-9所示。

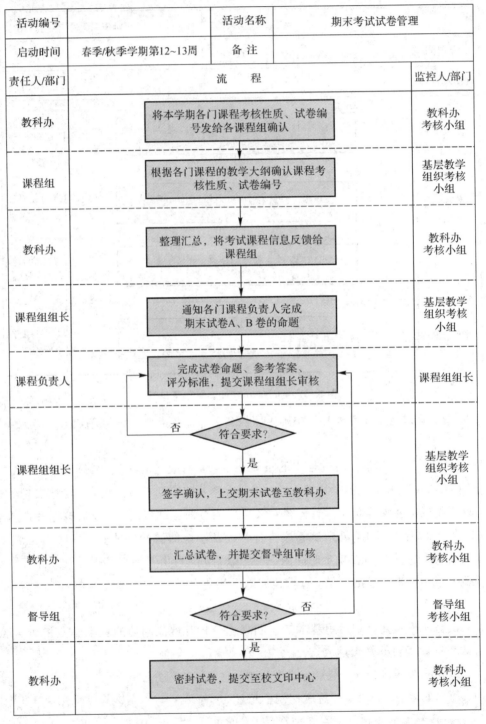

活动编号		活动名称	期末考试试卷管理
启动时间	春季/秋季学期第12~13周	备　注	

责任人/部门	流　　　程	监控人/部门
教科办	将本学期各门课程考核性质、试卷编号发给各课程组确认	教科办考核小组
课程组	根据各门课程的教学大纲确认课程考核性质、试卷编号	基层教学组织考核小组
教科办	整理汇总，将考试课程信息反馈给课程组	教科办考核小组
课程组组长	通知各门课程负责人完成期末试卷A、B卷的命题	基层教学组织考核小组
课程负责人	完成试卷命题、参考答案、评分标准，提交课程组组长审核	课程组组长
课程组组长	符合要求？ 否/是 签字确认，上交期末试卷至教科办	基层教学组织考核小组
教科办	汇总试卷，并提交督导组审核	教科办考核小组
督导组	符合要求？ 否/是	督导组考核小组
教科办	密封试卷，提交至校文印中心	教科办考核小组

图5-9　期末考试试卷管理流程图

4. 教学资料归档、总结与审核

课程补考结束后(下一学期的第1～2周),各任课教师整理教学材料,填写完成"教师教学工作手册"后将所有的电子版课程教学材料,包括课程大纲、成绩单、教师教学工作手册(内含授课计划、成绩记录册、试卷分析、课程目标达成评价、教学小结)、试卷样卷、参考答案、评分标准和学生实验资料归档签收单等提交至学院教学材料及数据采集平台。其中,学生实验资料以实验室为单位,由各实验室管理人员负责收齐归档保存,并签署课程实验资料归档签收单。课程负责人按照如下标准对教学材料进行审核:

(1)教学材料是否完整;

(2)各项教学材料格式是否规范;

(3)是否有明确的成绩评定方法,并与课程大纲相符;

(4)课程考核内容(含试卷、大作业等)是否能有效支撑相应的课程目标和毕业要求;

(5)同一门课程是否有统一的评分标准,教师在批阅试卷时是否严格按照评分标准使用红笔批阅,涂改处是否有教师签名,分数的累加是否正确;

(6)过程考核评分标准是否合理,过程考核记录是否详细、客观;

(7)是否针对试卷得分情况进行了认真分析,是否统计了考题对课程目标的支撑分数及学生平均得分率,从而有效发现教学短板;

(8)构成课程目标达成度的评价项目与权重是否合理,对课程目标达成度的计算是否正确、合理、有效;

(9)是否针对教学班学生学习情况和学习成果进行了教学小结,发现教学中的不足,并对存在的问题提出了持续改进措施。

课程负责人将审核结果反馈给教师,如不符合要求,则整改直至合格。教师打印纸质版教学材料,连同教学班的学生试卷交课程组组长再次审核无误后,交教科办归档保存。

教科办汇总教师提交的教学材料,汇总表交督导组,督导组制订抽查计划,按计划抽查教师的教学材料,抽查标准与课程组组长的审核标准一致,填写检查记录表,交教科办。教科办将抽查结果反馈给教师,如不符合要求,则整改直至合格后,更新至学院教学材料及数据采集平台,并由教科办存档全套纸质版教学材料。

教学材料归档、总结与审核流程如图5-10所示。

课程组提交教学材料汇总表见表5-12,教学材料督导检查记录表见表5-13。

表5-12　课程组提交上学期教学材料汇总表

检查学期				
课程组	应提交份数	按时提交份数	推迟1周份数	推迟1周以上份数

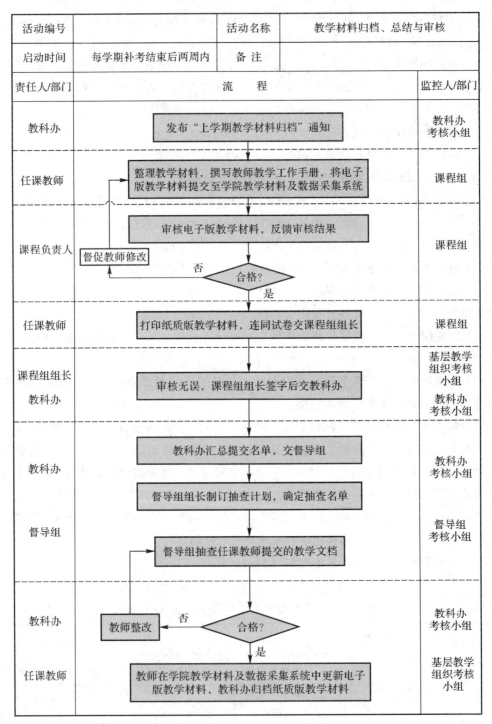

活动编号		活动名称	教学材料归档、总结与审核
启动时间	每学期补考结束后两周内	备 注	

责任人/部门	流　　程	监控人/部门
教科办	发布"上学期教学材料归档"通知	教科办考核小组
任课教师	整理教学材料，撰写教师教学工作手册，将电子版教学材料提交至学院教学材料及数据采集系统	课程组
课程负责人	审核电子版教学材料，反馈审核结果　督促教师修改　否　合格？　是	课程组
任课教师	打印纸质版教学材料，连同试卷交课程组组长	课程组
课程组组长　教科办	审核无误，课程组组长签字后交教科办	基层教学组织考核小组　教科办考核小组
教科办	教科办汇总提交名单，交督导组	教科办考核小组
	督导组组长制订抽查计划，确定抽查名单	
督导组	督导组抽查任课教师提交的教学文档	督导组考核小组
教科办	教师整改　否　合格？　是	教科办考核小组
任课教师	教师在学院教学材料及数据采集系统中更新电子版教学材料，教科办归档纸质版教学材料	基层教学组织考核小组

图 5-10　春季/秋季学期教学材料归档、总结与审核流程图

表 5 - 13　上学期教学材料督导检查记录表

序号	课程名	教师名	选课课号	检查结果	检查人	检查时间

四、课程质量评价与持续改进机制

面向产出的课程质量评价是教学质量监控的核心，也是毕业要求达成评价的依据。包含两个层次的课程评价与持续改进。

1. 教学班的课程目标达成评价和持续改进

课程结束后，教师在《教师教学工作手册》中，针对教学班的课程教学目标达成情况进行定量评价，并对学生考试与学习情况、存在问题进行分析，提出改进措施。

课程负责人或者督导组对课程目标达成评价进行合理性审核。

教师根据审核意见和建议，结合学生考试与学习情况、存在问题，在下一轮教学中有针对性地进行改进，努力使课程目标达成度不断提升。

2. 课程的课程目标达成评价与持续改进

课程结束后，课程负责人依据各个教学班的《教师教学工作手册》，组织任课教师分析研讨后，形成课程目标达成度评价报告，提交学院本科教学工作委员会审核。课程目标达成评价报告须符合如下标准：

（1）对本课程所有教学班的教学数据进行统计，包括平均成绩、不及格率、课程目标达成评价值等；

（2）对各个教学班的课程目标达成评价的合理性与有效性进行分析；

（3）计算或者分析整个课程的课程目标是否达成；

（4）收集各个教学班存在的教学问题及改进措施、意见及建议；

（5）归纳与分析课程教学存在的问题，课程组研讨后给出解决措施。

学院本科教学工作委员会同专业建设工作组对上一学期的课程目标达成度评价报告进行审核，存在的具体问题反馈给课程组改进，或者课程组将切实的困难反馈给学院请求予以协助解决。

课程目标达成评价与持续改进流程如图 5 - 11 所示。

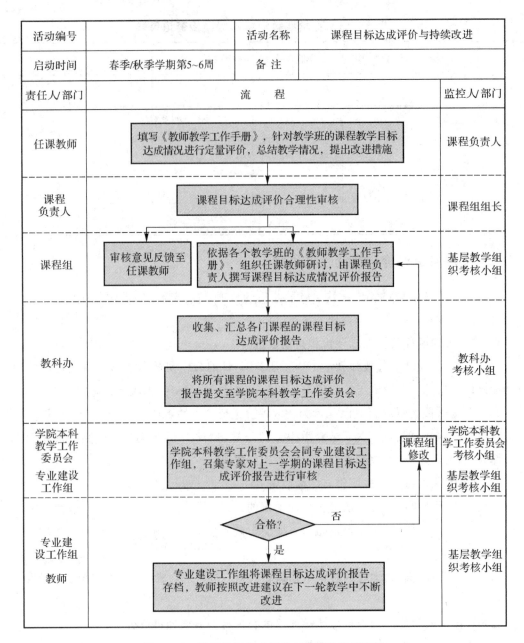

活动编号		活动名称	课程目标达成评价与持续改进
启动时间	春季/秋季学期第5~6周	备注	

责任人/部门	流　　　程	监控人/部门
任课教师	填写《教师教学工作手册》，针对教学班的课程教学目标达成情况进行定量评价，总结教学情况，提出改进措施	课程负责人
课程负责人	课程目标达成评价合理性审核	课程组组长
课程组	审核意见反馈至任课教师　　依据各个教学班的《教师教学工作手册》，组织任课教师研讨，由课程负责人撰写课程目标达成情况评价报告	基层教学组织考核小组
教科办	收集、汇总各门课程的课程目标达成评价报告　　将所有课程的课程目标达成评价报告提交至学院本科教学工作委员会	教科办考核小组
学院本科教学工作委员会 专业建设工作组	学院本科教学工作委员会会同专业建设工作组，召集专家对上一学期的课程目标达成评价报告进行审核　　课程组修改	学院本科教学工作委员会考核小组　　基层教学组织考核小组
专业建设工作组 教师	合格？　否　是　专业建设工作组将课程目标达成评价报告存档，教师按照改进建议在下一轮教学中不断改进	基层教学组织考核小组

图 5-11　课程目标达成评价与持续改进流程图

第二节　毕业要求达成评价机制

　　毕业要求是对学生毕业时应该掌握的知识和能力的具体描述，包括学生通过本专业学习所应该掌握的知识、具备的能力和素质。毕业要求达成是培养目标与课程目标之间的重要衔接。通过开展毕业要求达成情况评价，将毕业要求有效落实到每门课程中，并及时发现问题与不足，为课程体系和课程教学的持续改进提供依据。

一、毕业要求达成评价责任主体和评价周期

毕业要求达成评价工作由专业建设工作组、学院督导组、教科办、学工办共同负责，每2～4年进行一次评价工作。

二、毕业要求达成评价方法

毕业要求达成评价应根据《普通高等学校本科专业类教学质量国家标准》及《中国工程教育专业认证标准》的要求，以培养方案中支撑毕业要求指标点的各类课程质量评价结果作为主要依据，以应届毕业生问卷调查、座谈等方面的情况作为补充，采用直接评价和间接评价相结合的方法对学生的毕业要求达成情况进行评价，其中直接评价是基于课程评价的定量评价，间接评价是基于毕业生和用人单位调查的定性或者定量评价。

三、毕业要求达成评价依据

直接评价的主要依据是支撑毕业要求指标点的课程目标达成评价值，数据来源于课程目标评价报告，收集时间是每门课程补考结束后。

间接评价的主要依据是：

（1）应届毕业生自评调查的统计数据，来源于应届毕业生调查报告，收集周期是每年一次；

（2）往届毕业生调查的统计数据，来源于往届毕业生调查报告，收集周期是3～4年；

（3）第三方的调查数据，来源于浙江省教育评估院等第三方机构对毕业1年的毕业生及其用人单位的调查数据，收集周期是每年一次。

四、毕业生跟踪与社会评价

应届毕业生的跟踪与用人单位调查，是进行人才培养产出评价的重要依据与手段。

1. 应届毕业生座谈会

每年春季学期期末，毕业生离校前由专业建设工作组、学工办组织学生分专业召开毕业生座谈会，了解应届毕业生对专业培养方案、课程设置、课程教学等各方面的意见和建议；每个专业参加座谈会的学生至少30人，含不同层次学生各若干名。

2. 应届毕业生问卷调查

每年春季学期期末，在学生毕业离校前开展问卷调查，由专业建设工作组拟定应届毕业生调查问卷。调查内容涉及学生自我评价、课程体系评价、课程教学评价等方面。其中，毕业生对毕业要求观测点的自我评价将作为毕业要求达成的间接评价依据。而学生对课程体系、课程教学效果的意见和建议，将作为课程体系和课程教学持续改进的参考意见。

学工办负责发放与收集调查问卷，并由学工办和专业建设工作组负责统计数据，对统计结果进行深入分析，在此基础上撰写应届毕业生调查报告，作为新一级人才培养方案的

修订依据和本届毕业生毕业要求达成的评价依据。

3. 用人单位调查反馈

每 3～4 年，由专业建设工作组拟定调查问卷，开展用人单位调查与走访。调查与走访单位的名单由专业建设工作组和学院学工办共同确定，为确保调查数据的可信度，至少走访或调查 15 家企业，50 人以上校友就业的单位须占一定比例。

学院学工办负责与企业接洽，发放与收集调查表，再由学工办和专业建设工作组负责统计调查反馈数据，进行分析，并撰写用人单位调查报告，作为培养方案修订依据、培养目标达成评价依据。

毕业生、用人单位问卷调查工作流程如图 5-12 所示。

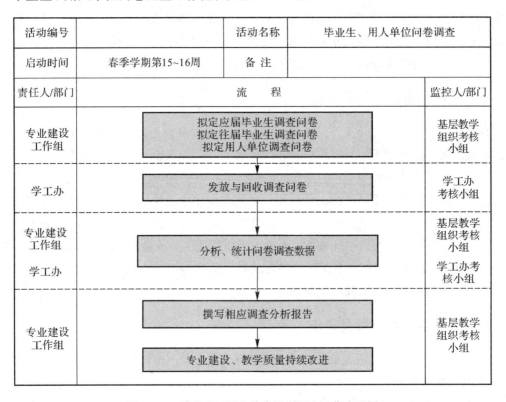

图 5-12　毕业生、用人单位问卷调查工作流程图

五、毕业要求达成评价工作流程

毕业要求达成评价工作于秋季学期开展，由专业建设工作组组织，教科办、学工办、督导组协助，对支撑毕业要求指标点的课程目标达成评价值、应届毕业生自评调查统计数据进行汇总，按照工程认证的要求，进行毕业要求达成评价，找出短板，分析原因。毕业要求达成评价工作流程如图 5-13 所示。

毕业要求达成评价完成后，需撰写毕业要求达成评价报告，报告格式不限，作为专业培养方案修订等持续改进工作的依据。

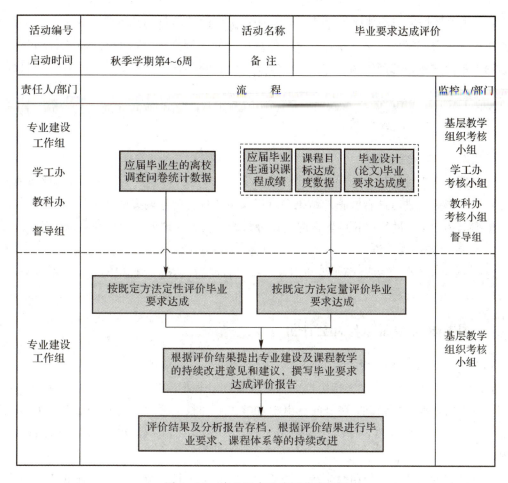

图 5-13 毕业要求达成评价流程图

第三节 培养目标达成评价机制

培养目标是该专业学生在毕业后五年左右其职业能力和专业成就方面的预期。通过人才培养目标合理性及达成情况评价，掌握专业培养目标在学生身上的实现程度，及时发现问题与不足，为专业培养目标和毕业要求的持续改进提供依据，促进人才培养质量不断提升。

一、培养目标达成评价责任主体和评价周期

每 3~4 年，由专业建设工作组、学院本科教学工作委员会、督导组、学工办等共同负责，对培养目标进行合理性评价和达成评价。

二、培养目标达成评价方法

根据《普通高等学校本科专业类教学质量国家标准》及《中国工程教育专业认证标准》的

要求，采用内部评价和外部评价相结合的方法对学生的培养目标达成情况进行评价，内部评价主要通过对本专业毕业五年左右学生的走访与问卷调查进行，外部评价主要通过对社会与用人单位的走访与问卷调查进行，对内部评价和外部评价进行综合，得到培养目标达成评价结果。

三、培养目标达成评价依据

1. 培养目标合理性评价

培养目标合理性评价的依据包括：培养方案外审专家（含企业行业专家）的评价意见、对五年以上毕业生进行问卷调查的结果和对用人单位进行问卷调查的结果。

依据上述数据，进行培养目标合理性评价与新一级人才培养方案培养目标的修订。

2. 培养目标达成评价

每3~4年，对五年以上毕业生和用人单位进行问卷调查，并根据问卷调查报告做出培养目标达成的总体评价。

四、往届毕业生跟踪与社会评价

1. 往届毕业生跟踪调查

每3~4年，由专业建设工作组拟定调查问卷，对往届毕业生进行一次跟踪调查，重点了解毕业生的职业发展情况。调查问卷由学院学工办和校友会负责发放与收集。为了使调查数据具有一定的可信度，每次至少调查50个毕业生，其中毕业5年以上的须占一定比例。

学工办和专业建设工作组负责统计调查反馈数据，并进行分析，撰写往届毕业生调查报告，作为培养方案修订和培养目标达成评价依据。

2. 用人单位调查反馈

用人单位调查反馈与毕业要求达成情况章节中一致，不再赘述。

五、培养目标达成评价工作流程

培养目标达成评价工作于秋季学期开展，由专业建设工作组组织，教科办、学工办、督导组协助，对往届毕业生调查统计数据、用人单位调查统计数据进行汇总，按照工程认证的要求，进行培养目标达成评价，将评价结果作为专业人才培养方案中培养目标的持续改进依据，以保障其始终与内、外部需求相符合。培养目标达成评价工作流程为：

（1）相关专业建设工作组制订人才培养目标评价实施细则和具体方案，提交学院本科教学工作委员会审议通过。

（2）相关专业建设工作组根据实施细则和方案，组织开展内部评价和外部评价，获得本专业毕业5年左右的毕业生、用人单位等各方评价调查反馈意见。

（3）相关专业建设工作组对各类人员的调查反馈意见进行汇总统计，开展分析。依据各方调查反馈意见和分析结果，对专业培养目标合理性及达成情况进行评价并形成评价报告，提出整改方案，提交学院本科教学工作委员会审议。

培养目标达成评价流程如图 5 - 14 所示。

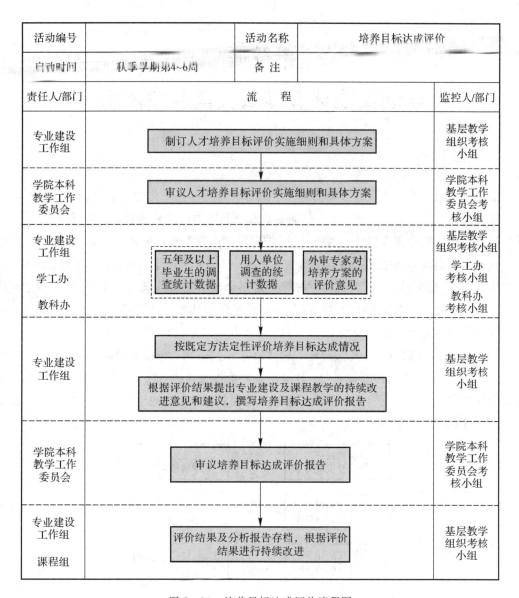

活动编号			活动名称	培养目标达成评价
启动时间	秋季学期第4~6周		备 注	
责任人/部门	流　　程			监控人/部门

图 5 - 14　培养目标达成评价流程图

第六章

学院实践环节专项质量监控体系

　　实践教学是高校人才培养方案的重要组成部分，是巩固内化理论教学内容、提升学生分析解决实际问题的能力、培养学生创新意识和创新能力的重要途径。《教育部等部门关于进一步加强高校实践育人工作的若干意见（教思政〔2012〕1号）》明确提出，"要全面落实本科专业教学质量国家标准对实践教学的基本要求，加强实践教学管理，提高实验、实习、实践和毕业设计（论文）质量。"为此，学院综合运用全面质量管理理论及OBE核心理念，构建了一套操作性强、通用性好的实践环节专项质量监控体系。该质量监控体系首先将学院各专业所有实践环节分为毕业设计（论文）、课程设计（实践）、课内实验（上机）、实习（实践）四大类，然后分别为每一类实践环节建立质量监控方案，包括教学质量标准（具体参见第四章第四节"学院质量标准体系"）、教学质量评价指标体系、教学质量监控实施方案。质量监控评估结果应及时反馈给相关责任主体并督促其改进，形成学院实践环节质量监控闭环体系（如图6-1所示）。

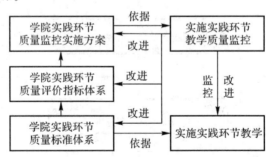

图6-1　学院实践环节质量监控闭环体系框架结构图

第一节　学院毕业设计（论文）质量监控方案

　　毕业设计（论文）是专业课程体系中最重要的实践环节，在所有实践环节中学分最高、课时最多，是对学生本科四年学习成效的综合检验，也是培养学生独立解决复杂工程问题能力、独立开展科学研究能力的重要途径。学院必须严格按照毕业设计（论文）质量监控方案有效监控、准确评估毕业设计(论文)的质量,并依据评估结果督促专业、教师持续改进,以切实提升人才培养质量。学院毕业设计(论文)质量监控方案包括毕业设计(论文)的质量标准(具体见第四章第四节"学院质量标准体系")、质量评价指标、质量监控实施方案。

一、学院毕业设计(论文)质量评价指标

按照全面质量管理理论的"全员、全面、全程"原则,详细分析了毕业设计(论文)的实施过程,确定其质量形成的关键活动有毕业设计选题、开题报告答辩、中期进展情况、毕业设计答辩,因此设计了毕业设计(论文)选题质量评价指标、开题报告答辩评价指标、中期检查评价指标、毕业答辩评价指标、毕业设计(论文)材料检查指标。

(1)毕业设计(论文)选题质量评价指标(表6-1)。

表6-1　毕业设计(论文)选题质量评价指标

序号	评价项目	权重	评价标准		
			A(优秀)	C(合格)	D(待改进)
1	申报题目数量/选题学生人数	0.1	>1.3	≥1	<1
2	结合工程实际选题占比	0.1	>90%	≥80%	<80%
3	是否每生一题	0.1	是		否
以下评价项目针对每个毕业设计选题进行,计算时每项取所有选题的平均分					
4	选题内容与选题类别的一致性	0.1	一致	基本一致	不一致
5	选题难度	0.3	适当,普通学生经过努力能完成	较难:优秀学生经过努力能完成;较简单:能基本支持课程目标达成	太难:学生基本不能完成;太简单:不能支持课程目标达成
6	选题工作量	0.3	适当,普通学生经过努力能完成	偏多:优秀学生经过努力能完成;偏少:能基本支持课程目标达成	太多:学生基本不能完成;太少:不能支持课程目标达成
毕业设计(论文)选题得分			=∑(评价项目i分值×权重)		
定量评价设置:A—95分,C—75分,D—50分					

（2）毕业设计（论文）开题报告答辩评价指标（表 6-2）。

表 6-2　毕业设计（论文）开题报告答辩评价指标

序号	评价项目	权重	评价标准		
			A（优秀）	C（合格）	D（待改进）
1	生均答辩时长	0.1	＞10 分钟	≥7 分钟	＜7 分钟
2	答辩小组教师到齐率	0.05	100%	≥80%	＜80%
3	学生到齐率	0.05	100%	≥80%	＜80%
	以下评价项目针对每份学生问卷调查进行，计算时每项取所有调查学生的平均分				
4	答辩问题个数	0.1	≥4	≥2	＜2
5	教师发放任务书时间	0.05	上学期末	本学期	尚未发放
6	是否已完成开题报告各项材料撰写	0.15	全部完成		未完成
7	至目前为止教师指导次数	0.1	≥5 次	≥3 次	＜3
8	每次指导时间长度	0.05	≥1.5 小时	≥1 小时	＜1 小时
9	每次指导后，教师是否及时反馈平时成绩	0.05	很及时	有延迟，但不超出 1 周	有延迟，超出 1 周以上
10	你是否清楚毕业设计要完成的工作	0.15	很清楚	一般	不清楚
11	你的问题能否及时得到教师帮助	0.05	很及时	有延迟，但不超出 1 周	延迟超出 1 周以上
12	对指导教师是否满意	0.1	很满意	一般	不满意
	毕业设计（论文）开题报告答辩检查得分		=∑（评价项目 i 分值×权重）		
	定量评价设置：A—95 分，C—75 分，D—50 分				

（3）毕业设计（论文）中期检查评价指标。

毕业设计（论文）中期检查得分值＝教师指导记录检查得分×0.2＋学生问卷调查得分×0.8

① 教师指导记录检查指标（表 6-3）。

表 6-3　教师指导记录检查指标

序号	评价项目	权重	评价标准		
			A（优秀）	C（合格）	D（待改进）
1	教师指导次数	0.5	＞6 次	≥4 次	＜4 次
2	指导记录详细情况	0.5	很详细	一般	较差
	教师指导记录检查得分		=∑（评价项目 i 平均分值×权重）		
	定量评价设置：A—95 分，C—75 分，D—50 分				

② 学生问卷调查指标(表 6 - 4)。

表 6 - 4　学生问卷调查指标

序号		调查项目	权重	评价标准		
				A(优秀)	C(合格)	D(待改进)
1	教学条件	校内教学条件(实验室、机房、参考资料等)满足毕业设计(论文)需要的程度	0.05	很高	一般	较差
2		指导教师能力	0.05	很好	一般	较差
3		学院用于每个学生的毕业设计(论文)经费	0.05	充足	较紧张	不够用
4	实施和管理	对学校制订的毕业设计(论文)各环节教学要求的了解程度	0.05	非常清楚	基本了解	不太了解
5		对学院毕业设计(论文)工作开展情况的满意程度	0.05	很满意	一般	不满意
6		学院对选题、开题等环节的要求及安排	0.05	很好	一般	较差
7		毕业设计(论文)题目和指导教师的确定时间	0.05	上学期末	本学期初	最近
8		题目符合本专业综合训练要求	0.05	符合	一般	较差
9		题目难度及工作量	0.05	适中	一般	较差
10		题目与科研或生产实际相联系程度	0.05	紧密	一般	较差
11		收到任务书的时间	0.05	上学期末	本学期初	最近或未收到
12		指导教师教学态度和教书育人作用	0.05	很好	一般	较差
13		指导教师定期检查学生的进度	0.05	1 次/周	1 次/2 周	很少
14		指导教师对开题报告、毕业论文撰写的指导	0.05	很好	一般	较差
15		实际完成的内容与计划进度的符合程度	0.05	100%	70%	更少
16		学院对中期检查的要求及安排是否明确	0.05	明确	较差	无安排
17	教学效果	提高了复杂工程问题研究分析与解决能力	0.05	很好	一般	较差
18		提高了资料查阅及翻译能力	0.05	很好	一般	较差
19		提高了文字表达能力、项目问题沟通交流能力	0.05	很好	一般	较差
20		培养了批判思维、辩证思维、创新思维	0.05	很好	一般	较差
学生问卷调查得分				=Σ(评价项目 i 平均分值×权重)		
定量评价设置:A—95 分,C—75 分,D—50 分						

(4) 毕业设计(论文)答辩评价指标(表6-5)。

表 6-5　毕业设计(论文)答辩评价指标

序号	评价项目	权重	评 价 标 准		
			A(优秀)	C(合格)	D(待改进)
1	生均答辩时长(含验收)	0.2	≥30分钟	≥20分钟	<20分钟
2	答辩小组教师人数 　-	0.2	≥5人	≥4人	<4人
3	学生到齐率	0.1	100%	≥80%	<80%
4	答辩问题个数	0.2	≥5个	≥3个	<3个
5	实物成果验收	0.1	验收仔细	有验收环节	无验收环节
6	毕业论文形式审查完成情况	0.2	100%	≥70%	<70%
毕业设计(论文)答辩检查得分			=∑(评价项目i分值×权重)		
定量评价设置：A—95分，C—75分，D—50分					

(5) 毕业设计(论文)材料检查评价指标(表6-6)。

表 6-6　毕业设计(论文)材料检查评价指标

序号	评价项目		权重	评 价 标 准		
				A(优秀)	C(合格)	D(待改进)
以下针对每份毕业设计材料进行，计算时每项取所有检查材料的平均分						
1	材料完整性	材料数量	0.1	完整		不完整
2		各种签字	0.05	完整		不完整
3		规范性	0.02	格式规范无错误	格式错误不超出3处	格式错误超出3处
4	任务书	内容质量	0.03	内容完整，清楚描述毕业设计(论文)的内容和要求；工作量合适，难度适中，能有效达成教学目标；规定阅读文献不少于10篇，其中外文文献不少于2篇，期刊学术论文不少于4篇且期刊级别高；进度安排合理	内容完整，毕业设计(论文)的内容和要求基本清楚；工作量及难度基本适当；规定阅读文献不少于10篇，其中外文文献不少于2篇，期刊学术论文不少于4篇；进度安排基本合理	存在以下任意一项：(1) 内容不完整，要求不清楚；(2) 工作量过多或过少；(3) 规定阅读文献少于10篇，其中外文文献少于2篇，期刊学术论文少于4篇；(4) 进度安排不合理

续表一

序号	评价项目		权重	评 价 标 准		
				A（优秀）	C（合格）	D（待改进）
以下针对每份毕业设计材料进行，计算时每项取所有检查材料的平均分						
5		规范性	0.05	格式规范无错误，正文字数不少于4000字	格式错误不超出4处，正文字数不少于3000字	存在以下任意一项：格式错误超出4处；正文字数少于3000字
6	开题报告	内容质量	0.1	内容完整；研究进度安排合理；研究内容与课题紧密相关且充分；研究方案合理；所列参考文献不少于10篇，其中外文文献不少于2篇，期刊学术论文不少于4篇且期刊级别高，开题报告正文中正确标注文献引用	内容完整；研究进度安排基本合理；研究内容与课题相关但不够充分；研究方案较合理；所列参考文献不少于10篇，其中外文文献不少于2篇，期刊学术论文不少于4篇	存在以下任意一项：（1）内容不完整；（2）研究进度安排不合理；（3）研究内容与课题相关性低且内容少；（4）研究方案不合理；（5）所列参考文献少于10篇，其中外文文献少于2篇，期刊学术论文少于4篇
7	毕业论文	规范性	0.2	格式规范无错误；正文在1.5万字以上	格式错误不超出10处；正文在1.5万字以上	存在以下任意一项：（1）格式错误超出10处；（2）正文字数少于1.5万字
8		内容质量	0.25	内容完整；中英文摘要质量好；论文结构合理，语言流畅，层次清晰，逻辑性强；有独立观点和见解，论据准确翔实	内容基本完整；中英文摘要质量一般；论文结构基本合理，语言较通顺；理论基本正确，有一定论述，但论据有非原则性错误	存在以下任意一项：（1）内容不完整；（2）中文摘要少于100字，英文摘要错误多；（3）论文结构较乱，表述有错误；（4）主要论据有原则性错误，不能说明立论观点
9	各类说明书等		0.05	格式规范，主要功能都给出了使用说明，且内容翔实、准确，用户容易理解	格式基本规范，主要功能都给出了使用说明，但不够详细	存在以下任意一项：（1）格式混乱；（2）大部分功能没有给出使用说明
10	各项成绩评价准确性		0.05	准确	基本准确	相差较大
11	论文评阅意见		0.05	填写详细、准确，与论文实际情况相符	填写内容较简略，与论文实际情况基本一致	填写简单，与论文实际情况相差较大

续表二

序号	评价项目	权重	评 价 标 准		
			A(优秀)	C(合格)	D(待改进)
以下针对每份毕业设计(论文)材料进行,计算时每项取所有检查材料的平均分					
12	教师指导记录表	0.05	指导次数 15 次及以上,记录详细	指导次数 8 次及以上,记录基本清楚	存在以下任意一项:(1)指导次数少于8次;(2)无指导内容或成绩评价
毕业设计(论文)材料检查得分			=∑(评价项目 i 分值×权重)		
定量评价设置:A—95 分,C—75 分,D—50 分					

二、学院毕业设计(论文)质量监控实施方案

学院实践环节质量监控体系针对毕业设计(论文)四个关键质量形成环节:毕业设计选题、开题报告答辩、中期进展情况、毕业设计答辩,设置了 5 项常规质量监控活动:毕业设计选题检查、毕业设计开题报告答辩检查、毕业设计中期检查、毕业设计答辩检查、毕业设计材料检查,监控主体均为学院本科教学质量保障中心,各项监控活动的开展时间如图 6-2 所示。

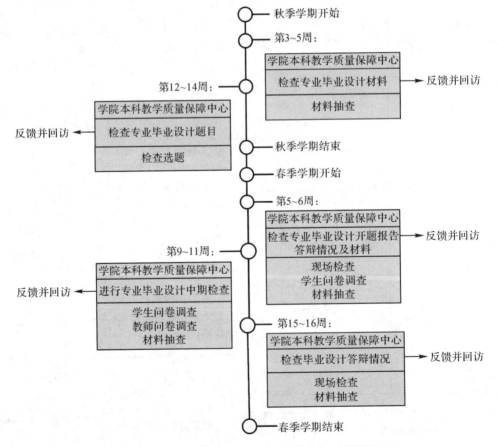

图 6-2 学院毕业设计(论文)质量监控工作流程

1. 毕业设计(论文)选题检查实施方案

毕业设计(论文)选题检查主要评估专业毕业设计(论文)选题审查的规范性、选题质量等，促进专业持续改进，具体实施方案如下：

(1) 监控主体：学院本科教学质量保障中心。

(2) 监控客体：教师申报的毕业设计题目。

(3) 开展时间：秋季学期第 12～14 周。

(4) 监控方法：学院教科办将专业审查通过的毕业设计(论文)选题汇总表提交学院本科教学质量保障中心，学院本科教学质量保障中心应完成以下工作：

① 检查是否保证每生一题；

② 统计专业各类选题的比例，特别考查结合工程实际的题目是否占 80% 以上；

③ 根据检查人员配置情况，随机抽取 20%～50% 选题，对每个选题进行检查：选题是否存在政治性思想性错误、选题内容是否与选题类别一致、选题难度和工作量是否适当、选题是否能支撑毕业设计课程目标的达成等；

④ 将检查结果及时反馈给专业建设工作组，并要求专业建设工作组根据检查结果进行整改。

(5) 工作流程：如图 6-3 所示。

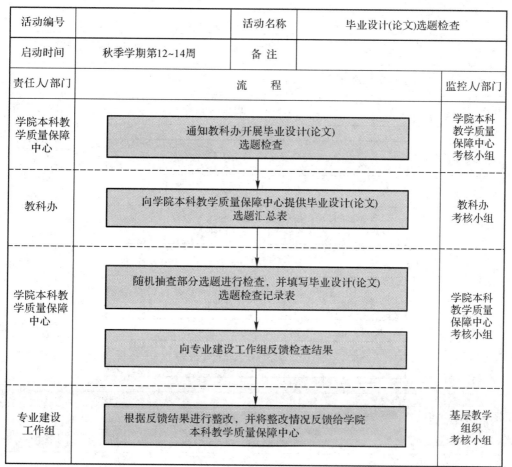

活动编号			活动名称	毕业设计(论文)选题检查	
启动时间	秋季学期第12~14周		备 注		
责任人/部门	流　　　程				监控人/部门
学院本科教学质量保障中心	通知教科办开展毕业设计(论文)选题检查				学院本科教学质量保障中心考核小组
教科办	向学院本科教学质量保障中心提供毕业设计(论文)选题汇总表				教科办考核小组
学院本科教学质量保障中心	随机抽查部分选题进行检查，并填写毕业设计(论文)选题检查记录表				学院本科教学质量保障中心考核小组
	向专业建设工作组反馈检查结果				
专业建设工作组	根据反馈结果进行整改，并将整改情况反馈给学院本科教学质量保障中心				基层教学组织考核小组

图 6-3　毕业设计(论文)选题检查工作流程

2. 毕业设计(论文)开题报告答辩检查实施方案

毕业设计(论文)开题报告答辩检查主要评估毕业设计(论文)开题报告答辩过程规范性、学生毕业设计(论文)完成进度、教师指导情况等，并督促教师、学生持续改进，监控活动包括答辩现场检查、学生问卷调查，具体实施方案如下：

(1) 监控主体：学院本科教学质量保障中心。

(2) 监控客体：毕业设计开题报告答辩过程。

(3) 开展时间：春季学期第5～6周。

(4) 监控方法：学院教科办在开学第4～5周将本专业毕业设计开题报告答辩安排汇总表提交学院本科教学质量保障中心。学院本科教学质量保障中心随机抽取检查部分答辩小组的现场答辩情况：

① 检查答辩现场教师人数是否符合要求(4人及以上)、学生是否全部到场；

② 检查每生答辩时长是否符合要求(每生至少7分钟)：

每生答辩时长＝(检查时间－开始答辩时间)/已完成答辩学生人数

③ 到答辩现场开展学生问卷调查，并统计调查结果；

④ 学院本科教学质量保障中心将检查结果反馈给专业建设工作组，并督促专业建设工作组整改存在的问题。

(5) 工作流程：如图6-4所示。

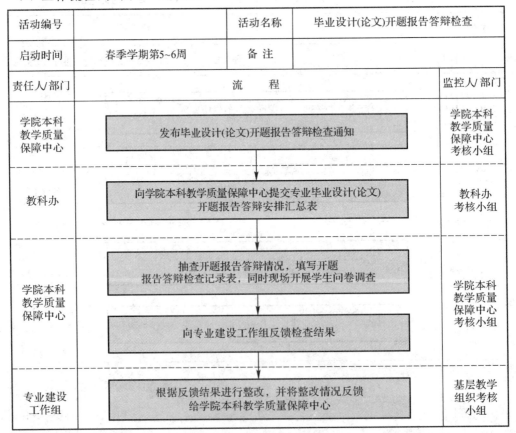

活动编号		活动名称	毕业设计(论文)开题报告答辩检查
启动时间	春季学期第5~6周	备　注	
责任人/部门	流　　程		监控人/部门
学院本科教学质量保障中心	发布毕业设计(论文)开题报告答辩检查通知		学院本科教学质量保障中心考核小组
教科办	向学院本科教学质量保障中心提交专业毕业设计(论文)开题报告答辩安排汇总表		教科办考核小组
学院本科教学质量保障中心	抽查开题报告答辩情况，填写开题报告答辩检查记录表，同时现场开展学生问卷调查		学院本科教学质量保障中心考核小组
	向专业建设工作组反馈检查结果		
专业建设工作组	根据反馈结果进行整改，并将整改情况反馈给学院本科教学质量保障中心		基层教学组织考核小组

图6-4　毕业设计(论文)开题报告答辩检查工作流程

3. 毕业设计(论文)中期检查实施方案

毕业设计(论文)中期检查主要评估毕业设计(论文)前半段工作开展情况,包括学生完成进度、教师指导情况、学院条件提供与安排是否合理、开题报告文档质量等,并督促学院相关部门、教师、学生持续改进,是实施过程质量监控的重要环节。监控活动包括开题报告材料检查、教师指导记录检查、教师评学、学生问卷调查等,具体实施方案如下:

(1) 监控主体:学院本科教学质量保障中心。

(2) 监控客体:毕业设计中期进度。

(3) 开展时间:春季学期第9～11周。

(4) 监控方法:学院本科教学质量保障中心在第9周发布毕业设计(论文)中期检查通知,主要活动包括:

① 要求所有指导教师在第9～10周填写"杭州电子科技大学毕业设计(论文)质量检查表(三)";

② 学院本科教学质量保障中心填写"杭州电子科技大学毕业设计(论文)质量检查表(一)";

③ 学院本科教学质量保障中心抽查毕业设计开题报告材料,并填写"杭州电子科技大学毕业设计(论文)质量检查表(二)";

④ 教科办在第9周以专业为单位向学院本科教学质量保障中心提交学生选题汇总表,学院本科教学质量保障中心分别对每个专业随机抽取20%～30%的学生,组织学生填写"杭州电子科技大学毕业设计(论文)质量检查表(四)",并统计调查结果;

⑤ 学院本科教学质量保障中心随机抽取10～20名指导教师指导的各一名学生,检查他们的"教师指导记录表",并填写"教师指导记录检查结果表";

⑥ 学院本科教学质量保障中心及时将各项检查结果反馈给专业。

(5) 工作流程:如图6-5所示。

4. 毕业设计(论文)答辩检查实施方案

毕业设计(论文)答辩检查主要评估毕业设计(论文)答辩过程规范性,教师对学生论文材料及答辩过程成绩评价的公平性、公正性、准确性等,并督促答辩小组、指导教师持续改进,监控活动主要是答辩现场检查,具体实施方案如下:

(1) 监控主体:学院本科教学质量保障中心。

(2) 监控客体:毕业设计答辩过程。

(3) 开展时间:春季学期第15～16周。

(4) 监控方法:教科办在13～14周期间将学院毕业设计答辩安排汇总表提交学院本科教学质量保障中心。学院本科教学质量保障中心根据学院的安排抽查部分答辩小组的答辩情况:

① 检查答辩现场答辩组教师及学生是否全部到场;

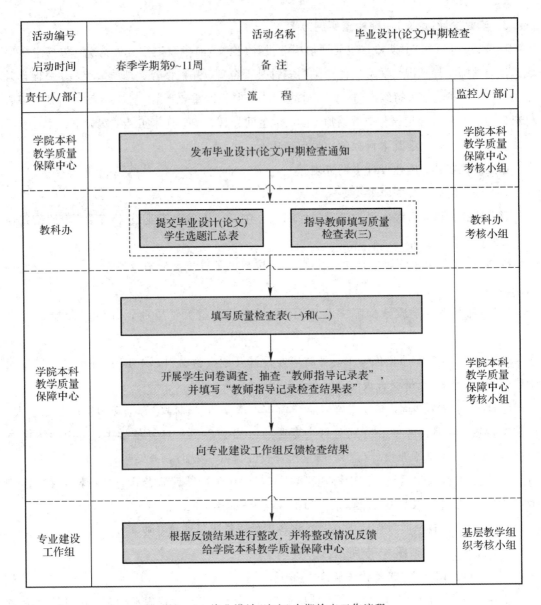

图 6-5　毕业设计(论文)中期检查工作流程

② 检查答辩时长是否符合要求(每生至少 20 分钟(含验收)):

$$每生答辩时长 = \frac{检查时间 - 开始答辩时间}{已完成答辩学生人数}$$

或者

$$每生答辩时长 = \frac{检查时间 - 开始答辩时间}{已完成答辩学生人数} + \frac{检查时间 - 开始答辩时间}{已完成验收学生人数}$$

③ 现场查看答辩记录，了解答辩提问情况；

④ 现场了解是否有程序验收环节；

⑤ 学院本科教学质量保障中心将检查结果反馈给专业，并督促专业整改存在的问题。

（5）工作流程：如图 6-6 所示。

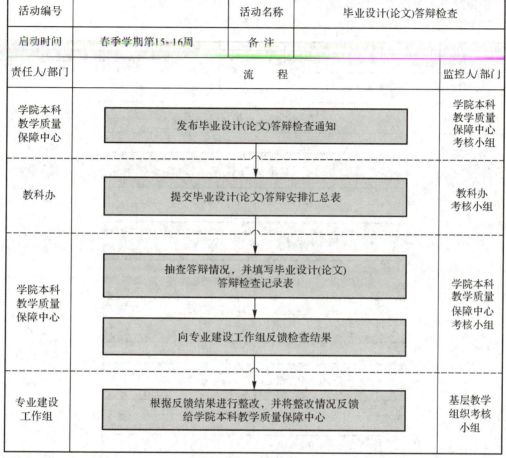

活动编号		活动名称	毕业设计(论文)答辩检查
启动时间	春季学期第15~16周	备　注	
责任人/部门	流　程		监控人/部门
学院本科教学质量保障中心	发布毕业设计(论文)答辩检查通知		学院本科教学质量保障中心考核小组
教科办	提交毕业设计(论文)答辩安排汇总表		教科办考核小组
学院本科教学质量保障中心	抽查答辩情况，并填写毕业设计(论文)答辩检查记录表		学院本科教学质量保障中心考核小组
	向专业建设工作组反馈检查结果		
专业建设工作组	根据反馈结果进行整改，并将整改情况反馈给学院本科教学质量保障中心		基层教学组织考核小组

图 6-6　毕业设计(论文)答辩检查工作流程

5. 毕业设计(论文)材料检查实施方案

毕业设计(论文)材料检查主要评估毕业设计(论文)文档材料的完整性、格式规范性、内容撰写质量等，并督促专业、指导教师持续改进，监控活动主要是文档材料检查，具体实施方案如下：

（1）监控主体：学院本科教学质量保障中心。

（2）监控客体：毕业设计(论文)所有材料。

（3）开展时间：秋季学期第5~6周。

（4）监控方法：学院本科教学质量保障中心发布毕业设计(论文)材料检查通知，教科办提交上学期所有毕业生答辩成绩汇总表，学院本科教学质量保障中心以专业为单位，每个专业每类论文材料各选取3~5份，检查项目包括：

① 毕业设计(论文)材料的完整性(含文档、各项审查记录表及签字等)；

② 毕业设计(论文)材料的格式规范性；

③ 毕业设计(论文)材料的内容质量；

④ 毕业设计(论文)考核方法的合理性和有效性；

⑤ 指导教师及评阅教师成绩评价的公正性、客观性和准确性。

(5) 工作流程：如图 6-7 所示。

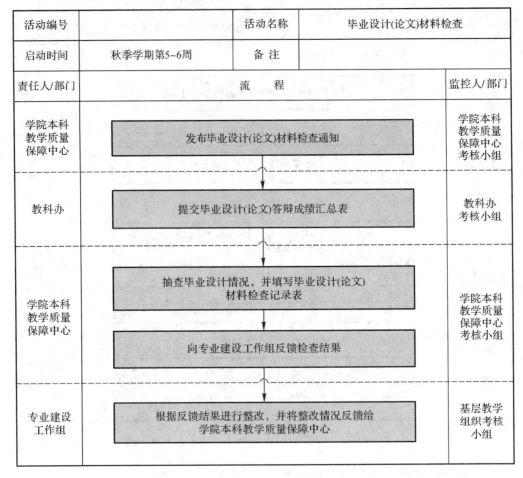

图 6-7　毕业设计(论文)材料检查工作流程

第二节　学院课程设计(实践)质量监控方案

　　课程设计(实践)通常是指与理论课程对应、独立设置的实践环节，如计算机组成原理课程设计、操作系统课程实践等，是专业课程体系中非常重要的实践环节之一，是验证巩固理论教学内容、提升学生综合运用理论知识分析解决复杂工程问题能力、培养学生创新意识与创新能力的重要途径。能有效评估学院课程设计(实践)的教学质量，并依据评估结果督促专业、教师持续改进，促进实践环节教学质量的提高。学院课程设计(实践)质量监控方案包括课程设计(实践)的质量标准(具体见第四章第四节"学院质量标准体系")、质量评价指标、质量监控实施方案。

一、学院课程设计(实践)质量评价指标

学院实践环节质量监控体系针对独立设置的课程设计(实践)类课程,设置了两种监控方式:专项评估和常规检查,后者主要包括教学材料检查和期中教学检查,并据此设计了学生信息员实验课程反馈指标、课程设计(实践)教学材料检查指标、课程设计(实践)专项评估指标。

(1)学生信息员实验课程(含课程设计(实践)、课内实验(上机))反馈指标(表 6 - 7)。

表 6 - 7 学生信息员实验课程(含课程设计(实践)、课内实验(上机))反馈指标

信息员姓名			所属专业		反馈日期	
课程名称			授课教师 (如有针对性教师可填)			
序号	评价项目	权重	评 价 标 准			
			A(优秀)	C(合格)	D(待改进)	
1	实验项目设计	0.08	80%以上实验项目具有较高综合性、设计性和开放性,有较强实用背景	50%以上实验项目具有一定综合性、设计性和开放性	50%以上实验项目为简单的验证性实验	
2	教学内容 / 工作量	0.05	工作量适当,90%以上同学在课内课外学习时间比为 1:1～1:2 时,通过努力能完成任务	(1)工作量偏少,50%以内同学在课内课外学习时间比小于1:1时能完成任务; (2)工作量偏多,50%以内同学在课内课外学习时间比大于1:2时能完成任务	(1)工作量过少,50%以上同学在课内课外学习时间比小于1:1时能完成任务; (2)工作量过多,50%以上同学在课内课外学习时间比大于1:2时才能完成任务	
3	教学内容 / 项目难度	0.03	难度适中,有一定挑战度,90%以上同学通过努力能完成	(1)难度偏低,50%以内同学能轻松完成; (2)难度偏高,50%以内同学努力了也很难完成	(1)难度过低,50%以上同学能轻松完成; (2)难度过高,50%以上同学努力了也很难完成	
4	教学过程 / 任务书	0.03	开课初收到任务书,任务要求描述清楚详细,清楚说明教学目标	任务书发放有延迟,或描述不够清楚详细	未发放任务书,或描述过于简单	
5	教学过程 / 协作学习	0.05	既提供良好的协作学习环境,又能保证个体工作量饱满	(1)协作学习环境弱,个体工作量饱满; (2)提供协作学习环境,但个体工作量偏少	无协作学习环境	

序号	评价项目		权重	评 价 标 准		
				A（优秀）	C（合格）	D（待改进）
6	教学过程	教师指导 课堂	0.1	教师无随意调课情况，全程指导，准备充分，能及时引导、帮助学生寻找问题解决方法	教师无随意调课情况，基本全程指导，能比较及时地回答学生问题	教师不能全程指导，有研究生代课现象，学生问题不能得到及时回复
7		课外	0.05	教师提供讨论及答疑平台，学生问题能得到及时回复	教师提供讨论及答疑平台，学生问题经常被延迟回复	教师未提供讨论及答疑平台，或学生问题得不到回复
8		特别关注	0.05	教师对学习困难学生有特别关注，并提供相关帮助	教师对学习困难学生有提醒	无关注
9		指导书	0.05	有实验指导书，内容完整详细	有实验指导书	无实验指导书
10		教学资源	0.07	教师提供丰富的教学资源，如音视频材料、阅读文献、参考书、资源查找途径等，完全满足实验需要	教师提供一定的教学资源，基本满足实验需要	提供教学资源少，不能满足实验需要
11		实验设施	0.03	教室（机房）的设备、设施质量好，数量足够	教室（机房）的设备、设施质量数量基本满足实验需要	教室（机房）的设备、设施经常出故障，或数量不能满足实验需要
12	成绩评价	公开性	0.05	开课初教师公布并解释成绩评价办法，学生也清楚了解成绩评价办法	教师公布了成绩评价办法，学生基本了解成绩评价办法	教师未公布成绩评价办法，学生不了解成绩评价办法
13		成绩评价办法公正性与一致性	0.05	所采用的成绩评价办法能够客观且公正评价学生学业表现，有明确的成绩评价标准，不同教学班评价标准具有较高一致性	所采用的成绩评价标准与办法能基本公正地评价学生学业表现，有评价标准但不够明确，不同教学班评价标准基本一致	所采用的成绩评价标准与办法难以客观且公正地评价学生学业表现，不同教学班评价标准一致性差

序号	评价项目		权重	评价标准		
				A（优秀）	C（合格）	D（待改进）
14	成绩评价	考核项目	0.05	有些考核项目能有效评价学生的学业表现，能促进学生整个学期努力学习，有与真实情景相联系的考核内容	能基本有效评价学生的学业表现，但过程性评价不够，难以促进学生整个学期努力学习	难以有效评价学生的学业表现，无过程性考核内容
15		考核过程	0.1	教师能完全按照公布的考核办法客观公正地进行成绩评价	教师基本按照公布的考核办法进行成绩评价	教师评价成绩时随意性大，不够客观公正
16		成绩反馈	0.05	教师能及时反馈阶段性的考核结果	教师期末前集中反馈一次	教师无反馈
17	教学效果	兴趣	0.05	大部分学生对实验项目很有兴趣，愿意努力钻研	部分学生对实验项目兴趣不大，但也能坚持完成	大部分学生不喜欢实验项目
18		能力提升	0.06	大部分同学教学目标中的各项能力得到了明显提高	教学目标中各项能力得到了培养，但大部分同学提高有限	教学目标中各项能力大部分同学没有提高
定量评价设置：A—95 分，C—75 分，D—50 分						

（2）课程设计（实践）教学材料检查指标（表 6 - 8）。

表 6 - 8　课程设计（实践）教学材料检查指标

序号	评价项目		权重	评价标准		
				A（优秀）	C（合格）	D（待改进）
1	材料完整性	文档数量	0.15	完整		不完整
2		各种签字	0.05	完整		不完整
3	课程设计报告	规范性	0.05	格式规范，内容完整，条理清楚	格式基本规范，内容基本完整	格式不规范，内容不完整
4		内容质量	0.15	文字表达流畅、图表清晰，实验结果分析准确深入全面，参考文献丰富且相关性强	语句通顺，实验结果有分析，但分析内容少不全面，参考文献少	内容少，对实验结果基本没有进行分析
5	授课计划		0.1	格式规范，内容完整，编制合理，完全符合教学大纲要求	格式基本规范，编制基本合理	格式不规范，时间安排不合理

续表

序号	评价项目		权重	评价标准		
				A(优秀)	C(合格)	D(待改进)
6	课程小结表		0.15	格式规范,内容翔实,成绩分析准确深入,改进措施针对性和可操作性强	格式基本规范,内容完整,有成绩分析,改进措施较笼统	格式不规范,内容少,成绩分析简单
7	考核评价	评分标准	0.1	每个考核项目都给出了详细、具体、明确的评分标准,可评价性好	主要考核项目给出了评分标准,但较笼统	只给出了简单的评分标准,可评价性差
8		考核办法	0.1	所采用的考核办法符合教学大纲要求,有多项考核项目,能有效评价所有教学目标及学生的学业表现,注重过程考核,能促进学生整个学期努力学习,有与真实情景相联系的考核内容;各考核项目所占权重很合理,符合学校的考核规定	所采用的考核办法基本符合教学大纲要求,考核项目偏少,能基本评价出教学目标达成情况及学生学业表现,但过程性评价不够,难以促进学生整个学期努力学习;各考核项目所占权重基本合理	所采用的考核办法不符合教学大纲要求,考核项目少,难以有效评价教学目标的达成情况及学生的学业表现,无过程性考核内容,各考核项目所占权重不够合理
9		成绩记录册	0.15	教师完全按照公布的考核办法客观公正地进行成绩评价,各成绩项目记录详细,不同教学班评价标准具有较高一致性	教师基本按照公布的考核办法进行成绩评价,不同教学班评价标准基本一致	教师评价成绩时随意性大,不够公正,不同教学班评价标准一致性差
	定量评价设置:A-95,C-75,D-50					

(3)课程设计(实践)专项评估指标(表6-9)。

表6-9　课程设计(实践)专项评估指标

实践环节类型			课程设计(实践)		专业		评估日期	
课程名称					授课教师		评估专家	
序号	评价项目		权重	评价标准				
				A(优秀)		C(合格)		D(待改进)
1	制度建设与执行		0.05	学院(专业)有完整的、可操作性强的课程设计(实践)管理制度;严格按照管理制度开展各项教学及管理工作		学院(专业)有课程设计(实践)管理制度;基本按照管理制度开展教学及管理活动		学院(专业)无课程设计(实践)管理制度

续表一

序号	评价项目		权重	评价标准		
				A(优秀)	C(合格)	D(待改进)
2	教学大纲	格式与内容	0.05	课程教学大纲内容完整,格式规范,完全符合学校大纲编制要求	课程教学大纲内容完整,格式基本规范,基本符合学校大纲编制要求	教学大纲不符合学校编制要求
3		教学目标	0.05	课程教学目标涵盖知识、能力、素养等多个维度,能促进学生综合素养的提升;教学目标能有效支持所承担的专业毕业要求;教学目标明确、可测量	教学目标基本能支持所承担的专业毕业要求,目标较明确,但可测量性不够高	课程目标未能覆盖所承担的专业毕业要求,目标不够明确,可测量性差
4	教学内容	实验项目	0.05	设计(实验)项目符合教学大纲要求,具有一定综合性、设计性和开放性,有较强实用背景,能有效支持课程教学目标的达成,能反映相关学科领域最新发展	50%以上设计(实验)项目具有一定综合性、设计性和开放性	50%以上设计(实验)项目为简单的验证性实验
5		工作量及难度	0.04	设计(实验)项目工作量和难度适当,90%以上学生课内课外学习时间比在1∶1~1∶2之间时,能完成任务	工作量偏少或偏多:50%以内同学在课内课外学习时间比小于1∶1或大于1∶2时,能完成任务	工作量过少或过多,50%以上同学在课内课外学习时间比小于1∶1或大于1∶2时,能完成任务
6	教学策略		0.05	各项教学活动与设计(实验)项目相适应,能引导学生进入深层次学习,能有效促进课程教学目标的达成	各项教学活动与设计(实验)项目基本适应,能促进课程教学目标的达成	教学活动不能支持课程教学目标达成
7	教学过程	教学准备	0.03	课程设计(实践)教学计划编制合理,完全符合教学大纲要求;任务书详细说明各项任务及时间安排	课程设计(实践)教学计划编制基本合理,基本符合教学大纲要求;发放了任务书	教学计划不合理,未发放任务书

序号	评价项目		权重	评价标准		
				A(优秀)	C(合格)	D(待改进)
8	教学过程	教学班人数	0.03	实验类课程，每位教师每次指导不超过20人；上机类课程不超过30人；分组编制合理，每个学生的任务工作量饱满	实验类课程，每位教师每次指导不超过40人；上机类课程不超过60人；分组编制基本合理，每个学生的任务工作量一般	实验类课程，每位教师每次指导超过40人；上机类课程超过60人；每组人数过多
9		实验/上机指导	0.06	指导教师全程指导实验过程，关注学生学习情况，及时回答学生问题，引导学生寻找解决问题的方法；维持课堂纪律	指导教师基本全程指导实验过程，及时回复学生问题	指导教师不能全程指导，有研究生代课现象，学生问题不能得到及时回复
10		学习支持	0.04	教师通过多种方式为学生提供课后学习支持与指导，如在线平台、QQ群等，及时反馈学生问题，关注学习困难学生	教师提供了在线平台、QQ群等手段，但对学生问题反馈较少，可能会提醒进度较慢同学	无课后学习支持手段
11		课程设计报告	0.06	相关报告/文档等格式规范，内容完整，条理清晰，对实验结果分析合理深入；教师有措施控制报告抄袭行为	课程设计报告格式基本规范，内容基本完整，条理清晰，对实验结果有分析	课程设计报告格式和内容差
12	教学效果	兴趣	0.05	学生对设计(实验)项目感兴趣，积极参与各项教学活动，到课率95%以上	学生基本按时参与各项教学活动，到课率80%以上	到课率80%以下，学生对课程基本没有兴趣
13		能力素养提升	0.05	学生的动手实践能力、分析与解决复杂问题能力、创新能力、协作沟通能力、文档撰写能力等有较大提高；辩证思维、批判思维、系统思维、工匠精神、职业与学术素养等得到培养	学生的动手实践能力、分析与解决问题能力、协作沟通能力、文档撰写能力等有一定提高，职业与学术素养等得到一定培养	学生的动手实践能力、分析与解决问题能力、协作沟通能力、文档撰写能力等几乎没有提高，职业与学术素养未得到培养
14		学生评教	0.05	近三年课程学生评教平均排名位于学院前15%	近三年课程学生评教平均排名位于学院前70%	近三年课程学生评教平均排名位于学院后30%

续表三

序号	评价项目		权重	评价标准		
				A(优秀)	C(合格)	D(待改进)
15		指导书	0.04	有实验指导书，内容完整详细	有实验指导书	无实验指导书
16	教学资源	教学资源	0.04	教师提供丰富的学习资源，如音视频材料、阅读文献、参考书、资源查找途径等，完全满足课程需要	教师提供一定的学习资源，基本满足课程需要	提供学习资源少，不能满足课程需要
17		实验设施	0.04	教室（机房）的设备、设施质量好，数量足够	教室（机房）的设备、设施质量数量基本满足实验需要	教室（机房）的设备、设施经常出故障，或数量不能满足实验需要
18		公开性	0.04	开课初教师公布并解释成绩评价办法，学生也清楚了解成绩评价办法	教师公布了成绩评价办法，学生基本了解成绩评价办法	教师未公布成绩评价办法，学生不了解成绩评价办法
19		考核办法公正性与一致性	0.04	所采用的考核办法能够客观且公正评价学生学业表现，有明确的成绩评价标准，不同教学班评价标准具有较高一致性	所采用的成绩评价标准与办法能基本公正地评价学生学业表现，有评价标准但不够明确，不同教学班评价标准基本一致	所采用的成绩评价标准与办法难以客观公正地评价学生学业表现，不同教学班评价标准一致性差
20	成绩评价	考核项目	0.05	有多项考核项目，有效考核了所有教学目标，能有效评价学生的学业表现，能促进学生整个学期努力学习，有与真实情景相联系的考核内容；各考核项目所占权重合理，符合学校的考核规定	有多项考核项目，考核了所有教学目标，能基本评价出学生的学业表现，但过程性评价不够，难以促进学生整个学期努力学习；各考核项目所占权重基本合理	难以有效评价教学目标的达成情况及学生的学业表现，无过程性考核内容，各考核项目所占权重不够合理
21		考核过程	0.05	教师能完全按照公布的考核办法客观公正地进行成绩评价	教师基本按照公布的考核办法进行成绩评价	教师评价成绩时随意性大，不够公正
22		成绩反馈	0.04	教师能及时反馈阶段性的考核结果	教师期末前集中反馈一次	教师无反馈
定量评价设置：A—95分，C—75分，D—50分						

二、学院课程设计(实践)质量监控实施方案

学院针对独立设置的课程设计(实践)类课程,设计了两种质量监控方式:专项评估和常规检查。专项评估以 4 年为一个周期,对专业所有课程设计(实践)开展院级评估,并负责评估结果的发布与解释。常规检查按照开课学期进行,包括教学材料检查、期中教学检查。各项监控活动的开展时间如图 6-8 所示。

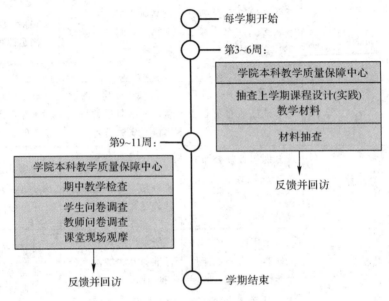

图 6-8　学院课程设计(实践)质量监控工作流程图

1. 课程设计(实践)教学材料检查实施方案

课程设计(实践)教学材料检查主要评估课程设计(实践)类课程教学材料的完整性、格式规范性、教师工作手册内容撰写质量、多个教学班之间评分标准的一致性、持续改进措施的可行性等,并督促教师持续改进。具体实施方案如下:

(1) 监控主体:学院本科教学质量保障中心。

(2) 监控客体:课程设计(实践)所有材料。

(3) 开展时间:每学期第 3~6 周。

(4) 监控方法:学院本科教学质量保障中心组织检查小组开展课程设计(实践)的教学材料检查工作。针对上学期开设的课程设计(实践)课程名单,综合考虑相关课程上一次的学评教、学生及学生信息员的反馈、上一次教学材料检查结果等信息,确定检查课程。检查内容包括:

① 课程教学材料的完整性(含各项文档、各项审查记录表及签字等);

② 课程教学材料的格式规范性;

③ 课程教学材料的内容质量;

④ 考核方法的合理性和有效性,授课教师成绩评价的公正性、客观性和准确性,不同教学班评分标准的一致性;

⑤ 课程设计报告的格式规范性与内容质量等。

（5）工作流程：如图 6-9 所示。

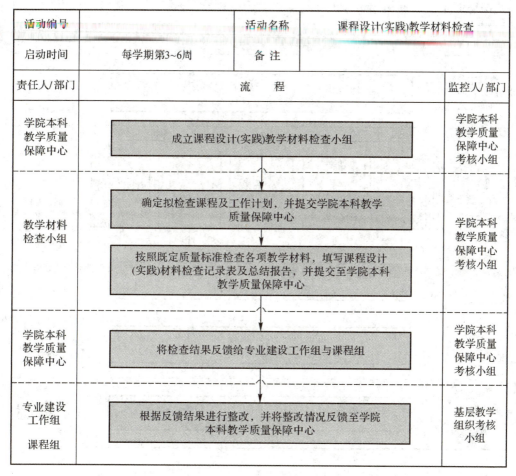

活动编号			活动名称	课程设计(实践)教学材料检查
启动时间	每学期第3~6周		备 注	
责任人/部门		流　　程		监控人/部门

图 6-9 课程设计(实践)教学材料检查工作流程

2. 课程设计（实践）期中教学检查实施方案

课程设计(实践)期中教学检查主要评估课程设计(实践)上半学期教学实施情况，包括教师的教学准备、课程的教学设计、实验上机的指导情况、阶段考核成绩的反馈、学生学习状况等，具体实施方案如下：

（1）监控主体：学院本科教学质量保障中心。

（2）监控客体：课程设计(实践)上半学期教学实施情况。

（3）开展时间：每学期第 9～11 周。

（4）监控方法：学院本科教学质量保障中心负责组织课程设计(实践)的期中教学检查工作。监控方法包括但不限于以下几种：选择上一次学评教靠后课程、学生投诉课程、教改课程等，观摩课堂教学情况，组织学生座谈会、学生问卷调查、学生信息员反馈信息收集等工作。

（5）工作流程：如图 6-10 所示。

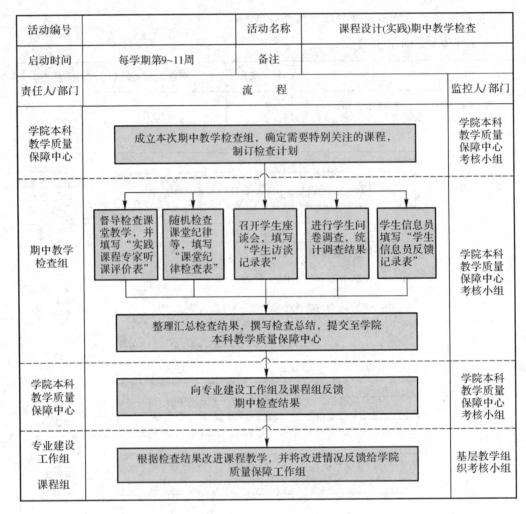

活动编号		活动名称	课程设计(实践)期中教学检查
启动时间	每学期第9~11周	备注	

图 6-10　课程设计(实践)期中教学检查工作流程

3. 课程设计(实践)专项评估实施方案

课程设计(实践)专项评估主要是全面评估学院整个课程设计(实践)类课程的教学质量,包括课程教学大纲质量、教师的教学准备、授课过程、教学材料撰写、课程教学内容设置、学生学习状态、多个教学班之间评分标准的一致性、教学效果等。监控手段可采用教师授课现场观摩、师生访谈、问卷调查、教学材料检查等,具体实施方案如下:

(1) 监控主体:学院本科教学质量保障中心。

(2) 监控客体:既定评估课程的教学情况。

(3) 开展时间:每 3~4 年开展一次。

(4) 监控方法:考虑到专项评估工作量大,课程设计(实践)专项评估可 3~4 年开展一次,在一学年内(秋季学期→春季学期),对学院所有课程设计(实践)类课程进行专项评估,由学院本科教学质量保障中心组织实施。每个学期具体实施过程说明如下:

① 成立课程设计(实践)专项评估小组,实施时间:学期第 2 周。

学院本科教学质量保障中心成立课程设计(实践)专项评估小组,成员由教科办、学工办、学院督导组、专业建设工作组、课程组负责人、学生信息员等相关人员组成。

② 制订课程设计(实践)专项评估计划,实施时间:学期第 3~4 周。

首先,课程设计(实践)专项评估小组将评估课程(学院本学期开设的所有课程设计(实践)课程)分为两类:

重点评估课程:上一次评估结果为"合格"或"待改进"的课程设计(实践)课程、近 3 年学评教排名靠后的课程设计(实践)课程或有学生投诉的课程设计(实践)课程。

常规评估课程:本学期所开其他课程设计(实践)课程。

然后,课程设计(实践)专项评估小组制订评估计划,包括评估方法、流程、每位小组成员任务分配、时间进度安排等,每门课程应由不少于 2 位专家进行评估,并在学院网站发布。对于重点评估课程,根据上一次评估结果、学评教数据或学生投诉事项,重点针对弱项开展评估。

③ 课程设计(实践)专项评估小组收集课程质量信息,实施时间:学期第 5~12 周。

课程设计(实践)专项评估小组在组长协调下,可采用包括但不限于如下形式收集课程质量信息:

·检查课程教学材料,如教学大纲、指导书、任务书、授课计划、成绩册、课程小结、课程设计报告等;

·课程教学现场观摩;

·教师访谈、学生座谈或访谈、问卷调查等;

·检查学生学习成果,如试卷、实物成果(软硬件系统等)、作业、报告等;

·学生评教。

④ 评估课程提交课程教学质量自评估报告,实施时间:学期第 11~12 周。

课程教学质量自评估报告由课程负责人完成。对于常规评估课程,撰写课程教学质量自评估报告,分别针对 8 项一级评估指标(制度建设与执行、教学大纲、教学内容、教学策略、教学过程、教学效果、教学资源、成绩评价)具体说明课程是如何进行教学设计、实施教学活动,以确保课程目标达成的,并提供相关支持材料。对于重点评估课程,撰写改进成效自评估报告,重点说明课程是如何将上次改进计划落实到课程的教学过程中的,要说明持续改进的具体做法与改进效果,并提供相关支持材料。若同一门课程(课程代码相同)有多个教学班,自评估报告应涵盖不同教学班的教学实施及改进情况。

⑤ 课程评估与结果反馈,实施时间:学期第 13~14 周。

课程设计(实践)专项评估小组根据所收集到的课程设计(实践)课程质量信息、课程自评估报告及其支持材料,对课程进行评估。对于常规评估课程,评估小组应给出评估等级:优秀、良好、合格、待改进,并针对 8 项一级评估指标说明课程教学中存在的问题,同时给出具体明确、可操作性强的改进建议。对于重点评估课程,评估小组需对其持续改进情况进行评估,主要考察课程是否建立了持续改进机制及执行情况,评估结果分为三个等级:显著改进、部分改进、无改进,同时说明存在的问题及具体改进建议。对于"部分改进"的课程,在下一轮课程评估中继续重点评估;对于"无改进"的课程,向专业建设工作组及课程组下发整改通知,并在下一轮课程评估中继续重点评估。

⑥ 提交课程改进计划，实施时间：学期第 15～16 周。

专业建设工作组、课程负责人根据课程设计(实践)专项评估结果及改进建议，提交课程教学改进计划。

（5）工作流程：如图 6-11 所示。

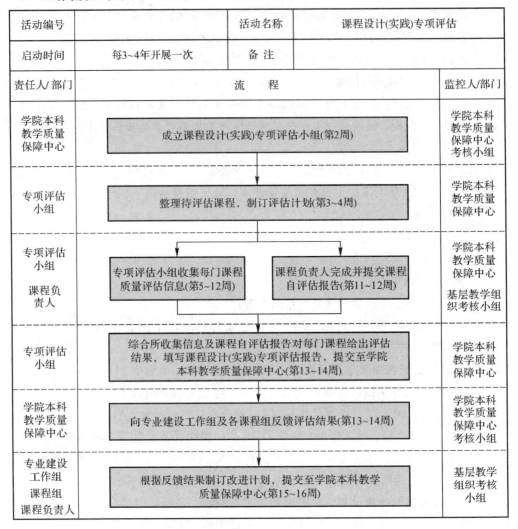

图 6-11　课程设计(实践)专项评估工作流程

第三节　学院课内实验(上机)质量监控方案

课内实验(上机)是包含在理论课程教学中的实践环节，不单独开设课程，是验证、巩固、内化理论教学内容的重要途径，培养学生的知识应用能力、解决问题能力和创新能力。学院应严格按照课内实验(上机)质量监控实施方案有效监控、准确评估课内实验(上机)的教学质量，并依据评估结果督促教师、学生持续改进，提升课内实验(上机)的教学效果。学院课内实验(上机)质量监控方案包括课内实验(上机)的质量标准(具体见第四章第四节"学院质量标准体系")、质量评价指标、质量监控实施方案。

一、学院课内实验(上机)质量评价指标

课内实验(上机)实践环节的教学质量监控活动主要包括期中教学检查、教学材料检查,据此设置了学生信息员反馈指标、教学材料检查指标。

(1)学生信息员反馈指标(表 6 - 10)。

表 6 - 10　学生信息员反馈指标

信息员姓名			联系方式		反馈日期	
课程名称			所属专业		授课教师(选填)	
序号	评价项目	权重	评 价 标 准			
			A(优秀)	C(合格)	D(待改进)	
1	实验项目设计	0.08	80%以上实验项目具有较高综合性、设计性和开放性,有较强实用背景	50%以上实验项目具有一定综合性、设计性和开放性	50%以上实验项目为简单的验证性实验	
2	教学内容	工作量　0.05	工作量适当,90%以上同学在课内课外学习时间比为1:1~1:2时,通过努力能完成任务	(1)工作量偏少,50%以内同学在课内课外学习时间比小于1:1时,能完成任务;(2)工作量偏多,50%以内同学在课内课外学习时间比大于1:2时,能完成任务	(1)工作量过少,50%以上同学在课内课外学习时间比小于1:1时,能完成任务;(2)工作量过多,50%以上同学在课内课外学习时间比大于1:2时,能完成任务	
3		项目难度　0.03	难度适中,有一定挑战度,90%以上同学通过努力能完成	(1)难度偏低,50%以内同学能轻松完成;(2)难度偏高,50%以内同学努力了也很难完成	(1)难度过低,50%以上同学能轻松完成;(2)难度过高,50%以上同学努力了也很难完成	
4	教学过程	任务书　0.03	开课初收到任务书,教学目标及任务要求描述清楚详细	任务书发放有延迟,或描述不够清楚详细	未发放任务书,或描述过于简单	
5		协作学习　0.05	既提供良好的协作学习环境,又能保证个体工作量饱满	(1)协作学习环境弱,个体工作量饱满;(2)提供协作学习环境,但个体工作量偏少	无协作学习环境	

续表一

序号	评价项目		权重	评价标准		
				A(优秀)	C(合格)	D(待改进)
6	教学过程	教师指导 课堂	0.1	教师无随意调课情况，全程指导，准备充分，能及时引导、帮助学生寻找问题解决方法	教师无随意调课情况，基本全程指导，能比较及时地回复学生问题	教师不能全程指导，有研究生代课现象，学生问题不能得到及时回复
7		课外	0.05	教师提供讨论及答疑平台，学生问题能得到及时回复	教师提供讨论及答疑平台，学生问题经常被延迟回复	教师未提供讨论及答疑平台，或学生问题得不到回复
8		特别关注	0.05	教师对学习困难学生有特别关注，并提供持续帮助	教师对学习困难学生有提醒	无关注
9		实验指导书	0.05	有实验指导书，内容完整详细	有实验指导书	无实验指导书
10		教学资源	0.07	教师提供丰富的教学资源，如音视频材料、阅读文献、参考书、资源查找途径等，完全满足实验需要	教师提供一定的教学资源，基本满足实验需要	教师提供教学资源少，不能满足实验需要
11		实验设施	0.03	教室（机房）的设备、设施质量好，数量足够	教室（机房）的设备、设施质量与数量基本满足实验需要	教室（机房）的设备、设施经常出故障，或数量不能满足实验需要
12	成绩评价	公开性	0.05	开课初教师公布并解释成绩评价办法，学生也清楚了解成绩评价办法	教师公布了成绩评价办法，学生基本了解成绩评价办法	教师未公布成绩评价办法，学生不了解成绩评价办法
13		成绩评价办法公正性与一致性	0.05	所采用的成绩评价办法能够客观且公正评价学生学业表现，有明确的成绩评价标准，不同教学班评价标准具有较高一致性	所采用的成绩评价标准与办法能基本公正地评价学生学业表现，有评价标准但不够明确，不同教学班评价标准基本一致	所采用的成绩评价标准与办法难以客观且公正地评价学生学业表现，不同教学班评价标准一致性差

续表二

序号	评价项目		权重	评价标准		
				A(优秀)	C(合格)	D(待改进)
14	成绩评价	考核项目	0.05	有多项考核项目，能有效评价学生的学业表现，能促进学生整个学期努力学习，有与真实情景相联系的考核内容	能基本有效评价学生的学业表现，但过程性评价不够，难以促进学生整个学期努力学习	难以有效评价学生的学业表现，无过程性考核内容
15		考核过程	0.1	教师能完全按照公布的考核办法客观公正地进行成绩评价	教师基本按照公布的考核办法进行成绩评价	教师评价成绩时随意性大，不够公正
16		成绩反馈	0.05	教师能及时反馈阶段性的考核结果	教师期末前集中反馈一次	教师无反馈
17	教学效果	兴趣	0.05	大部分学生对实验项目很有兴趣，愿意努力钻研	部分学生对实验项目兴趣不大，但也能坚持完成	大部分学生不喜欢实验项目
18		能力提升	0.06	大部分同学教学目标中的各项能力得到了明显提高	教学目标中各项能力得到了培养，但大部分同学提高有限	教学目标中各项能力大部分同学没有提高
定量评价设置：A—95分，C—75分，D—50分						

（2）课内实验（上机）材料检查指标（表6-11）。

表6-11　课内实验（上机）材料检查指标

序号	评价项目		权重	评价标准		
				A(优秀)	C(合格)	D(待改进)
1	实验报告	规范性	0.01	格式规范，内容完整，条理清楚	格式基本规范，内容基本完整	格式不规范，内容不完整
2		内容质量	0.15	文字表达流畅、图表表达清晰，实验结果分析准确深入，参考文献丰富	语句通顺，实验结果分析基本正确	内容少，对实验结果基本没有进行分析
3	授课计划（可含在理论课程中）		0.15	格式规范，实验内容与课时安排完全符合教学大纲要求	格式基本规范，实验内容与课时安排基本符合教学大纲要求	格式不规范，或实验内容与课时安排不符合教学大纲要求
4	课程小结表（含在理论课程中）		0.2	格式规范，内容翔实，对实验成绩的分析准确深入，改进措施针对性和可操作性强	格式基本规范，内容完整，进行了实验成绩分析，改进措施较笼统	格式不规范，内容少，无实验成绩分析或成绩分析过于简单

续表

序号	评价项目		权重	评 价 标 准		
				A(优秀)	C(合格)	D(待改进)
5		评分标准	0.1	每个考核项目、每个实验都给出了详细、具体、明确的评分标准，可评价性好	主要考核项目给出了评分标准，但较笼统	只给出了简单的评分标准或没有标准，可评价性差
6	考核评价	考核办法	0.1	所采用的考核办法符合教学大纲要求，有多项考核项目，能有效评价实验教学目标达成情况及学生的学业表现，注重过程考核，能促进学生整个学期努力学习，有与真实情景相联系的考核内容；各考核项目所占权重合理	所采用的考核办法基本符合教学大纲要求，考核项目偏少，能基本评价出实验教学目标达成情况及学生学业表现，但过程性评价不够，难以促进学生整个学期努力学习；各考核项目所占权重基本合理	所采用的考核办法不符合教学大纲要求，考核项目少，难以有效评价实验教学目标的达成情况及学生的学业表现，无过程性考核内容，各考核项目所占权重不够合理
7		成绩记录册	0.12	教师能完全按照公布的考核办法客观公正地进行成绩评价，各成绩项目记录详细，不同教学班评价标准具有较高一致性	教师基本按照公布的考核办法进行成绩评价，不同教学班评价标准基本一致	教师评价成绩时随意性大，不够公正，不同教学班评价标准一致性差
定量评价设置：A—95分，C—75分，D—50分						

二、学院课内实验(上机)质量监控实施方案

课内实验(上机)环节的教学质量监控采用常规检查方式开展，由学院本科教学质量保障中心组织实施，包括教学材料检查和期中教学检查。各项监控活动的开展时间如图 6-12 所示。

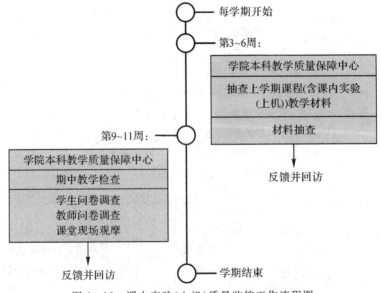

图 6-12　课内实验(上机)质量监控工作流程图

1. 课内实验(上机)教学材料检查实施方案

课内实验(上机)教学材料检查主要评估教师教学文档中关于实验部分的内容,如材料完整性、格式规范性、成绩评价准确性、多个教学班之间实验评分标准一致性、持续改进措施的可行性等,具体实施方案如下:

(1) 监控主体:学院本科教学质量保障中心。

(2) 监控客体:课内实验(上机)所有材料。

(3) 开展时间:每学期第3~6周。

(4) 监控方法:课内实验(上机)教学材料的检查工作不单独开展,与所属理论课程的教学材料检查工作同时进行。课程抽检方法同理论课,检查内容包括:

① 课程教学材料的完整性(含各项文档、各项审查记录表及签字等);

② 课程教学材料的格式规范性;

③ 课程教学材料的内容质量;

④ 课程考核方法的合理性和有效性,授课教师成绩评价的公正性、客观性和准确性,多个教学班的一致性;

⑤ 实验项目与教学大纲的符合度,对课程目标的支撑强弱;

⑥ 实验报告及实物成果质量等。

(5) 工作流程:如图6-13所示。

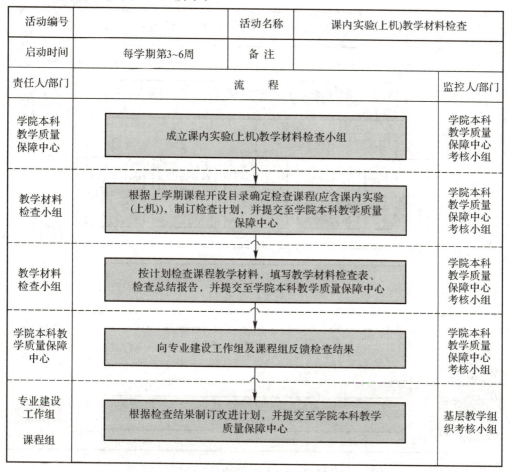

活动编号		活动名称	课内实验(上机)教学材料检查
启动时间	每学期第3~6周	备　注	
责任人/部门	流　　程		监控人/部门
学院本科教学质量保障中心	成立课内实验(上机)教学材料检查小组		学院本科教学质量保障中心考核小组
教学材料检查小组	根据上学期课程开设目录确定检查课程(应含课内实验(上机)),制订检查计划,并提交至学院本科教学质量保障中心		学院本科教学质量保障中心考核小组
教学材料检查小组	按计划检查课程教学材料,填写教学材料检查表、检查总结报告,并提交至学院本科教学质量保障中心		学院本科教学质量保障中心考核小组
学院本科教学质量保障中心	向专业建设工作组及课程组反馈检查结果		学院本科教学质量保障中心考核小组
专业建设工作组　课程组	根据检查结果制订改进计划,并提交至学院本科教学质量保障中心		基层教学组织考核小组

图6-13　课内实验(上机)教学材料检查工作流程

2. 课内实验(上机)期中教学检查实施方案

课内实验(上机)期中教学检查主要评估课内实验(上机)上半学期教学实施情况,包括教师的教学准备、实验项目设计、教师指导情况、学生学习状况等,具体实施方案如下:

(1) 监控主体:学院本科教学质量保障中心。

(2) 监控客体:课内实验(上机)教学实施情况。

(3) 开展时间:每学期第9~11周。

(4) 监控方法:学院本科教学质量保障中心负责组织课内实验(上机)的期中教学检查工作。包括以下工作:选择上一次学评教靠后的课程、有学生投诉的课程或教改课程等,观摩课堂教学情况,检查教师授课纪律,收集学生信息员反馈,开展学生座谈会、学生问卷调查等工作。

(5) 工作流程:如图 6-14 所示。

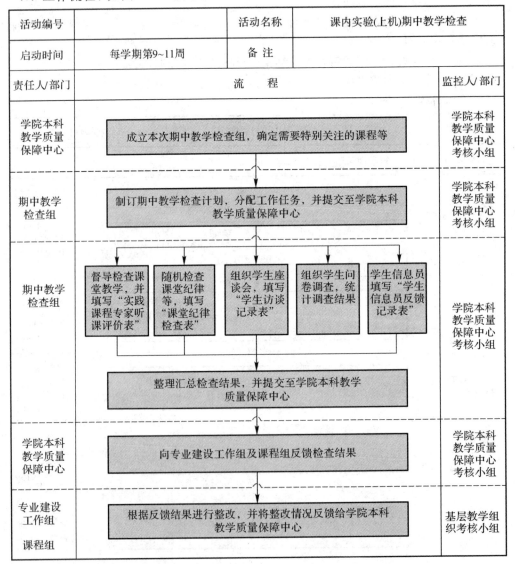

图 6-14　课内实验(上机)期中教学检查工作流程

第四节　学院实习(实践)质量监控方案

　　学院实习(实践)质量监控方案主要针对学生集体或个体校外实习课程,如毕业实习、认识实习、社会实践等。有效评估学院实习(实践)环节的教学质量,并依据评估结果督促专业、教师、学生持续改进,对提升学生独立工作能力、沟通交流能力、团队协作能力有重要促进作用。学院实习(实践)质量监控方案包括实习(实践)的质量标准(具体见第四章第四节"学院质量标准体系")、质量评价指标、质量监控实施方案。

一、学院实习(实践)质量评价指标

　　针对实习(实践)类课程,设置了专项评估和常规检查两种监控方式,后者主要包括教学材料检查和期中教学检查,并据此设计了实习(实践)的期中教学检查指标、学生问卷调查指标、教学材料检查指标、专项评估指标。

　　(1)实习(实践)期中教学检查评价指标。

　　期中教学检查得分＝实习执行率得分×0.3＋教学班检查得分平均值×0.3＋

学生问卷调查得分平均值×0.4

　　实习执行率评价指标(一个专业统计一份)如表6-12所示。

表 6-12　实习执行率评价指标

序号	评价项目	权重	评价标准		
			A(优秀)	C(合格)	D(待改进)
1	实习执行率	1.0	95%以上选课学生已实际参加实习	60%以上选课学生已实际参加实习	40%以上选课学生未实际参加实习
定量评价设置:A—95分;C—75分;D—50分					

　　教学班检查评价指标如表6-13所示。

表 6-13　教学班检查评价指标

序号	评价项目	权重	评价标准		
			A(优秀)	C(合格)	D(待改进)
以下评价项目取随机抽查教师的平均得分					
1	校内导师指导人数	0.05	每位导师指导人数在40人以下	每位导师指导人数在60人以下	部分导师指导人数超出60人
2	实习教学计划	0.1	格式规范,内容完整,各项教学活动时间安排合理	格式基本规范,内容基本完整,各项教学活动时间安排基本合理	格式不规范,内容不完整,各项教学活动时间安排不够合理

序号	评价项目		权重	评价标准		
				A(优秀)	C(合格)	D(待改进)
3	实习指导书		0.15	内容完整翔实,包括实习过程的具体步骤安排、实习报告内容及格式要求、实习成绩评价办法	内容完整,包括实习过程的具体步骤安排、实习报告内容及格式要求、实习成绩评价办法	内容不完整
以下评价项目取教学班所有学生的平均得分						
4	前期材料	完整性	0.1	所有实习学生前期材料齐全	实习学生前期材料提交率达到70%	实习学生前期材料提交率低于70%
5		规范性	0.1	格式规范,内容完整,条理清楚	格式基本规范,内容基本完整	格式不规范,内容不完整
6		内容质量	0.3	实习计划具体详细,任务时间安排合理;阶段实习报告条理清晰,内容翔实,语句流畅	实习计划任务时间安排基本合理;阶段实习报告条理较清楚,语句通顺	实习计划任务时间安排不够合理,阶段实习报告内容少
7	实习内容		0.2	实用性强,有一定先进性和挑战性;工作量饱满;能有效支持课程教学目标的达成	有一定实用性,但先进性和挑战性不够;工作量一般;能基本支持课程教学目标的达成	实习内容较凌乱,不够深入,实用性和先进性差,不足以支持课程教学目标的达成
定量评价设置:A—95分;C—75分;D—50分						

(2) 实习(实践)学生问卷调查指标(表6-14)。

表6-14　实习(实践)学生问卷调查指标

序号	评价项目	权重	评价标准		
			A(优秀)	C(合格)	D(待改进)
1	实习企业概况	0.1	在专业领域有较强实力,能提供实习所需足够的空间和时间,食宿便利,交通方便	在专业领域实力一般,能基本满足实习所需空间和时间,交通食宿方便性一般	在专业领域实力较弱,交通食宿不够便利
2	实习内容	0.1	实用性强,有一定先进性和挑战性;学生兴趣浓厚;工作量饱满;能有效支持课程教学目标的达成	有一定实用性,但先进性和挑战性不够;学生稍有兴趣;能基本支持课程教学目标的达成	实习内容较凌乱,不够深入,实用性和先进性差,不足以支持课程教学目标的达成

续表

序号	评价项目		权重	评 价 标 准		
				A（优秀）	C（合格）	D（待改进）
3	实习指导书		0.05	开课初准时收到实习指导书，内容详实清楚，包括实习具体步骤、实习报告内容及格式、成绩评价办法	收到实习指导书，但有延迟，内容包括实习具体步骤、实习报告内容及格式、成绩评价办法	未收到实习指导书，或内容很少，不清楚成绩评价办法
4	企业导师指导	指导人数	0.05	每位企业导师指导人数在 10 人以下	每位企业导师指导人数在 30 人以下	每位企业导师指导人数超过 30 人
5		导师能力	0.1	有丰富的工程或社会实践背景，善于沟通交流，表达能力强，领导能力强	有一定的工程或社会实践经验，沟通交流能力一般	工程或社会实践经验不够，沟通交流能力较弱
6		指导质量	0.15	指导学生认真负责，严格要求，有耐心；学生遇到问题时能得到及时、有效的指导和帮助；能指导学生如何找到解决问题的方法	基本按实习计划管理学生学习进度；学生遇到问题时能得到反馈，但不够及时	对学生指导较少，不够负责任，学生遇到问题时不能得到有效的帮助
7	校内导师指导	导师能力	0.05	有丰富的实践经验，善于沟通交流	有一定的实践经验，沟通交流能力一般	实践经验不够，沟通交流能力不够
8		指导质量	0.05	指导学生认真负责，严格要求，有耐心；学生遇到问题时能得到及时、有效的指导和帮助；能指导学生如何找到解决问题的方法	基本按实习计划管理学生学习进度；学生遇到问题时能得到反馈，但不够及时	对学生指导较少，不够负责任，学生遇到问题时不能得到有效的帮助
9	实习效果	实践能力	0.1	动手实践能力、解决问题能力、查阅资料能力等有较大提高	动手实践能力、解决问题能力、查阅资料能力等有一定提高	动手实践能力、解决问题能力、查阅资料能力等几乎没有提高
10		协作沟通	0.1	团队协作与沟通交流能力有较大提高	团队协作与沟通交流能力有一定提高	团队协作与沟通交流能力几乎没有提高
11		文档撰写	0.1	文档撰写能力有较大提高	文档撰写能力有一定提高	文档撰写能力几乎没有提高
12		项目管理	0.05	项目管理能力有较大提高	项目管理能力有一定提高	项目管理能力几乎没有提高
定量评价设置：A—95 分；C—75 分；D—50 分						

(3)实习(实践)教学材料检查指标(表6-15)。

表6-15　实习(实践)教学材料检查指标

序号	评价项目		权重	评价标准		
				A(优秀)	C(合格)	D(待改进)
1	材料完整性	文档数量	0.1	完整		不完整
2		各种签字	0.05	完整		不完整
3	实习文档	规范性	0.1	各类文档格式规范,内容完整,条理清楚	格式基本规范,内容基本完整	格式不规范,内容不完整
4		内容质量	0.25	实习计划具体详细,任务时间安排合理;各阶段实习报告条理清晰,内容翔实,语句流畅	实习计划任务时间安排基本合理;各阶段实习报告条理较清楚,语句通顺	实习计划任务时间安排不够合理,各阶段实习报告内容少
5	实习教学计划		0.1	格式规范,内容完整,编制合理,完全符合教学大纲要求	格式基本规范,编制基本合理	格式不规范,时间安排不合理
6	课程小结表		0.1	格式规范,内容翔实,成绩分析准确深入,改进措施针对性和可操作性强	格式基本规范,内容完整,进行了成绩分析,改进措施较笼统	格式不规范,内容少,成绩分析简单或没有分析
7	成绩评价	评分标准	0.1	每个考核项目都给出了详细、具体、明确的评分标准,可评价性好	主要考核项目给出了评分标准,但较笼统	只给出了简单的评分标准,可评价性差
8		考核办法	0.1	所采用的考核办法符合教学大纲要求,有多项考核项目,能有效评价所有教学目标达成情况及学生的实习表现,注重过程考核,能促进学生整个实习期努力学习;各考核项目所占权重合理,符合学校的考核规定	所采用的考核办法基本符合教学大纲要求,考核项目偏少,能基本评价教学目标达成情况及学生实习表现,但过程性评价不够,难以促进学生整个实习期努力学习;各考核项目所占权重基本合理	所采用的考核办法不符合教学大纲要求,考核项目少,难以有效评价教学目标的达成情况及学生的实习表现,无过程性考核内容,各考核项目所占权重不够合理
9		成绩记录册	0.1	校内外导师能完全按照公布的考核办法客观公正地进行成绩评价,各成绩项目记录详细,不同教学班评价标准具有较高一致性	校内外导师基本按照公布的考核办法进行成绩评价,不同教学班评价标准基本一致	校内外导师评价成绩时随意性大,不够公正,不同教学班评价标准一致性差
定量评价设置:A—95分,C—75分,D—50分						

（4）实习（实践）专项评估指标（表6－16）。

表6－16　实习（实践）专项评估指标

序号	评价项目		权重	评价标准		
				A（优秀）	C（合格）	D（待改进）
1	制度建设与执行		0.05	学院（专业）有完整的、可操作性强的实习实践管理制度；严格按照管理制度开展各项教学及管理工作	学院（专业）有实习实践管理制度；基本按照管理制度开展教学及管理活动	学院（专业）无实习实践管理制度
2	教学大纲	格式与内容	0.03	课程教学大纲内容完整，格式规范，完全符合学校大纲编制要求	课程教学大纲内容完整，格式基本规范，基本符合学校大纲编制要求	教学大纲不符合学校编制要求
3		教学目标	0.03	课程教学目标涵盖知识、能力、素养等多个维度，促进学生综合素养的提升；教学目标能有效支撑所承担的专业毕业要求；教学目标明确、可测量	教学目标基本能支撑所承担的专业毕业要求，目标较明确，但可测量性不够高	课程目标未能覆盖所承担的专业毕业要求，目标不够明确，可测量性差
4	实习内容		0.04	实用性强，有一定先进性和挑战性；尊重学生实际情况和学科认知规律，能够激发学生学习兴趣和潜力，能有效支撑课程教学目标的达成	有一定实用性，但先进性和挑战性不够；能基本支撑课程教学目标的达成	实习内容较凌乱，不够深入，实用性和先进性差，不足以支撑课程教学目标的达成
5	教学策略		0.04	实习步骤安排合理；实习过程由校内导师与校外导师共同指导，每位校内导师指导人数不超过40人；制订了明确的实习纪律并严格执行；学生无违纪和事故发生；能够有效并恰当地处理实习过程中的突发事件	实习步骤安排合理；实习过程由校内导师与校外导师共同指导，每位校内导师指导人数不超过60人；制订了明确的实习纪律；学生无严重违纪和事故发生；能够及时处理实习过程中的突发事件	实习步骤安排不合理，部分校内导师指导人数超过60人；学生有严重违纪或事故发生；不能恰当处理实习过程中的突发事件

续表一

序号	评价项目		权重	评价标准		
				A(优秀)	C(合格)	D(待改进)
6	教学过程	教学准备	0.03	实习教学计划编制合理，完全符合教学大纲要求	实习教学计划编制基本合理，符合教学大纲要求	实习教学计划不合理
7		企业导师能力	0.05	有丰富的工程或社会实践背景，善于沟通交流，表达能力强，领导能力强	有一定的工程或社会实践经验，沟通交流能力一般	工程或社会实践经验不够，沟通交流能力较弱
8		企业导师指导质量	0.08	指导学生认真负责，严格要求，有耐心；学生遇到问题时能得到及时、有效的指导和帮助；能指导学生如何找到解决问题的方法	基本按实习计划管理学生学习进度；学生遇到问题时能得到反馈，但不够及时	对学生指导较少，不够负责任，学生遇到问题时不能得到有效的帮助
9		校内导师能力	0.03	有丰富的实践经验，善于沟通交流	有一定的实践经验，沟通交流能力一般	实践经验不够，沟通交流能力不够
10		校内导师指导质量	0.05	指导学生认真负责，严格要求，有耐心；学生遇到问题时能得到及时、有效的指导和帮助；能指导学生如何找到解决问题的方法	基本按实习计划管理学生实习进度；学生遇到问题时能得到反馈，但不够及时	对学生指导较少，不够负责任，学生遇到问题时不能得到有效的帮助
11		学习支持	0.03	教师通过多种方式为学生提供学习支持与指导，如在线平台、QQ群、微信群等，及时反馈学生问题，关注学习困难学生	教师提供了在线平台、QQ群、微信群等手段，但对学生问题反馈较少，可能会提醒进度较慢同学	无学习支持手段，或虽提供了QQ群等，但没有交流反馈
12		是否按时提交各文档	0.04	所有文档全部按时提交	60%以上文档按时提交	40%以上文档延迟提交
13	教学效果	实习报告	0.06	相关报告格式规范，内容翔实，条理清晰，结论准确	相关报告格式基本规范，内容完整，有条理，结论基本正确	相关报告格式和内容差
14		兴趣	0.04	学生对实习项目非常感兴趣，积极参与相关工作	学生对实习项目兴趣一般	学生对实习项目不感兴趣

续表二

序号	评价项目		权重	评　价　标　准		
				A(优秀)	C(合格)	D(待改进)
15	教学效果	能力与素养提升	0.06	动手实践能力、分析与解决问题能力、协作沟通能力、文档撰写能力、项目管理能力、批判思维、辩证思维、创新思维、职业与学术素养等有较大提高	动手实践能力、分析与解决问题能力、协作沟通能力、文档撰写能力、项目管理能力、职业素养等有一定提高	动手实践能力、分析与解决问题能力、协作沟通能力、文档撰写能力、项目管理能力、职业素养等几乎没有提高
16	教学资源	指导书	0.03	实习指导书详细说明实习具体步骤、实习报告内容及格式、成绩评价办法	实习指导书简要说明了实习具体步骤、实习报告内容及格式、成绩评价办法	实习指导书未发放或过于简略
17		教学资源	0.03	企业为学生提供了丰富且有效的实习学习资源，导师指导学生如何高效获取并使用资源	企业及导师提供一定的学习资源，基本满足课程需要	提供教学资源少，不能满足课程需要
18		实习基地 基本概况	0.05	在专业领域有较强实力，能够提供实习所需的空间和时间，食宿便利，交通方便	在专业领域实力一般，能基本满足实习所需空间和时间，交通食宿方便性一般	在专业领域实力较弱，交通食宿不够便利
19		实习基地 合作关系	0.05	签署有效合作协议并建立了长期稳定合作关系的企业在 20 家以上	签署有效合作协议并建立了长期稳定合作关系的企业在 10 家以上	签署有效合作协议并建立了长期稳定合作关系的企业少于 10 家
20	成绩评价	公开性	0.03	开课初教师公布并解释成绩评价办法，学生也清楚了解成绩评价办法	教师公布了成绩评价办法，学生基本了解成绩评价办法	教师未公布成绩评价办法，学生不了解成绩评价办法
21		考核办法公正性与一致性	0.03	所采用的考核办法能够客观且公正评价学生实习表现，有明确的成绩评价标准，不同教学班评价标准具有较高一致性	所采用的考核办法能基本公正地评价学生实习表现，有评价标准但不够明确，不同教学班评价标准基本一致	所采用的考核办法难以客观公正地评价学生实习表现，不同教学班评价标准一致性差

续表三

序号	评价项目		权重	评 价 标 准		
				A（优秀）	C（合格）	D（待改进）
22	成绩评价	考核项目	0.04	有多项考核项目，能有效评价教学目标达成情况及学生的实习表现，能促进学生整个学期努力学习；各考核项目所占权重合理，符合学校的考核规定	有多项考核项目，能基本评价出教学目标达成情况及学生的实习表现，但过程性评价不够，难以促进学生整个学期努力学习；各考核项目所占权重基本合理	难以有效评价教学目标的达成情况及学生的实习表现，无过程性考核内容，各考核项目所占权重不够合理
23		考核过程	0.05	教师能完全按照公布的考核办法客观公正地进行成绩评价	教师基本按照公布的考核办法进行成绩评价	教师评价成绩时随意性大，不够公正
24		成绩反馈	0.03	教师能及时反馈阶段性的考核结果	教师期末前集中反馈一次	教师无反馈
定量评价设置：A—95 分，C—75 分，D—50 分						

二、学院实习(实践)质量监控实施方案

学院实习(实践)类课程的教学质量监控采用专项评估和常规检查两种方式。

实习(实践)专项评估由学院本科教学质量保障中心组织专项评估小组开展工作，每3～4 年进行一次，对学院所有实习(实践)课程开展院级评估，并负责评估结果的发布与解释，在一个教学年度内(春、秋季学期)完成。评估小组依据但不限于以下途径收集实习(实践)课程的质量信息，依据既定质量标准和评估指标进行评价：① 审阅教学材料，如教学大纲、实习指导书、授课计划、成绩册、课程小结、学生的实习实践报告等；② 组织教师访谈、学生座谈或访谈及问卷调查等；③ 企业调研及问卷调查等。

实习(实践)常规检查按照课程开课学期进行，包括教学材料检查、期中教学检查。各项监控活动的开展时间如图 6-15 所示。

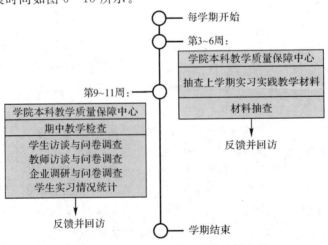

图 6-15　实习(实践)质量监控工作流程

1. 实习(实践)教学材料检查实施方案

实习(实践)教学材料检查主要评估实习(实践)类课程教学材料的完整性、格式规范性、教师工作手册内容撰写质量、多个教学班之间评分标准的一致性、持续改进措施的可行性等,并督促教师持续改进,具体实施方案如下:

(1) 监控主体:学院本科教学质量保障中心。

(2) 监控客体:实习(实践)所有教学材料。

(3) 开展时间:每学期第3~6周。

(4) 监控方法:学院本科教学质量保障中心负责实习(实践)课程的教学材料检查工作的组织和开展。针对上学期开设的实习(实践)课程名单,分别对每门课程随机抽查1~2个教学班的教学材料进行检查,检查内容包括:

① 课程教学材料的完整性(含各项文档、各项审查记录表及签字等);

② 课程教学材料格式的规范性;

③ 课程教学材料的内容质量;

④ 考核方法合理性,成绩评价的公正性、客观性和准确性,同一门课程不同教学班成绩评价的一致性;

⑤ 实习实践报告格式规范性及质量等。

(5) 工作流程:如图6-16所示。

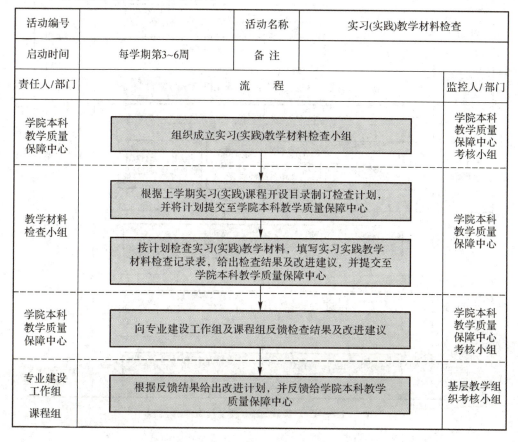

图6-16　实习(实践)教学材料检查工作流程

2. 实习(实践)期中教学检查实施方案

实习(实践)期中教学检查主要评估前半学期学生实习(实践)开展情况,包括选课学生实习(实践)执行率、校内外导师指导情况、前期实习材料提交情况、实习效果等,具体实施方案如下:

(1)监控主体:学院本科教学质量保障中心。

(2)监控客体:实习(实践)教学实施情况。

(3)开展时间:每学期第9~11周。

(4)监控方法:学院本科教学质量保障中心负责组织实习(实践)课程期中教学检查工作。工作人员由学院本科教学质量保障中心成员、学院督导组成员、教科办相关人员构成。确定拟检查的课程后,具体可开展以下工作:检查选课学生实际已参加实习(实践)情况、抽查2~3个教学班前期实习(实践)材料、开展学生问卷调查等。

(5)工作流程:如图6-17所示。

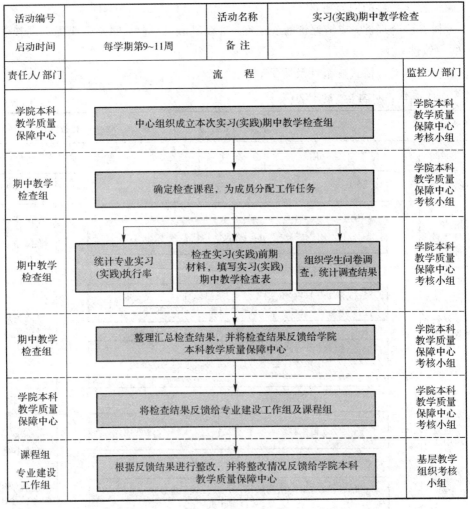

图6-17 实习(实践)期中教学检查工作流程

3. 实习(实践)专项评估实施方案

实习(实践)专项评估用于全面评估学院实习(实践)类课程的教学质量,包括课程教学大纲质量、选课学生实习执行情况、实习基地条件、校内外导师指导情况、教学材料完整性与质量、实习报告完整性与质量、多个教学研之间评分标准的一致性、实习效果等,监控手段主要有学生问卷调查、师生访谈、教学材料检查、校外实习基地实地考察、校外指导教师问卷调查等,具体实施方案如下:

(1) 监控主体:学院本科教学质量保障中心。

(2) 监控客体:所有实习(实践)课程的教学情况。

(3) 开展时间:每3～4年开展一次。

(4) 监控方法:考虑到实习(实践)专项评估工作量较大,因此计划3～4年开展一次,在一学年内(秋季学期→春季学期),对学院所有实习(实践)类课程进行专项评估,由学院本科教学质量保障中心组织实施。每个学期具体实施过程说明如下:

① 成立实习(实践)专项评估小组,实施时间:学期第2周。

学院本科教学质量保障中心成立实习(实践)专项评估小组,成员由教科办、学工办、学院督导组、专业建设工作组、课程组负责人、学生信息员等相关人员组成。

② 制订实习(实践)专项评估计划,实施时间:学期第3～4周。

首先,实习(实践)专项评估小组将评估课程(学院本学期开设的所有实习(实践)课程)分为两类:

重点评估课程:上一次评估结果为"合格"或"待改进"实习(实践)课程、近3年学评教排名靠后的实习(实践)课程和有学生投诉的实习(实践)课程。

常规评估课程:本学期所开其他实习(实践)课程。

然后,实习(实践)专项评估小组制订评估计划,包括评估方法、流程、每位小组成员任务分配、时间进度安排等,每门课程应由不少于2位专家进行评估,并在学院网站发布。对于重点评估课程,根据上一次评估结果、学评教数据、学生投诉事项,重点针对弱项开展评估。

③ 实习(实践)专项评估小组收集课程质量信息,实施时间:学期第5～12周。

实习(实践)专项评估小组在组长协调下,可采用包括但不限于如下形式收集实习(实践)课程质量信息:

· 检查课程教学材料及学生学习成果,如教学大纲、指导书、任务书、授课计划、成绩册、课程小结、实习实践计划、实习实践报告等;

· 教师访谈、学生座谈或访谈、问卷调查等;

· 学生评教;

· 校外实习基地实地考察;

· 校外指导教师问卷调查。

④ 实习(实践)评估课程提交课程教学质量自评估报告,实施时间:学期第11～12周。

实习(实践)课程教学质量自评估报告由课程负责人完成。对于常规评估课程,撰写课程教学质量自评估报告,分别针对8项一级评估指标(制度建设与执行、教学大纲、教学内容、教学策略、教学过程、教学效果、教学资源、成绩评价)具体说明课程是如何进行教学设计、实施教学活动,以确保课程目标达成的,并提供相关支持材料。对于重点评估课程,撰写改进成效自评估报告,重点说明课程是如何将上次改进计划落实到课程的教学过程中的，要说明持续改进的具体做法与改进效果，并提供相关支持材料。若同一门课程（课程代码相同）有多个教学班，课程自评估报告中需涵盖不同教学班的教学实施及改进情况。

⑤ 实习（实践）课程质量评估与结果反馈，实施时间：学期第13～14周。

实习（实践）专项评估小组根据所收集到的课程质量信息、课程自评估报告及其支持材料，对实习（实践）课程进行评估。对于常规评估课程，评估小组应给出评估等级：优秀、良好、合格、待改进，并针对8项一级评估指标说明课程教学中存在的问题，同时给出具体明确、可操作性强的改进建议。对于重点评估课程，评估小组需对其持续改进情况进行评估，主要考察课程是否建立了持续改进机制及执行情况，评估结果分为三个等级：显著改进、部分改进、无改进，同时说明存在的问题及具体改进建议。对于"部分改进"的课程，在下一轮课程评估中继续重点评估；对于"无改进"的课程，向专业建设工作组及课程组下发整改通知，并在下一轮课程评估中继续重点评估。

⑥ 提交实习（实践）课程改进计划，实施时间：学期第15～16周。

实习（实践）课程负责人根据专项评估小组给出的评估结果及改进建议，提交实习（实践）课程改进计划。

（5）工作流程：如图6-18所示。

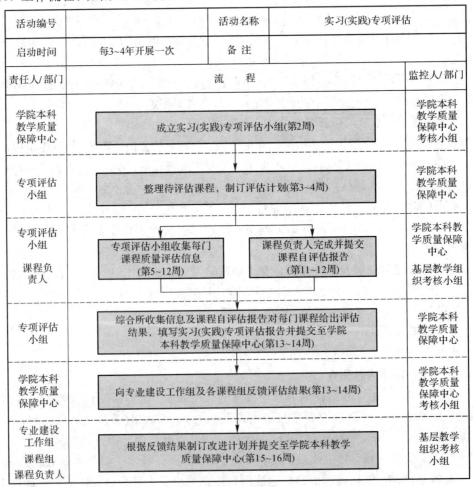

图6-18　实习（实践）专项评估工作流程

参 考 文 献

[1]　BOGUE E G. Quality and accountability in higher education［M］. Westport：Praeger，2003.

[2]　ACHARYA C. Outcome-based education（OBE）：A new paradigm for leaning［J］. Centre for Development of Teaching and Learning，2003，7（3）：30 – 38.

[3]　WOODHOUSE D. The quality of quality assurance agencies［J］. Quality in Higher Education，2004，10（2）：77 – 87.

[4]　GREEN D. What's quality in high education［M］. Open University Press，1994：3.

[5]　Griffiths D E. Theoretical pluralism in educational administration［R］. R Donmoyer，R Sheurich，M Imber. The Knowledge Base in Educational Administration：Multiple Perspectives. Albany，NY：SUNY Press，1994：300 – 309.

[6]　HARMAN G，MEEK V L. Quality Assurance and Accreditation in Higher Education：a report for the DETYA［R］. M Skilbeck，H Connell. Quality Assurance and Accreditation in Australian Higher Education，Canberra：DETYA，2000：30.

[7]　HEQC. Guidelines on quality assurance［M］. London：HEQC，1994：61. http://www. quality research international. com/glossary/ #assurance.

[8]　INQAAHE. Analytic quality glossary［EB/OL］. https://www. researchgate. net/publication/225083843_Analytic_Quality_Glossary，2010.

[9]　LEVIN R. Yale institutional self-study report［R］. New Haven，CT. Yale University，2009.

[10]　LIGHT R J. The harvard assessment seminars：explorations with students and faculty about teaching，learning，and student life［M］. Cambridge，MA：Harvard University，Graduate School of Education，1993.

[11]　SPADY W. Choosing outcomes of significance［J］. Educational Leadership，1994，61（6）：18 – 22.

[12]　SNYDER T. 120 Years of american education［M］. US Department of Education，Office of Educational Research and Improvement，1993.

[13]　UNESCO. Education［EB/OL］. http://portal. unesco. org/scarch，2001.

[14]　WOODHOUSE D. Audit manual：handbook for institutions and members of audit panels［M］. Wellington：NZUAAU，1998：3.

[15]　JOSEPH M J. 朱兰质量手册（第六版）［M］. 焦叔斌，苏强，译. 北京：中国人民大学出版社，2014：1124.

[16]　白莉，韩影，张纯明. 地方高校办学定位与发展对策［J］. 现代教育管理，2010(10)：

44 - 46.

[17] 蔡红梅. 研究型大学本科教学质量保证体系研究[D]. 武汉：华中科技大学，2014.

[18] 蔡宗模，张海生，吴朝平，等. 地方高校的区域化行动：泛在化与再地化[J]. 教育发展研究，2018，38(Z1)：67 - 76.

[19] 陈梦迁，曾宝成. 地方高校特色发展战略议题管理探析[J]. 中国高教研究，2012(06)：64 - 69.

[20] 陈玉琨，代蕊华. 高等教育质量保障体系发展概论[M]. 北京：北京师范大学出版社，2004.

[21] 陈玉琨. 发展性教育质量保障的理论与操作[M]. 北京：商务印书馆，2006：36.

[22] 陈玉琨. 高等教育质量保障体系概论[M]. 北京：北京师范大学出版社，2004：7.

[23] 陈玉琨. 教育评价学[M]. 北京：人民教育出版社，1999：216.

[24] 陈玥，马健生. 发达国家高等教育质量保障的经验及启示[J]. 国家教育行政学院学报，2014(01)：58 - 63.

[25] 程凤春. 教学全面质量管理[M]. 北京：教育科学出版社，2004：74.

[26] 程俊，李明磊. 英国高等教育质量保障体系分析[J]. 研究生教育研究，2012(03)：87 - 90.

[27] 程序. 美国高等教育内部质量保障机制及其启示[J]. 江苏高教，2016(2)：149 - 151.

[28] 程肇基. 地方高校服务区域经济建设研究[D]. 武汉：武汉大学，2015.

[29] 代宁，张国正，卫飞飞. 西南交通大学本科教学质量保障工作手册：毕业设计（论文）（第 6 册）[M]. 成都：西南交通大学出版社，2018.12.

[30] 董垌希. 中外高校本科人才培养质量保障体系比较研究[D]. 北京：中国地质大学（北京），2013.

[31] 杜文娅. 审核评估视角下体育教育专业教学质量保障体系研究[D]. 北京：北京体育大学，2018.

[32] 樊增广，史万兵. 英国高等教育质量保障体系的历史演进及其经验借鉴[J]. 东北大学学报(社会科学版). 2014，16(06)：634 - 639.

[33] 范菁. 高校内部教学质量保障体系建设的现状与展望：基于本科审核评估实践的研究[J]. 中国大学教学，2019(03)：48 - 53.

[34] 方鸿琴. 我国高校质量保障体系一般模式构建与质量审计[D]. 上海：华东师范大学，2011.

[35] 方鸿琴. 英国高校内部教学质量保障体系的特点与启示[J]. 中国大学教学，2013(10)：87 - 90.

[36] 高迎爽. 法国高等教育质量保障历史研究(20 世纪 80 年代至今)[D]. 上海：华东师范大学，2010.

[37] 顾明远. 教育大辞典[Z]. 上海：上海教育出版社，1998：29.

[38] 郭庆，魏银霞，廖飞，等. 地方高校"三严四控"质量保障体系的构建与实施[M]. 北

京：高等教育出版社，2016：81 - 82.

[39]　郝莉，姬晓旭，雷霄. 西南交通大学本科教学质量保障工作手册－课程（第 4 册）[M]. 成都：西南交通大学出版社，2018：12.

[40]　黄刚. 高等学校教学质量管理系统[M]. 桂林：广西师范大学出版社，1996.

[41]　黄鹤，贾怡，刘雅婧. OBE 理念下人力资源管理专业毕业生胜任力评价及提升策略[J]. 评价与管理，2021，19(01)：23 - 27.

[42]　黄艳霞. 美国大学战略规划评估的路径选择[J]. 高等教育研究，2010 (7)：53 - 58.

[43]　江波. 法国高等教育质量评估：国际高等教育质量保障模式研究（三）[J]. 世界教育信息，2012 (15)：51 - 52＋55.

[44]　蒋宗礼，姜守旭. 发挥本科教学质量国家标准对新工科建设的推动作用[J]. 中国大学教学，2018(01)：41 - 45.

[45]　蒋宗礼. 本科工程教育：聚焦学生解决复杂工程问题能力的培养[J]. 中国大学教学，2016(11)：27 - 30＋84.

[46]　蒋宗礼. 走内涵式发展之路 建设一流专业[J]. 中国大学教学，2020(08)：7 - 13.

[47]　教育部高等教育教学评估中心. 普通高等学校本科教学工作审核评估工作指南[M]. 北京：教育科学出版社，2014：38.

[48]　教育部高等学校教学指导委员会. 普通高等学校本科专业类教学质量国家标准（上下册）[M]. 北京：高等教育出版社，2018.

[49]　李凤营. 地方高校科研质量绩点管理模式改进研究[D]. 哈尔滨：哈尔滨师范大学，2020.

[50]　李鹏. 新公共管理及应用[M]. 北京：社会科学文献出版社，2004：10 - 15.

[51]　李琼，董小玉. "双一流"背景下地方高校的特色化发展[J]. 内蒙古社会科学（汉文版），2018，39(04)：167 - 171.

[52]　李铁奥. ISO8402 - 1994 质量管理和质量保证：词汇(2)[J]. 工程质量，1995(3)：37 - 40.

[53]　李亚东，朱伟文，张勤. 中国特色高校质量保障体系的探索：CIQA 成立大会暨经验交流会案例集[M]. 上海：同济大学出版社，2020.

[54]　李亚东，王位. 高等教育质量保障：国际组织出"组合拳"[J]. 高教发展与评估，2014，30(06)：1 - 8＋101.

[55]　林爱华，李慧，张弛腾，等. 构建地方医科院校本科教学质量监控体系的实践研究：以广州医科大学为例 [J]. 医学教育研究与实践，2021(10)：649 - 653.

[56]　刘朝晖，李静波，丁曼，等. 西南交通大学本科教学质量保障工作手册：实习实践（第 5 册）[M]. 成都：西南交通大学出版社，2018.

[57]　刘华东，李贞刚，陈强. 审核评估视域下高校教学质量保障体系的完善与重构[J]. 中国大学教学，2017，327(11)：63 - 67.

[58]　刘晖. 重构适应普及化阶段的高等教育质量保障体系[J]. 教育发展研究，2021，41

(21)：3.

[59] 刘膺博，MARTIN L. 英国高等教育质量保障制度：起源、演变与发展趋势[J]. 现代教育管理，2020(07)：116-122.

[60] 柳国梁. 服务型区域教育体系的地方高校转型研究[M]. 北京：高等教育出版社，2014：58.

[61] 吕锐，吴坚. 优化高等教育质量保障体系[J]. 中国高等教育，2021(10)：25-27.

[62] 马健生. 高等教育质量保障体系的国际比较研究[M]. 北京：北京师范大学出版社，2011：21.

[63] 冒荣. 高等教育管理学[M]. 南京：南京大学教育出版社，1997.

[64] 苗耀祥. 我国高等教育质量保证政策研究[D]. 沈阳：东北大学，2014.

[65] 戚业国. 高校内部本科教学质量保障体系建设的理论框架[J]. 江苏高教，2009，144(02)：31-33.

[66] 秦琴. 高等教育内部质量保障的焦点问题及新趋势：2016 年"高等教育质量与就业：内部质量保障的贡献"国际研讨会综述[J]. 中国高教研究，2016(09)：29-34.

[67] 沈玉顺. 高校本科教学工作水平评估的反思与改进[J]. 教育发展研究，2006(19)：1-4.

[68] 沈玉顺. 高校教学质量保障的思想与实践[M]. 北京：文汇出版社，2003：5.

[69] 沈玉顺. 高校教学质量保障体系建设的组织策略初探[J]. 复旦教育论坛，2010，46(04)：27-30.

[70] 盛欣，李建奇，曹受金. 英国高等教育质量保障体系及其借鉴[J]. 求索，2014(04)：186-190.

[71] 施晓秋. 遵循专业认证 OBE 理念的课程教学设计与实施[J]. 高等工程教育研究，2018(05)：154-160.

[72] 石磊. 研究生教育质量评价与质量保障体系研究[D]. 合肥：中国科学技术大学，2010.

[73] 宋鸿雁. 我国高校内部教学质量保障问题探析[J]. 江苏高教，2013，168(02)：62-64.

[74] 苏永建. 高等教育质量保障的历史演进、全球扩散与发展趋势[J]. 高等教育研究，2017，38(12)：1-11.

[75] 田恩舜. 高等教育质量保证模式研究[D]. 武汉：华中科技大学，2005.

[76] 同济大学人才培养质量保证体系 2.0 研究项目组. 大学人才派样质量保证体系研究[M]. 北京：高等教育出版社，2021.

[77] 王关义，赵贤淑. 关于构建高校教学质量保障体系与实施系统的思考[J]. 国家教育行政学院学报，2015，206(02)：13-18.

[78] 王嘉毅. 英国高等教育质量保证政策的历史演变及启示[J]. 大学(学术版)，2010(1)：67.

[79]　王章豹. 基于 TQM 的高校教学质量管理模式[M]. 杭州：浙江大学出版社，2012：9-12.

[80]　魏红，钟秉林. 我国高校内部质量保障体系的现状分析与未来展望：基于 96 所高校内部质量保障体系文本的研究[J]. 高等工程教育研究，2009，119(06)：64-70.

[81]　邬大光. 雪山的雪线与高等教育的质量底线[J]. 高校教育管理，2022，16(01)：120-124.

[82]　吴岩. 国际高等教育质量保障体系新视野[M]. 北京：教育科学出版社，2014：20.

[83]　郝莉，姬晓旭，雷霁，等. 西南交通大学本科教学质量保障工作手册[M]. 成都：西南交通大学出版社，2018.

[84]　徐蕾. 我国应用技术型大学质量保障研究[D]. 武汉：武汉大学，2016.

[85]　杨彩霞. 高校教学质量保障研究以学生为中心的视角[M]. 北京：中国社会科学出版社，2019：64-66.

[86]　杨芳绒. 美国高等教育质量保障体制及其对我国的启示[J]. 教育探索，2010(08)：151-153.

[87]　杨继霞. 英国高等教育质量保障体系研究[D]. 石家庄：河北大学，2006.

[88]　杨晓波，费爱心. 美国高等教育质量保障机制探析[J]. 黑龙江高教研究，2008，169(05)：68-71.

[89]　姚登举，张宏国，黄海，等. "三闭环"人才培养质量持续改进机制的研究与实践[J]. 高教学刊，2021(08)：141-144.

[90]　姚荣. 高等教育质量保障规制体制的理想类型、变革趋势与启示[J]. 高校教育管理，2020，14(02)：71-84.

[91]　叶澜. 教育研究方法论初探[M]. 上海：上海教育出版社，1999.

[92]　余小波，刘潇华，张亮亮. 我国高等教育质量保障的发展与评析[J]. 高等教育研究，2020，41(02)：36-44.

[93]　张安富，张华. 高校教育质量治理：质量保障体系设计与运行[J]. 中国大学教学，2020(9)：65-71.

[94]　张端. 高等教育质量保障的国际经验及启示[J]. 黑龙江高教研究，2016(11)：51-55.

[95]　张公绪. 新编质量管理学[M]. 北京：高等教育出版社，1998：6-11.

[96]　张禾. 英国高等教育质量保障体系刍议[J]. 煤炭高等教育. 2007(5)：63-67.

[97]　张捷. 地方高校发展：现实与理想[M]. 武汉：华中师范大学出版社，2010：310.

[98]　张进，杨宁，陈伟建，樊华. 评估视角下高校教学质量保障体系的重构[J]. 高等工程教育研究，2018，170(03)：137-141.

[99]　张彦通. 欧洲地区高等教育质量保障体系研究[M]. 北京：北京航空航天大学出版社，2007.

[100]　张应强，苏永建. 高等教育质量保障：反思、批判与变革[J]. 教育研究，2014，35

　　　　　　(05)：19 - 27＋49.

[101]　张振. 高职高专院校教学质量内部监控体系研究[M]. 徐州：中国矿业大学出版
　　　　　　社，2017：29 - 31.

[102]　张卓. 高校教学质量保障系统研究[J]. 中国高等教育评估 1998(4)：24.

[103]　赵炬明. 超越评估(上)：中国高等教育质量保障体系建设之设想[J]. 高等工程教
　　　　　　育研究，2008，113(06)：39 - 49.

[104]　赵炬明. 现代大学与院校研究(上)：美国院校研究发展述评[J]. 高等教育研究，
　　　　　　2003(03)：35 - 45.

[105]　赵中建. 全球教育发展的研究热点：90 年代来自联合国教科文组织的报告[M]. 北
　　　　　　京：教育科学出版社，1999：422.

[106]　郑亚娟. 试从现代大学的基本职能来探讨地方高校的发展[J]. 黑龙江高教研究，
　　　　　　2004(05)：4 - 6.

[107]　中国工程教育专业认证协会. 工程教育认证标准[EB/OL]. https：//www. ceeaa.
　　　　　　org. cn /gcjyzyrzxh/ rzcxjbz/gcjyrzbz/tybz/599711/index. html.